1.

BECKY

Je me suis inventé un père quand j'avais cinq ans.

C'était un pompier et il portait un uniforme tout raide avec d'énormes boutons en laiton. Il conduisait un camion rouge étincelant, avec une échelle extensible sur le toit.

Papa a exercé de nombreux métiers au fil des ans : pompier, comme je l'ai dit, mais aussi policier et neurochirurgien. Il a même été, pendant un court laps de temps, président de la Norvège.

En fait, ça aurait dû mettre la puce à l'oreille de mes camarades, car il n'y a pas de président en Norvège. La Norvège est une monarchie. Mais bien sûr, personne ne le savait à l'école primaire de Salmestone. Je crois même que la moitié des enseignants auraient eu du mal à situer la Norvège sur une carte.

En tout cas, si, à l'école, je n'hésitais pas à déclarer avec une certitude inébranlable et manifestement convaincante que mon père était au sommet de telle ou telle carrière professionnelle, à la maison, il demeurait toujours le Grand Sujet Tabou.

Il était mort avant ma naissance, voilà ce que je savais. Mais j'ignorais qui il était, tout comme les circonstances de sa mort, et je me demandais bien pourquoi je n'avais pas la permission de poser des questions à son sujet.

Du reste, je n'y pensais pas très souvent. Je ne pensais pas à la réalité de cet homme qui avait existé et qui n'existait plus. C'était peut-être simplement un concept trop difficile à concevoir pour le cerveau d'une enfant.

En règle générale, j'étais heureuse avec maman, ma vie et mon père astronaute – oui, voilà autre chose… Pour tout dire, j'étais plus heureuse avec mon père fantasmé qu'un grand nombre de mes camarades ne l'étaient avec leur père bien réel.

— Est-ce que ton père te gifle ? m'a demandé une amie, un jour.

— Jamais ! ai-je répondu. Et il me rapporte toujours des chocolats quand il revient de la station spatiale.

Ma mère était réelle, c'était indéniable. Je ne pouvais pas prétendre qu'elle ne me frappait pas derrière les jambes quand je rentrais de l'école avec les genoux pleins de boue ; et je ne pouvais pas prétendre qu'elle était autre chose que la secrétaire d'un agent immobilier.

En revanche, je devais moi-même inventer ce qui se passait dans sa tête, car il y avait toujours quelque chose d'impénétrable chez maman. On avait l'impression qu'elle faisait constamment des cachotteries. Et en définitive, c'était bien le cas.

Maman était une femme nerveuse et maigre, au visage pointu. Elle avait peu de vrais amis. Avec l'âge, ses angles se sont arrondis, d'un point de vue physique comme psychologique ; mais à l'époque, elle n'était pas facile à vivre, et, même avec sa propre fille, elle gardait une certaine distance. En matière d'organisation, en revanche, c'était une véritable perle.

Cela devait être particulièrement difficile d'être une mère célibataire, pourtant je n'ai jamais manqué de rien, et ce n'est certainement pas grâce à grand-mère. Fervente catholique, elle en voulait à maman d'être tombée enceinte, tout comme elle m'en voulait d'être un rappel permanent des péchés de sa fille.

Maman pleurait souvent quand j'étais petite. D'ailleurs, dans mon tout premier souvenir, elle sanglote. Nous vivions encore dans cette studette exiguë près de la gare – je devais avoir moins de cinq ans, car lorsque j'ai commencé l'école, maman a trouvé un emploi et nous avons emménagé dans un HLM. Quoi qu'il en soit, je me suis réveillée et je me suis rendu compte que maman pleurait, alors j'ai crapahuté jusqu'au bout du lit. Dans mes souvenirs, ça faisait une trotte – j'étais peut-être plus jeune encore. J'ai passé mes bras autour d'elle, comme le faisait maman chaque fois que je pleurais, et je lui ai demandé ce qui n'allait pas.

Elle a désigné la pièce autour de nous et elle a dit :

— Oh, ce n'est rien. C'est seulement cet endroit. Il me déprime parfois, c'est tout. Mais ne t'inquiète pas, je suis un peu nouille, tu sais.

Je me rappelle l'avoir imaginée sous la forme d'une nouille avec un visage, en train de pleurer dans l'eau bouillante. Puis j'ai regardé la pièce autour de moi, un peu perplexe, en essayant de comprendre ce qui clochait. Parce qu'à mes yeux, cet appartement était parfait.

Nous avions un minifour combiné avec plaques de cuisson dans un coin – un *Baby Belling*, je crois qu'on appelait ça. Il y avait un téléviseur qui diffusait *Budgie le petit hélicoptère* et un placard rempli de vêtements et de jouets. Et puis un fauteuil en velours rouge laissé par les anciens locataires, avec des traces de brûlures de cigarettes dans lesquelles je pouvais enfoncer mes doigts, et des rideaux orange aux motifs tourbillonnants qui ressemblaient à des sucettes. Je ne comprenais pas ce que l'on pouvait désirer de plus.

Avec du recul, je suppose que ce devait être affreux. Et déprimant au possible pour ma mère d'élever seule une enfant, dans une pièce unique, dans une ville où elle ne connaissait quasiment personne.

Mais moi ? J'adorais ça. J'aimais notre logement aux allures de maison de poupée. Ça me plaisait que nous passions du temps seules toutes les deux, que nous allions à la plage. J'aimais les lumières clignotantes de la salle d'arcade et le bruit des trains qui passaient en bringuebalant au bout de la rue. J'aimais rejoindre la ville par une promenade sur le front de mer et rire dans le vent qui soufflait parfois avec une telle vigueur que je devais m'accrocher très fort à la main de maman pour ne pas être emportée, soulevée de terre. Pour toutes ces raisons, j'avais du mal à comprendre pourquoi maman était si triste.

Une fois que j'ai commencé l'école, tout s'est progressivement amélioré pour elle, Dieu merci. Maman a travaillé – un court passage dans une agence de taxis, puis ce poste de secrétaire chez un agent immobilier, où elle est restée pendant quinze ans. Et quand j'avais dix ans, elle a rencontré Brian.

Je collais aux basques de Brian comme une sangsue. Je crois que je redoutais sincèrement qu'il s'en aille sans se retourner, mais il paraît que j'avais toujours été obsessionnelle vis-à-vis des hommes. Au supermarché, je n'arrêtais pas de m'approcher d'eux et de leur tenir la main, rien que pour voir l'effet que ça faisait. À l'âge de huit ans, j'essayais délibérément de caser maman avec les pères de mes camarades d'école, avec le type qui venait relever les compteurs et même avec le gérant de la boutique de bonbons.

— Qu'est-ce que tu penses du monsieur avec le labrador ? lui avais-je demandé, désespérée d'obtenir une ouverture, tout en essayant de recueillir plus d'informations pour affiner mes critères de recherche. Tu le trouves beau ?

Mais ma quête semblait vouée à l'échec, et très tôt, j'ai soupçonné ma mère d'être en quelque sorte abîmée. D'être tout bonnement incapable de la moindre relation.

Le moins qu'on puisse dire, c'est que je ne m'attendais pas à Brian. Généreux, drôle et chauve – la calvitie était un atout, car j'adorais frotter son crâne brillant –, incroyablement détendu devant ce qui, avec du recul, n'avait absolument rien d'une relation sereine, cet homme m'apparaissait comme un don du ciel.

Il a largué maman quand j'avais dix-huit ans – encore une de ces surprises qui, en fin de compte, ne sont pas franchement surprenantes. Il m'avait toujours semblé – et sans doute Brian s'en était-il rendu compte – que maman était sur la retenue avec lui, comme si elle lui cachait quelque chose : sa joie, son sens de l'humour… son amour, surtout.

Depuis mon plus jeune âge, je savais ce que c'était que d'avoir conscience de ne pas vraiment connaître quelqu'un ; parce que moi aussi, je vivais cela. Étant donné que mon père était le seul sujet dont je n'avais pas le droit de parler, j'en avais déduit que la réserve de maman et ses blessures intérieures avaient un rapport avec lui.

La plupart du temps, quand j'essayais de lui demander d'une manière maladroite et enfantine qui était mon père ou, plus précisément, pourquoi je n'en avais pas, maman détournait mon attention en me parlant d'autre chose. À d'autres moments, elle m'en dissuadait par des paroles cinglantes, une migraine soudaine ou tout simplement le silence, comme si elle n'avait pas entendu ma question. Une seule fois – j'avais environ sept ans, il me semble – j'ai réussi à lui arracher des réponses.

J'avais fait une crise parfaitement calculée. J'avais tapé mes petits pieds par terre et exigé de savoir pourquoi, contrairement à tous mes camarades, je n'avais pas de père. Maman s'était préparé une tasse de thé, histoire de s'accorder du temps pour réfléchir, puis elle m'avait fait asseoir dans le salon.

— C'est extrêmement difficile pour moi, m'a-t-elle expliqué avec honnêteté. Alors je ne te le raconterai qu'une seule fois. C'est bien compris ?

J'ai acquiescé. Je me souviens que je tremblais d'excitation, car jamais encore nous n'étions allées aussi loin sur ce sujet-là.

— Ton père était un homme splendide et adorable, a-t-elle dit. Il était d'une grande beauté, tout comme toi. D'ailleurs, il te ressemblait beaucoup. Et je l'aimais très fort. C'est triste, très triste, mais il a eu un accident et il est mort, juste après notre rencontre. Je croyais que mon cœur était brisé, mais tu es arrivée et tu l'as réparé. Tu comprends ? Maintenant, nous ne sommes que toutes les deux.

J'ai hoché la tête d'un air songeur.

— Mais... ai-je commencé.

— Ça te dirait qu'on aille prendre une glace à l'italienne sur le front de mer ? m'a interrompue maman.

— Mais...

J'ai voulu continuer à la questionner, résister à la tentation de cette proposition inhabituelle que j'identifiais très bien comme de la corruption pure et simple.

— Tu ne veux pas de glace ? a demandé maman. Bon, d'accord...

Je savais par expérience que le sujet était clos, comme on dit. Je savais aussi qu'à moins de me taire illico presto, j'allais voir la glace me passer sous le nez. Alors j'ai souri et accepté, avant de courir chercher mon manteau. En l'enfilant, je me souviens de m'être regardée dans le miroir du couloir et d'avoir essayé, en vain, d'imaginer un homme qui me ressemblerait.

Si l'on devait établir une sorte de nuancier des émotions, maman aurait rarement dévié de l'état situé entre *normal* et *a mordu dans un citron.* Cela peut paraître un peu rude, mais elle avait toujours cette expression étrange sur le visage. On aurait dit qu'elle plissait constamment les paupières, comme si ce qu'elle regardait lui faisait mal à la rétine, ou comme si, peut-être, elle commençait à souffrir d'une rage de dents. Je me demande bien comment le débonnaire Brian a réussi à supporter ça pendant huit longues années.

Cela dit, j'aimais – et j'aime encore – ma mère. Comprenez-moi bien : je l'aime comme j'aime mon bras droit, ma vue ou mon cœur. Elle est au centre de mon univers et elle l'a toujours été. En tant qu'humains, nous sommes conçus pour savoir aimer les gens en dépit de leurs imperfections. C'est plutôt une bonne chose, car notre espèce semble en être abondamment pourvue. Quand on grandit avec quelqu'un, ces imperfections nous paraissent une évidence. J'avais l'impression de connaître maman mieux que moi-même. Bien sûr, il m'avait fallu du temps avant de distinguer ses petites manies et prendre conscience de son fonctionnement, mais sur un plan inconscient, disons que je la comprenais. Je me faisais d'elle une idée précise, avec toutes ses faiblesses. Voilà pourquoi ça ne m'a pas vraiment étonnée que Brian la quitte.

À lui, par contre, je lui en ai beaucoup voulu. Je lui en ai voulu, notamment, de m'avoir abandonnée. Jenny, sa nouvelle petite amie, avait toute une famille prête à l'emploi, au sein de laquelle il avait trouvé sa place. Je ne doute pas qu'en passant du jour au lendemain d'un seul enfant à cinq, Brian a soudain été débordé. Mais il a tout bonnement cessé de me téléphoner et, aujourd'hui encore, je trouve ça impardonnable. Bien sûr, à dix-huit ans, j'étais un peu sarcastique et j'avais des sautes d'humeur, mais quand même… Un cadeau à Noël, un coup de téléphone pour mon anniversaire, façon de dire *Tu ne comptes pas pour rien à mes yeux ?* J'ai vraiment du mal à voir ce qu'il lui en aurait coûté d'entretenir des relations cordiales… Mon besoin de père m'avait peut-être empêchée de voir la vérité en face. Peut-être que Brian était un gros naze depuis le début.

Bref, j'étais en colère contre lui de m'avoir larguée – du moins, c'était l'impression que j'avais du haut de mes dix-huit ans. J'étais aussi en colère contre maman qui n'avait pas su l'aimer suffisamment pour lui donner envie de rester. Mon départ à la fac m'a donné l'excuse parfaite pour couper le cordon ombilical qui me reliait à tout cet horrible gâchis.

Je vivais en colocation dans une maison à Bristol. Je faisais la fête, je fumais des joints et j'enchaînais les mecs les plus infréquentables. Rendre visite à maman me semblait la chose la moins attrayante du moment. Je l'ai donc honteusement délaissée pendant quelque temps.

Au cours de ma dernière année de fac, grand-mère est morte, et curieusement, maman en a été très affectée. On ne peut pas dire qu'elles étaient proches. Maman m'avait très peu parlé de son enfance avec grand-mère Eiléan, et ce que j'en savais, d'après les rares histoires qu'elle m'avait racontées – les soirées passées sans manger, enfermée dans sa chambre, les brimades et les confessions arrachées sous la contrainte –, m'avait glacé le sang. Pourtant, maman semblait porter le deuil de grand-mère chaque fois que je l'appelais.

Quelques mois plus tard, c'était l'agence immobilière Right-House qui la mettait à la porte sans plus d'explications, après quinze ans de bons et loyaux services – les ordures ! Ma colère s'était alors muée en inquiétude, et j'ai pris l'habitude de rendre visite à ma mère plus souvent.

Un jour, j'ai découvert du Prozac dans sa salle de bains. Une autre fois, c'était une plaquette vide d'une marque générique de Valium que j'avais retrouvée dans sa table de chevet. Pendant quelque temps, maman a sombré dans le mutisme. Je la surprenais prostrée, le regard dans le vague, comme si son âme avait temporairement déserté son corps. Ce qui était déjà brisé en elle semblait avoir éclaté, sous l'effet du stress, en un millier d'éclats, la laissant vide et incapable de faire semblant que tout allait bien.

En dépit de l'ambiance morose qui régnait chez maman, je m'étais mise à envisager, dans mes élans d'optimisme, de revenir habiter avec elle une fois que mon cursus serait terminé.

La brise marine et les enseignes clignotantes me manquaient, je crois. Et puis, on disait que la ville connaissait un regain d'activité sous l'influence bobo. Il y avait pire comme endroit où vivre.

Et c'est ainsi que j'ai découvert l'enveloppe.

2.

LAURA

À tout point de vue, Conor a changé ma vie.

Je l'ai rencontré dans une rave-party en 1994. Dit comme ça, c'est un peu ridicule, surtout pour quelqu'un d'aussi raisonnable que moi, mais c'est la vérité.

Ma mère était une catholique profondément dévote. Allez savoir pourquoi, elle avait décidé de m'infliger la même éducation sadique que celle qu'elle avait subie de la part de ses propres parents. Et à l'extérieur, mon instruction était assurée par les Ursulines de Sainte-Angela. Tout ça pour dire que je n'ai pas vécu une enfance très folichonne. D'ailleurs, j'ai mis plus longtemps que la plupart des autres jeunes à m'en libérer, car maman a continué de me traiter comme une enfant bien au-delà de l'adolescence. Elle m'imposait des couvre-feux, elle me tannait pour savoir où je sortais et avec qui... Il m'a fallu attendre le milieu de la vingtaine pour qu'elle me lâche un peu la bride.

Mon père, un matelot de la marine marchande toujours en déplacement, nous avait abandonnées quand j'avais huit ans – pour se mettre en ménage avec une femme qu'il avait rencontrée au Danemark, comble du péché ! Du coup, je n'avais jamais pu me résoudre à déménager, car je ne voulais pas que ma mère se retrouve complètement seule. De toute façon, en habitant à Londres, je n'aurais jamais réussi à payer toute seule mes factures. Je devais avoir vingt ans quand maman, qui était infirmière, a commencé à alterner entre des gardes de huit et de douze heures, enchaînant parfois jusqu'à seize heures d'« anti-repos », comme elle disait. Ces heures d'anti-repos m'offraient des plages d'opportunités que je n'avais encore jamais connues auparavant. Si officiellement j'étais toujours chez moi, au fond de mon lit, en réalité je faisais d'énormes progrès pour me détacher de sa terrible emprise.

Comme la plupart de mes amis venaient du même milieu que moi et qu'ils avaient tous souffert de la même éducation culpabilisante à Sainte-Angela, aucun d'entre eux n'était très marrant. À une exception notable : Abby.

La première fois qu'Abby m'a parlé, elle a dit :

— Mon papa dit que tout ça, c'est que des conneries.

— Pardon ? ai-je murmuré.

Nous étions en classe d'étude biblique.

— Mon papa dit que l'eau changée en vin et tout ça, c'est aussi réel que Doctor Who, m'a-t-elle expliqué sur le ton de la confidence.

J'avais dix ans et là d'où je venais, personne n'avait jamais sous-entendu que ce genre de choses puisse être sujet à débat, et encore moins qualifié de « conneries ».

— Chut, ai-je répondu. C'est un blasphème.

Chez moi, le blasphème était sévèrement puni, souvent par des châtiments corporels.

Et pourtant, j'ai décidé sur-le-champ qu'Abby serait ma nouvelle meilleure amie.

À vingt-cinq ans, nous étions toujours les meilleures amies du monde. Et contrairement à moi, Abby avait pris son envol pour de bon.

Elle sortait avec un charmant garçon noir prénommé Winston Harper. Il avait des faux airs de Terence Howard, avec les mêmes beaux yeux, mais il était plus grand et plus musclé.

Le meilleur ami de Winston était un DJ du nom de Carl Fox. Cette amitié lui a ouvert les portes d'à peu près toutes les rave-parties de Grande-Bretagne. Et à la fin des années quatre-vingt, début des années quatre-vingt-dix, il y en avait beaucoup. Tous les week-ends ou presque, Abby et Winston rejoignaient un quelconque terrain boueux pour danser jusqu'au bout de la nuit.

Pendant des années, Abby avait essayé de me convaincre de les accompagner, mais comme j'étais d'un tempérament peu aventureux – c'est le moins qu'on puisse dire – et que la musique qu'écoutait Winston me faisait surtout penser à des bips d'ordinateur, j'avais résisté. J'étais terrifiée à l'idée de ce que me ferait ma mère si elle l'apprenait.

En 1994, pourtant, le phénomène des rave-parties semblait toucher à sa fin. Les journaux étaient remplis de témoignages indignés sur ces jeunes irresponsables qui laissaient des champs entiers jonchés de canettes de bière, et le gouvernement planchait sur des lois visant à rendre illégales les fêtes « de périphérie » le long de l'autoroute M25. Je suis forcée d'admettre que cette condamnation quasiment unanime commençait à les rendre plutôt attrayantes à mes yeux. Enfin, au mois d'août, je me suis laissé persuader par Abby.

— Ce sera la teuf la plus démente qu'on ait jamais eue dans le pays, m'a-t-elle annoncé un soir. Ce sera comme le Woodstock de la dance music, tu vois le genre ! Plus tard, quand tu auras des enfants, Laura, tu seras bien obligée de leur dire que tu es restée chez toi ce jour-là et que tu en as entendu parler aux infos, merde ! Imagine la honte.

— Je ne peux pas, maman deviendrait folle…

Je commençais à débiter mes objections habituelles quand je me suis rappelé que maman était d'anti-repos ce week-end.

— Attends, elle enchaîne deux gardes samedi, ai-je dit. On pourrait être de retour à quatre heures du matin ?

Abby a décoché un coup d'œil énigmatique à Winston.

— Oh, bien sûr, a-t-il répondu. Carrément.

Nous nous sommes rendus à Northampton dans un fourgon Transit. J'étais coincée à l'arrière entre les cartons de disques de Carl, tandis qu'Abby et Winston étaient installés à l'avant. Au début, je me suis sentie patraque – impossible de regarder le paysage – mais je n'ai pas tardé à m'endormir et tout s'est arrangé. Quand je me suis réveillée, nous nous trouvions sur un vaste champ de courses où des milliers de personnes se regroupaient déjà.

Nous avons apporté tous les cartons de disques sur l'estrade de la sono, et j'ai enfin fait la connaissance de Carl. Il avait déjà une certaine notoriété à l'époque, mais il m'a semblé très abordable et chaleureux. Au stand de bière, nous avons éclusé quelques pintes dans des gobelets en plastique. Tout le monde fumait des joints et je me rappelle avoir été choquée de constater qu'il n'y avait aucun agent de police pour les arrêter. Abby et Winston ont tous les deux essayé pour la énième fois de me faire tirer une latte, mais j'ai refusé. Je n'ai jamais fumé une seule cigarette de toute ma vie. Cette idée me paraissait absolument repoussante et, avec du recul, c'est une chance.

La musique a commencé vers vingt et une heures. Que voulez-vous que je vous dise ? Ça ne m'a pas plu. J'ai fait de mon mieux pour danser et sauter en imitant les autres. De temps en temps, un passage m'accrochait un peu plus, et on distinguait par moments une voix. Mais la plupart du temps, c'étaient surtout des bruits électroniques aléatoires. J'étais plus branchée brit pop que techno.

Vers vingt-trois heures, j'avais mal aux pieds et je m'ennuyais ferme. J'avais perdu Abby et Winston, et j'étais au bord des larmes.

Enfin, la musique s'est interrompue, tout le monde a applaudi et je les ai vus revenir avec de petites bouteilles d'eau à la main.

— Carl est le prochain à passer, m'a annoncé Abby. Tu vas adorer. Tiens.

Elle m'a tendu l'une des bouteilles et j'ai demandé en fronçant les sourcils :

— C'est de l'eau ?

Je la soupçonnais d'avoir utilisé les bouteilles pour faire passer de la vodka en douce. La probabilité que ce soit de l'eau me semblait mince.

— Bien sûr que c'est de l'eau, a-t-elle répondu en éclatant de rire. Hydrate-toi, ma vieille. Hydrate-toi !

J'ai haussé les épaules, et pris une gorgée. En effet, à ma grande déception, ce n'était que de l'eau.

— On s'en va bientôt ? ai-je demandé.

Il était presque minuit et si nous voulions être de retour à quatre heures, il était temps de nous mettre en route.

Au même moment, Carl est apparu sur la scène et tout le monde s'est mis à pousser des cris assourdissants. Il s'est mis à passer ses disques en revue, tirant certains d'entre eux hors du carton.

— On ne va pas bouger avant des heures, a déclaré Abby. Alors, prends un truc.

Elle m'a tendu une petite pilule jaune, sur laquelle un visage souriant était imprimé.

— Tiens, prends ça.

— Pourquoi ?

— Comme ça, tu arrêteras de penser à rentrer.

— Et si tu la prends, tu passeras un *très* bon moment, a renchéri Winston.

— Sinon tu vas continuer à être rasoir, a ajouté Abby.

— C'est de la drogue ?

Abby et Winston se sont esclaffés.

— Mais je ne veux pas prendre de la drogue, ai-je dit tout en essayant d'imaginer quel genre de punition maman m'infligerait si elle l'apprenait.

Maman était encore parfaitement capable de me gifler ou de m'envoyer dans ma chambre sans dîner. Elle pouvait très bien appeler la police et me dénoncer. Même à vingt-cinq ans, j'ignorais toujours comment lui tenir tête.

— On est amies depuis combien de temps ? a demandé Abby. Depuis toujours, non ?

— Euh, oui… lui ai-je accordé.

— Alors, fais-moi confiance. Ce n'est qu'un ecsta.

— Mais je ne vois pas l'intérêt.

— Évidemment que tu ne vois pas l'intérêt, a répondu Abby. C'est pour ça que tu en as besoin. Arrête un peu de faire ta Virgin Valerie.

Virgin Valerie était une ancienne camarade très pieuse, la plus antipathique de notre classe. Sa remarque m'a profondément blessée. J'ai tendu la main et j'ai pris la pilule entre mon pouce et mon index.

— Tu t'occuperas de moi si ça me rend malade, d'accord ?

Abby a hoché la tête.

— Je m'occuperai de toi, mais il ne t'arrivera rien. C'est promis.

J'ai porté la pilule à mes lèvres avant d'hésiter.

— Et je ne risque pas de devenir accro ni rien ?

— C'est un ecsta, merde ! a dit Winston. Ce n'est pas du crack. Seigneur !

J'avais soudain l'impression d'être trop prude, on commençait à se moquer de moi, et après tout j'avais passé la moitié de ma courte vie à essayer de me débarrasser des nombreuses entraves de mon éducation, alors je l'ai gobée.

— Et maintenant, qu'est-ce qui se passe ? ai-je demandé après une autre gorgée d'eau.

— Maintenant, on va *danser* ! a lancé Abby avec une intonation théâtrale.

Carl venait de lancer son premier disque et la foule s'était mise à hurler, à se balancer et à bondir dans tous les sens. La frénésie était palpable.

Je me suis efforcée d'onduler des hanches sur la musique – le son de Carl avait un rythme que je comprenais, c'était déjà ça. Mais ça n'était toujours pas à mon goût et je mourais d'envie d'écouter un peu de Blur ou d'Oasis. J'ai vite décrété que la drogue ne fonctionnait pas sur moi, ce qui n'était pas plus mal.

Cependant, peu à peu, mes mouvements artificiels sont devenus de plus en plus authentiques et, lentement, presque imperceptiblement, j'ai cessé de m'ennuyer. Une demi-heure plus tard, au milieu du set de Carl, il s'est passé quelque chose. Honnêtement, je ne pourrais pas vous dire aujourd'hui si la musique s'est brusquement améliorée ou si la drogue a commencé à faire effet, peut-être un peu les deux, toujours est-il qu'il m'est arrivé quelque chose de formidable, que je décrirais même comme extatique.

La foule était de plus en plus compacte et nous dansions comme un seul homme. Il fallait vraiment calquer son rythme sur celui de ses voisins, sous peine de se heurter violemment les coudes.

Carl était doué, ce dont je ne m'étais pas rendu compte d'emblée. On aurait dit que la musique montait lentement en puissance et devenait de plus en plus dense, complexe et fascinante. Tout d'un coup, il supprimait toutes les basses du morceau et vous restiez sur votre faim, avide et en manque de rythme… Ensuite la progression reprenait subtilement, préfigurant ce qui allait suivre, un avenir rayonnant presque à portée de main. Et puis, Carl poussait un bouton sur sa table de mixage et le son revenait en force, il nous enveloppait et nous imprégnait, déferlant sur nous comme une lame de fond. Chaque fois que ça se produisait, mes cheveux se dressaient sur ma nuque, un sourire incontrôlable me venait et je sautais de plus belle parmi les sept mille autres personnes avec lesquelles je faisais corps. Nous étions si nombreux que j'aurais juré sentir le sol vibrer sous nos pieds. Si vous n'avez jamais dansé sur ce genre de musique, le seul moyen de décrire la force de cette sensation, ce serait de la comparer à un orgasme. Chaque partie de mon corps était parcourue de frissons, dans un renouvellement perpétuel.

Je me suis mise à imiter les gens autour de moi. Abby se balançait comme un bambou dans le vent avec un grand sourire béat. Ses bras décrivaient des boucles et s'enroulaient l'un autour de l'autre. Je ne l'avais jamais trouvée aussi belle. Winston avait un style radicalement différent. Il remuait à peine les pieds et ses mains bougeaient par saccades, comme s'il effectuait un enchaînement de karaté au ralenti. On aurait dit qu'il dansait à l'intérieur d'un tube de Plexiglas restreignant ses mouvements et que les rayons lasers qui flottaient au-dessus de nos têtes risquaient de sectionner ses membres s'ils s'aventuraient hors de l'espace qu'on leur avait affecté. À un moment donné, il a passé son bras sur mes épaules et il m'a crié :

— Tu t'amuses bien ?

— Oui ! ai-je répondu d'une voix forte. C'est la première fois que cette musique me plaît ! C'est fou !

— C'est l'ecsta, a dit Winston. C'est comme un décodeur. Sinon, ça n'aurait pas de sens.

Au même moment, la musique a atteint un nouveau point culminant, encore plus magistral que le précédent. Tandis qu'elle déferlait sur la foule prise de délire, j'ai repoussé Winston en riant. J'avais besoin de retrouver mon espace, de nager librement sur la vague chaude de ce son qui m'enveloppait.

C'est alors que Conor est apparu. J'avais fermé les yeux afin d'accorder toute mon attention à la beauté irrésistible de ces ondes sonores. Quand je les ai rouverts, il était là. Il me souriait. Instantanément, j'ai senti que je tombais amoureuse de lui. En cet instant précis, j'étais amoureuse d'à peu près tout le monde, mais comme Conor était le plus proche, c'était lui que j'aimais le plus.

Il était petit et trapu, avec des cheveux roux clairsemés, une barbe et des yeux marron si sombres qu'ils paraissaient presque noirs. Sa tenue était plutôt incongrue car il portait une chemise, un gilet et un jean. Il émanait de lui une assurance incroyablement sexy. Et il dansait divinement bien. On aurait dit que la partie inférieure de son corps évoluait comme Abby, tout en balancés, ondulations et légèreté. Je n'avais jamais vu des hanches aussi souples, c'était fabuleux ! Simultanément, au-dessus de la taille, il dansait à la manière de Winston, avec des mouvements hachés et tranchants, comme s'il formait de petites boîtes avec ses mains. De temps à autre, il levait un pied et exécutait une pirouette prodigieuse avant d'atterrir à la perfection, toujours en face de moi, un sourire satisfait aux lèvres.

Je me suis sentie attirée par lui comme jamais je ne l'avais été. C'est une leçon qui devrait servir à tout le monde, n'est-ce pas ? Les amies, ne choisissez jamais un homme quand vous avez le cerveau embrumé par des substances chimiques. Jamais.

Nous avons dansé jusqu'à trois heures du matin, lorsqu'un nouveau DJ est monté sur scène avec un style de techno particulièrement agressif et aride, qui a bien failli me faire saigner les oreilles.

Conor m'a prise par la main.

— Viens ! a-t-il crié à mon oreille. C'est de la merde.

Je me suis laissé entraîner dans la foule.

Nous avons rejoint l'autre bout du champ, où quelques centaines de personnes étaient assises ou allongées. Je me suis étendue par terre sur le dos afin de contempler les étoiles.

Conor s'est assis à côté de moi, puis il a changé de position pour poser ma tête sur sa cuisse.

— Quelle teuf géniale ! a-t-il dit en me caressant les cheveux dans un geste qui me paraissait naturel, parfaitement cohérent.

Sa main semblait produire un millier d'infimes décharges électriques que mon cerveau confus comparait aux centaines d'étoiles dans le ciel.

— Ma première, ai-je dit.

— Pardon ?

— Ma toute première *rave.*

— Vraiment ? a demandé Conor.

J'ai hoché la tête.

— Je suis une bonne catholique, tu sais.

— J'ai de la chance, a-t-il répondu.

— Comment ça ?

— *J'adore* les bonnes catholiques. Parce que moi-même, je suis un bon catho.

— Tu es irlandais, ai-je observé.

Je venais à peine de remarquer son accent.

— Conor O'Leary, pour vous servir ! Et toi, à part être la plus belle fille du coin, tu es… ?

— Laura. Laura Ryan, ai-je répondu.

Je sentais le rouge me monter aux joues.

— Je suis à moitié irlandaise moi-même, figure-toi. Ma mère est irlandaise. Le nom de mon père, c'était Sturgis, mais maman a repris Ryan quand il est parti, alors moi aussi, j'ai changé de nom. Maman préférait qu'on fasse comme ça, donc… En général, c'est plus facile de faire ce qu'elle dit sans discuter, ai-je expliqué tout en me demandant ce qui me prenait de lui raconter toute ma vie comme ça.

— Ravi de faire ta connaissance, Laura Ryan, a dit Conor.

Puis il a penché son visage juste au-dessus du mien.

— Je peux ? a-t-il demandé.

— Oh, oui, je t'en prie, ai-je répondu effrontément.

Quand il m'a embrassée, j'ai fermé les yeux et toutes ces étoiles que j'avais regardées ont comme explosé à l'intérieur de ma tête. Deux pensées m'ont frappée en même temps : *Je t'aime, Conor O'Leary.* Et : *J'aime cette drogue.*

J'étais d'une immaturité incroyable à l'époque, et je manquais cruellement d'expérience avec les hommes. J'avais couché avec deux garçons en tout et pour tout. Le premier avait voulu coucher avec moi et j'en avais déduit que c'était mon petit ami, jusqu'à ce qu'il me largue environ trente secondes après être arrivé à ses fins. Quant au second, je crois qu'on peut dire que nous étions *sortis ensemble* pendant quelques semaines lorsque j'avais dix-huit ans. Maman avait mis un terme à notre relation, et comme je commençais à me rendre compte qu'il ne me plaisait pas tant que ça, son intervention m'avait bien arrangée. Depuis mes dix-huit ans, plus rien. J'ignorais tout de l'amour, et j'ai choisi de croire que c'était ce que je ressentais à ce moment-là.

Le baiser m'avait paru divin, mais j'étais à des millions de kilomètres de penser au sexe. La bouche de Conor était chaude et magique, et je me sentais chez moi dans ses bras. Comme j'étais en osmose avec tout et tout le monde, cette chaleur et sa proximité physique faisaient partie intégrante de l'expérience générale. Ça peut paraître bizarre, mais j'avais l'impression que c'était un droit que Dieu lui-même m'accordait. Mon droit au bonheur, peut-être. Le droit de me sentir aimée. De ne faire qu'un avec ce monde, un monde aussi doux et confortable que de la guimauve. Conor faisait partie du tableau, voilà tout.

En dépit de la musique, assourdissante malgré la distance, je crois que nous nous sommes endormis, car c'est le soleil sur mon visage qui m'a réveillée. Conor était lové contre mon dos, les bras autour de moi pour me protéger du froid. J'ai écarté son bras lourd et poilu et je me suis redressée en bâillant. Je me sentais toujours merveilleusement bien et je me demandais si je sortirais un jour de cette bulle d'optimisme. Il avait peut-être suffi d'une seule pilule pour m'immuniser une bonne fois pour toutes contre la culpabilité dévorante de mon éducation. Ne serait-ce pas formidable ? À moins qu'il ne s'agisse pas de la drogue. Peut-être était-ce l'amour qui avait tout changé.

Il était presque huit heures et demie et la musique avait cessé. L'estrade de la sono était déserte et il ne restait plus sur les lieux que quelques centaines de personnes qui vaquaient à leurs occupations dans une marée de canettes de Coca, de gobelets en plastique et de bouteilles d'eau vides.

— Je dois retrouver Abby, ai-je dit d'un ton calme.

— Hein ? a demandé Conor en se frottant les yeux, hissé sur un coude.

— Je dois retrouver mes amis. Je rentre avec eux.

— D'accord. Tu habites où, déjà ?

— À Hornchurch.

— À Londres ?

— Oui. À l'est. Du côté d'Upminster.

— Si ça peut t'aider, je t'emmène jusqu'au centrè-ville. De toute façon, je dois être à Harrow vers midi, alors…

Nous nous sommes attardés un moment. Le fourgon Transit était encore garé derrière la sono, mais il n'y avait aucune trace d'Abby, de Winston ni de Carl. J'ai donc emprunté un stylo à quelqu'un et j'ai laissé un mot sur le pare-brise pour leur dire que je rentrais à la maison de mon côté.

La voiture de Conor était dans un parking à proximité. C'était une grosse BMW blanche plutôt tape-à-l'œil, qui ressemblait à une voiture de trafiquant de drogue. Mais les sièges en cuir étaient un vrai délice pour mon corps épuisé et, alors que Conor accélérait et que le monde commençait à défiler sous mes yeux, j'ai glissé dans une douce torpeur.

— J'aimerais te revoir, m'a dit Conor de but en blanc, tandis que nous roulions à vive allure sur l'autoroute M1.

Il me tenait la main. Sauf pour changer les vitesses, je crois qu'il ne l'avait pas lâchée depuis notre départ.

— Moi aussi, ai-je répondu avec sincérité.

— Super. Écoute, j'ai un boulot au Pays de Galles qui commence demain et qui dure jusqu'au 27. Ensuite, je me suis promis des vacances quelque part au soleil, peut-être une semaine ou dix jours, mais on pourrait se retrouver après, si ça te dit.

— Waouh, me suis-je exclamée. C'est loin, tout ça.

À ce moment-là, j'avais déjà du mal à m'imaginer lâcher la main de Conor, sans parler d'une séparation d'un mois. Je lui ai dit que moi aussi, j'étais en vacances.

— La dernière semaine d'août, la première de septembre et encore un peu plus.

— Intéressant, a dit Conor. Des projets ?

J'ai haussé les épaules.

— Je me disais que j'irais peut-être à Ibiza. Mais je n'ai pas encore pris ma décision.

— Ibiza… a répété Conor. Super ambiance.

J'ai soupiré avant de préciser :

— C'est là que vont mon amie Abby et son copain. Ils m'ont invitée à les accompagner, mais je ne sais pas trop.

Pour tout dire, je n'étais pas très emballée à l'idée de tenir la chandelle pendant deux semaines. Et puis, Abby et Winston iraient danser tous les soirs et j'avais peur d'être plus fatiguée en rentrant qu'avant de partir.

— Ah bon ? a fait Conor. Ibiza, c'est plutôt sympa à ce qu'il paraît. Si on aime faire la fête.

— Personnellement, je n'aurais pas fait ce choix. Mais comme c'est leur destination…

— Qu'est-ce que tu aurais choisi ?

— Oh, la Grèce ! ai-je répondu sans hésiter. Santorin.

— Pourquoi ?

J'ai souri en constatant que je venais d'identifier une habitude chez Conor, celle de poser des questions brèves, souvent monosyllabiques. Apparemment, c'était la première chose que j'apprenais à son sujet. *Ça commence comme ça,* ai-je songé. Je lui ai répondu :

— Je ne sais pas trop.

C'était la vérité. J'avais un poster de Santorin dans ma chambre, depuis si longtemps que je ne me souvenais même plus d'où je le tenais. Ça faisait vingt ans qu'au réveil je voyais ces dômes bleus et cette mer ondoyante aux reflets étincelants. Mis à part cela, je n'en savais strictement rien.

— C'est une sorte d'obsession, je crois. Comme un rêve.

— Ibiza, c'est sûrement plus fun, a répondu Conor. Ça te plairait ? Avec moi ?

— Ibiza ? Euh, peut-être… oui… Peut-être.

L'ecstasy faisait toujours effet et tout me paraissait féerique, l'improbable devenait réalisable. Malgré tout, quelque part au fond de moi, mon esprit logique et rationnel commençait à se réveiller. Et cette minuscule partie de mon être, encore tout engourdie, était consciente que des projets de vacances avec quelqu'un que je venais à peine de rencontrer n'étaient pas forcément une conduite très raisonnable, même s'il se pouvait que je sois amoureuse de lui.

— On pourrait y aller avec Abby et Winston, j'imagine.

Je me sentirais plus en sécurité avec eux. Mon subconscient réagissait-il à des indices implicites que Conor disséminait dans l'atmosphère ?

Il a froncé les sourcils.

— Je pourrais t'emmener à ton Santo-machin, a-t-il dit. Réaliser ton rêve. Ce serait un moyen formidable d'apprendre à mieux se connaître, tu ne trouves pas ?

Je me suis redressée en me tournant vers lui.

— Santorin ? Tu es sérieux ?

Conor a haussé les épaules.

— Pourquoi pas ? On ne vit qu'une fois, non ? Je suppose qu'il fait chaud, là-bas. Ils ont des plages et tout ça, j'imagine.

— Oh, absolument. Et tu es en vacances aux mêmes dates que moi ?

Sous le coup de l'excitation, la drogue faisait monter en moi une nouvelle bouffée d'optimisme.

— Dernière semaine d'août, première semaine de septembre ?

— C'est ça, a répondu Conor. À partir du 28, pour être exact.

— Moi aussi !

J'ai éclaté de rire.

— Pile aux mêmes dates. Enfin, je suis libre le samedi d'avant, mais…

— C'est le destin, a dit Conor en me serrant la main. Je suis ton destin.

Et moi, le tien, ai-je pensé. Mais contrairement à Conor, j'étais incapable de dire ces choses-là.

— Qu'est-ce que tu fais dans la vie ? ai-je demandé.

Cette petite voix au fond de moi jugeait bon de me rappeler que je ne connaissais rien de cet homme.

— Couvreur.

L'opulence de sa voiture de gangster, sa chemise et son gilet hors de prix, ainsi que ses richelieus aux pieds m'ont sauté aux yeux.

— Tu dois être un très bon couvreur, ai-je remarqué.

Conor a retiré sa main de la mienne pour la poser sur le volant.

— Bon sang, c'est censé vouloir dire quoi ?

Ses joues avaient viré au rouge.

— Oh, je ne voulais pas dire… ai-je bafouillé en comprenant que ma réaction l'avait vexé.

— Je… C'était un compliment.

— Si couvreur n'est pas assez bien pour toi, alors tu devrais peut-être te trouver quelqu'un d'autre pour aller à Santo-machin-chose, a dit Conor sur le ton de la plaisanterie, même si de toute évidence le cœur n'y était pas.

— Je voulais juste dire que tu as l'air d'avoir réussi, ai-je expliqué.

Des larmes inattendues me piquaient les yeux. J'avais tellement l'habitude que maman prenne la mouche chaque fois que je disais quelque chose que j'avais encore le réflexe de me sentir en tort.

Les narines de Conor palpitaient comme s'il allait exploser, mais il a gardé le silence pendant une minute ou deux, le temps de se calmer.

— Je m'en sors bien, a-t-il enfin marmonné. Merci beaucoup.

— Je vois ça. Tu as une voiture magnifique. De beaux vêtements...

J'ai regardé par la vitre de ma portière, tournant mon visage déconfit vers la station-service devant laquelle nous passions.

— Et toi ? a demandé Conor au bout de quelques minutes. Qu'est-ce que tu fais ?

— Oh, rien de très excitant, ai-je répondu comme un chat soumis qui roule sur le dos devant un mâle dominant. Je ne suis que secrétaire. Dans un cabinet de comptables. Une dactylo, rien de plus.

— Bon, a dit Conor, visiblement rassuré. Très bien.

Une minute plus tard, il me serrait de nouveau la main.

— C'est une bonne chose que tu aies un boulot, tu sais. C'est vrai, on rencontre tellement de branleurs dans ces fêtes. J'ai su tout de suite que tu étais une fille intelligente quand je t'ai vue.

Il m'a déposée sur Edgware Road pour que je puisse rentrer chez moi par la District line, et même s'il avait noté mon numéro de téléphone dans son petit agenda, je doutais sincèrement qu'il me rappelle.

Alors que je marchais dans les couloirs du métro, mon humeur est retombée comme un soufflé. Les effets de la drogue s'étiolaient et mon optimisme absurde était remplacé par un vide abyssal et une profonde remise en question. Une fois de plus, je n'avais pas dit ce qu'il fallait. Je l'avais mis en colère. J'avais gâché mes chances. Il était beau, bien habillé et spirituel, et moi, j'avais tout gâché. Maintenant, je devais rentrer toute seule et affronter la colère de maman. Et même si elle n'avait pas la moindre idée de l'endroit où j'étais ni de ce que j'avais fait, le simple fait de rentrer tard rendait cette perspective terrifiante.

J'avais dormi chez Abby, ai-je décidé de lui dire en espérant que l'histoire serait cohérente. Baissant les yeux sur ma tenue, j'ai remarqué pour la première fois les traces d'herbe sur le côté de mon pantalon rose et la boue sur mes tennis blanches. Avec un peu de chance, maman serait au lit quand j'arriverais et je pourrais les jeter dans la machine sans qu'elle s'en aperçoive.

Oui, j'avais dormi chez Abby parce que… parce que nous étions allées au cinéma et… le film s'était avéré bien plus long que prévu. Et j'avais raté le dernier métro pour rentrer !

Elle serait toujours furieuse, naturellement, mais je lui préparerais son déjeuner quand elle se lèverait. Je ferais la lessive – y compris celle de mon pantalon rose – et je passerais même l'aspirateur. Maman avait horreur de l'aspirateur. Si j'avais de la veine, elle se contenterait de me passer un savon et de bouder pendant quelques jours.

Ensuite, une fois qu'elle partirait au travail, je dormirais. Parce que je me sentais très, très fatiguée.

Conor m'a appelée à deux reprises cette semaine. Dieu merci, maman était au travail à chaque fois.

Il a appelé à onze heures du soir – avec un verre dans le nez – pour me dire qu'il était amoureux de moi. Il n'en fallait pas plus pour faire battre mon cœur. Et une autre fois, le matin, alors que je partais au travail, pour me demander si j'avais vraiment envie d'aller à « Santo-machin-chose » avec lui.

Bien sûr, à ce moment-là, la drogue n'était plus qu'un lointain souvenir. Le seul effet secondaire qui s'attardait encore, c'était un manque de confiance en moi et de gros doutes sur à peu près tout – pas au sujet de Conor, qui me donnait l'impression d'être un garçon adorable, mais de ma propre capacité à le séduire. Je ne me sentais pas digne de son amour. Pour me prouver le contraire, Conor m'a convaincue de le retrouver au centre-ville de Londres le samedi suivant. Qu'il soit prêt à faire le trajet depuis Cardiff rien que pour me parler m'a paru complètement ahurissant, et à la fois follement romantique. Après tout, peut-être qu'il m'aimait bien !

Nous avions rendez-vous à Oxford Street, à deux heures de l'après-midi. Il portait un élégant costume à carreaux bleus et une cravate rose de dandy. Il était vraiment splendide. Quand nous nous sommes embrassés, il m'a semblé que son haleine avait une vague odeur de bière, mais étant donné qu'il arrivait en voiture du Pays de Galles, je me suis dit que c'était impossible et je n'y ai plus pensé.

J'étais étonnée de le voir toujours tiré à quatre épingles et j'ai failli lui en faire la remarque, mais je me suis souvenue *in extremis* de sa réaction lorsque nous étions tous les deux dans sa voiture. Au lieu de ça, je lui ai dit :

— Waouh ! Regarde comme tu es beau !

Conor a ajusté sa cravate et il s'est redressé fièrement avant de répondre :

— Oui. C'est un peu le but.

Nous sommes passés prendre un café chez Starbucks. Comme j'étais intimidée et que je me sentais gauche, je l'ai laissé faire la conversation. Il avait la langue bien pendue.

Il m'a parlé de sa ville d'origine, près de Cork, et il m'a raconté quelques anecdotes sur le chantier qui l'occupait, la toiture d'une vieille église du Pays de Galles qu'un couple de bourgeois avait décidé d'aménager. Il a aussi glissé quelques plaisanteries de mauvais goût sur les Gallois. Chaque fois, il était question des traitements ambigus qu'ils réservaient à leurs moutons. Puis il m'a conduit dehors, et une fois de plus, il m'a pris la main.

C'était merveilleux de marcher ensemble, main dans la main. Je me sentais fière de déambuler dans la rue avec un si bel homme. C'était étrange aussi – déplacé, comme si nous étions des enfants déguisés en adultes, en train de jouer au petit couple. Mais après tout, est-ce que l'âge adulte ne ressemble pas souvent à un jeu de rôle ? Aujourd'hui encore, je me fais parfois l'effet d'être un imposteur. J'ai toujours du mal à me convaincre que je suis une adulte mature, avec des activités d'adulte. Je ne suis pas certaine que notre apparence vieillissante et ridée parvienne à convaincre notre enfant intérieur que c'est du sérieux, que c'est bien réel.

— Viens, a dit Conor alors que nous passions devant une agence de voyages. Jetons un coup d'œil.

— Oh, non… ai-je répondu en reculant.

— Non ?

— Enfin, je ne suis pas sûre. Pour ces vacances.

— C'est juste par curiosité, m'a dit Conor. Histoire de se renseigner. Où est le mal ?

La femme, Tracy d'après son badge, était avenante. Elle nous souriait comme on fait risette aux bébés et je me suis sentie rassurée. Si nous avions l'air d'un vrai couple, c'était bon signe, non ?

Elle nous a montré diverses brochures sur les îles grecques, et Santorin en particulier. En réponse aux questions précises de Conor, elle a consulté des calendriers et calculé les tarifs. Huit jours de vacances revenaient à plus de quatre cents livres chacun, ce qui dépassait de loin mon budget.

— Je ne peux pas me le permettre, chéri, ai-je dit.

J'étais la première surprise par l'emploi de ce mot doux et je me suis demandé pourquoi j'éprouvais le besoin de jouer le rôle d'une jeune mariée.

— Je suis désolée, mais je ne peux vraiment pas.

— Vous ne trouverez pas moins cher que ça, nous a informés Tracy. Pas à la dernière minute.

— Mais tu as envie d'y aller, n'est-ce pas ? a demandé Conor.

— Ce dont j'ai envie n'a aucune importance, ai-je répondu en esquivant la question. Parce que je ne peux vraiment pas me le permettre.

— En fait, tu n'as pas envie de partir avec moi… a dit Conor, les joues empourprées.

— Ce n'est pas ça. Non, ce n'est pas ça du tout. Écoute, honnêtement, j'aimerais beaucoup, ai-je bredouillé. Mais ça revient trop cher. Cela dit, rien ne nous empêche de partir un week-end.

Une escapade de quelques jours, c'était un engagement qui portait moins à conséquence. Un week-end dans un endroit où un simple billet de train pouvait me ramener chez moi si Conor changeait d'avis à mon sujet me paraissait une option plus rassurante. Et il y aurait moins de risques que ma mère découvre mon mensonge.

Brusquement, Conor s'est redressé sur sa chaise. Il a tiré sur ses manchettes en faisant rouler ses épaules.

— Oh, et puis merde, a-t-il dit. On les prend.

— C'est formidable, a répondu Tracy avec un grand sourire. Je suis sûre que vous ne le regretterez pas.

— Mais Conor, ai-je protesté. Je ne peux pas. C'est trop cher.

— Moi, je peux, a dit Conor en penchant la tête d'un côté et de l'autre pour s'étirer le cou. Où dois-je signer ?

Tandis qu'il remplissait les documents et tendait sa carte American Express pour payer l'intégralité du séjour, j'ai éprouvé un malaise presque physique. Mais je n'ai pas dit un mot. Quelque chose dans sa détermination avait tout simplement éclipsé mon libre arbitre vacillant.

Devant l'agence de voyages, il a déposé la pochette contenant les billets d'avion entre mes mains réticentes.

— Prends-en soin, a-t-il dit. Bon, je dois y aller maintenant. Ils ont prévu de la pluie et j'ai encore une sacrée surface de revêtement à poser.

— Tu dois repartir tout de suite ? ai-je demandé, abasourdie. Au Pays de Galles ? Mais c'est de la folie.

Conor a haussé les épaules.

— Désolé, ma chérie. Mais le travail m'appelle. On se voit le vingt-huit. Au terminal sud de Gatwick. Je t'appellerai pour qu'on s'organise.

Puis il m'a embrassée. Il a ajusté sa cravate et il s'est éloigné en plastronnant, faisant claquer ses semelles en cuir sur le trottoir.

J'ai passé deux semaines à tergiverser, à changer constamment d'avis. Je suis restée au téléphone pendant des heures avec Abby, ressassant la même conversation. Mais elle ne m'était d'aucun secours.

— C'est vrai qu'il a l'air un peu frappé, a-t-elle reconnu. Un peu trop sûr de lui.

— C'est exactement ça. Mais il me connaît à peine. Et s'il changeait d'avis au milieu des vacances ?

— Il me semble plutôt convaincu. Je veux dire, il doit vraiment t'apprécier s'il t'emmène en Grèce.

— Sans doute. Et si c'était un tueur en série ?

— Tu as raison, a-t-elle acquiescé. Il en a le profil, en tout cas.

— Je devrais annuler ? Mais comment pourrai-je lui rendre son billet sans me faire trancher la gorge ?

— Tu serais bien bête de ne pas y aller, a rétorqué Abby. Tu n'arrêtes pas de me parler de Santorin depuis que je te connais.

— Je sais, mais…

— Ce n'est jamais que huit jours. Huit nuits torrides à Santorin avec un Irlandais canon.

— Je sais.

— Il est canon, n'est-ce pas ? Enfin, il te plaît, au moins ? m'a-t-elle demandé à un certain moment dans la conversation.

— Oui. Il est magnifique. C'est juste que…

— Quoi ?

— Il y a quelque chose d'un peu fou chez lui. Ce sont ses yeux, je dirais… Mais oui, en tout cas, il est incroyablement sexy.

— Alors, tu vas passer une semaine avec un type sexy à Santorin. Où est le problème ?

— Avec un type sexy qui est peut-être un tueur en série.

— Oui, c'est vrai. J'oubliais cet inconvénient éventuel.

— Je crois que je devrais y aller, ai-je fini par dire.

L'image de Conor en short de bain venait d'apparaître dans mon esprit.

— Non, je crois que je devrais annuler, ai-je aussitôt ajouté. C'est évident.

— Quel autre choix tu as ? m'a demandé Abby. Maintenant, il est trop tard pour que tu nous accompagnes.

— Je sais.

— Alors, si tu n'y vas pas, tu feras quoi ?

— Je resterai ici, j'imagine.

— Avec ta mère ?

— Oui, avec maman.

— Donc tu vas te laisser enfermer dans ta chambre et faire je ne sais quoi avec ton poster de Santorin sous les yeux ?

— Peut-être.

Abby a éclaté de rire.

— Écoute, je sais que tu vas y aller, et tu le sais aussi. Alors, arrête un peu de te la jouer Virgin Valerie.

— Je ne joue absolument pas à Virgin Valerie, ai-je protesté.

— Non. Mais tu fais semblant d'hésiter, parce que ça fait moins traînée que d'accepter d'emblée de t'abandonner à huit jours entiers de sexe sous le soleil avec un inconnu. C'est pas vrai ?

— Peut-être… ai-je avoué. Oui, c'est peut-être ça. Et ce n'est pas uniquement… tu sais… une question de sexe. Je crois que je suis un peu amoureuse de lui.

— Humm, a fait Abby sur un ton dubitatif. Ça m'a l'air un peu prématuré. Mais tu en auras vite le cœur net. Si tu y vas, en tout cas, c'est certain. Une question importante, au fait : tu prends la pilule ?

— Tu sais bien que non.

— Alors achète des préservatifs, a-t-elle dit. Achète des tonnes de préservatifs, et tout ira bien.

***

Je suis arrivée en retard à Gatwick. J'ai eu un élan de panique au moment de quitter la maison en constatant que j'avais perdu mes clés, puis mon petit passeport valable un an – que j'avais dû cacher pour que ma mère ne le trouve pas –, et ensuite les billets avant de perdre de nouveau les clés. Quand je suis enfin sortie de chez moi, j'avais le front en sueur.

Conor était au point de rendez-vous, devant le restaurant Frank and Bennie's, au terminal sud de l'aéroport de Gatwick. Il avait dans les mains un gobelet presque vide et, de toute évidence, il n'en était pas à sa première bière.

— Seigneur ! s'est-il exclamé en me voyant. Tu veux me filer une crise cardiaque ou quoi ? Je commençais à croire que tu m'avais planté devant l'autel, bon sang !

Il portait un pantalon Chino et un polo bleu clair près du corps. Il avait des muscles saillants et d'affreux tatouages que, les uns comme les autres, je n'avais encore jamais remarqués.

— Désolée. J'ai perdu mes clés au moment de partir. Mais on est encore dans les temps, n'est-ce pas ? On ne décolle pas avant une heure.

Conor a vidé le reste de sa bière en une seule gorgée, puis il est passé à l'action. D'une main, il s'est emparé de la poignée de sa valise à roulettes, et de l'autre, il m'a agrippé le poignet sans ménagement.

— C'est un peu tôt pour la bière, tu ne trouves pas ? ai-je objecté en pressant le pas à côté de lui.

— Oui, eh bien, si tu n'avais pas été aussi longue, je n'aurais pas été obligé de boire, tu vois ? a répondu Conor en rejoignant à grandes enjambées le comptoir d'enregistrement.

La fille derrière le bureau de la British Airways a enregistré en premier le bagage de Conor et l'idée m'a traversé l'esprit, même à la dernière minute, que je pouvais encore faire machine arrière. Il y avait des agents officiels et des policiers partout. Conor ne pourrait pas me forcer à l'accompagner. Et il ne pourrait pas non plus m'empêcher de partir.

— Puis-je avoir votre passeport, s'il vous plaît ? a demandé la fille.

En ouvrant la bouche, je ne savais toujours pas ce que j'allais dire : « Oui, tenez », ou « Désolée, j'ai changé d'avis ».

Mais Conor s'est rendu compte que quelque chose n'allait pas. Il m'a regardée. L'espace d'un instant, son visage s'est légèrement rembruni, mais aussitôt, il a affiché un immense sourire.

— Ohé, m'a-t-il dit. C'est à toi qu'elle parle, ma belle. C'est le moment de montrer ton passeport. Nous allons passer un séjour vraiment formidable, tous les deux.

Il m'a adressé un clin d'œil. Sans réagir, comme dissociée de mon corps, je l'ai regardé me prendre le passeport des mains pour le remettre à l'hôtesse.

— Merci, a-t-elle dit.

— De rien, a répondu Conor à ma place.

3.

BECKY

Mes examens de dernière année ont eu lieu au mois de mai. Ensuite, j'ai enchaîné les fêtes d'adieu endiablées, j'ai rompu avec Tom – ça ne faisait que quelques semaines qu'on sortait ensemble, mais ça m'avait suffi pour savoir que nous n'allions nulle part tous les deux – et j'ai chargé toutes mes affaires dans ma Corsa de location.

Maman, comme je l'ai dit, sortait de plusieurs années difficiles, entre le départ de Brian, la mort de grand-mère et son licenciement. Elle avait perdu beaucoup de poids. Au début c'était plutôt une bonne chose, mais maintenant je commençais à m'inquiéter. On aurait dit un fantôme. Elle avait l'air transparente et bien plus âgée que ses quarante-neuf ans. Paradoxalement, elle avait retrouvé l'allure de sa jeunesse, sa tristesse, son caractère résigné… tout cela me semblait familier.

Malgré tout, c'était dur d'abandonner ma vie à Bristol. J'adorais cette ville, j'y avais des amis formidables. Ces quatre années de fac m'avaient métamorphosée. Mais tout le monde semblait s'en aller sous de meilleurs cieux, il ne me restait presque plus aucun ami proche. Alors Margate, c'était aussi bien qu'ailleurs pour aborder la prochaine étape de ma vie.

J'avais aussi des raisons plus égoïstes de rentrer à la maison. Mon découvert bancaire s'élevait à deux mille livres – plutôt modeste par rapport à beaucoup de jeunes de mon âge, grâce aux nombreux petits boulots que je m'étais dégotés pour tenir le coup –, et j'avais quatre-vingt mille livres de prêt étudiant à rembourser. Au moins, chez maman, je n'aurai aucun loyer à payer.

Maman s'est ragaillardie après mon retour, ma présence semblait lui faire du bien. Pour ma part, je trouvais ce retour en enfance très difficile après quatre ans de vie autonome.

Voilà que je me réveillais dans mon ancienne chambre avec Monsieur l'Âne, ma peluche à un œil assise au bout du lit. Je devais dîner à 18 h 30, conformément aux habitudes de ma mère ; et elle me gavait de nourriture – ou au contraire me restreignait, selon le jour de la semaine. Elle insistait pour que je range ma chambre et elle trouvait que ma jupe était trop courte. L'idée qu'elle puisse grignoter mon indépendance, rogner lentement la bulle de ma vie d'adulte que j'avais pris soin de construire pour me protéger, m'était pénible.

Après tout, si personne n'était témoin de ma nouvelle personnalité, plus confiante et affirmée – maman, en tout cas, me considérait toujours comme le bébé qu'elle avait allaité –, existait-elle vraiment ?

Quand on s'en va, on en oublie que nos parents prennent tout un tas de décisions à notre place. Comment s'habiller. Que manger. Quelle quantité boire…

J'avais pris l'habitude, dont j'avais beaucoup de mal à me défaire, d'accompagner mon repas du soir par deux grands verres d'une quelconque piquette. Or ma mère servait le vin au compte-gouttes et rangeait aussitôt la bouteille au frais. Elle ne plaçait pas de cadenas sur le bouchon, naturellement, mais à sa tête, je comprenais qu'il était hors de question de se resservir. *J'ai vingt-trois ans !* avais-je envie de crier. *Je peux boire autant que je veux !* Bien sûr, je n'en faisais rien. Je sirotais mon verre en souriant et j'essayais de me convaincre que j'étais toujours une adulte.

Quant à la dizaine de cigarettes que je fumais tous les jours, je n'osais même pas laisser le paquet en évidence. Je le cachais au fond de mon armoire. Je fumais à la fenêtre de ma chambre, comme lorsque j'avais quinze ans, et je déchiquetais les mégots avant de les jeter dans la cuvette des toilettes.

Un jour à la fin du mois de juin, un vendredi gris et pluvieux, je me suis mise à la recherche d'une boîte d'allumettes. Les résultats de mes examens devaient tomber à midi pile et il n'y avait plus de gaz dans mon briquet. J'avais essayé d'allumer une feuille de papier sur les résistances du grille-pain, mais je n'avais réussi qu'à me brûler les doigts et à déclencher l'alarme assourdissante du détecteur de fumée.

Maman était au supermarché et ne rentrerait pas avant une heure. Fébriles au début, mes recherches avaient pris une allure plus nonchalante, et même un peu curieuse.

J'ai retrouvé de vieilles photos que j'ai pris le temps de contempler, des ordonnances de médicaments dont j'ai cherché les noms sur Google, et des bijoux de pacotille que je n'avais encore jamais vus : des colliers et des boucles d'oreilles que j'ai essayés devant le miroir de maman.

J'étais en train de fouiller dans sa table de chevet – Valium, pastilles contre la toux, préservatifs périmés depuis 2012... – quand j'ai découvert l'enveloppe. À l'intérieur, il y avait un billet aller-retour pour la fin du mois d'août, à destination d'Athènes.

Bien sûr, sans connaître ma mère, difficile de comprendre à quel point ces billets d'avion étaient surprenants. Mais à l'exception de vacances aussi bizarres qu'inattendues quand j'avais sept ans, maman n'avait jamais bougé. Au premier sens du terme. Elle n'avait jamais voyagé, bu plus que de raison ni fumé, et elle ne s'était jamais couchée après minuit. C'était la mère la plus prévisible et la plus terre à terre que l'on puisse avoir. À vrai dire, j'étais tellement stupéfaite que j'ai dû vérifier à plusieurs reprises le nom sur les billets.

Après m'être assurée que mes yeux ne me trompaient pas, j'ai tout remis exactement à sa place et je suis retournée attendre dans le salon, tout en me demandant comment obtenir des explications au sujet de ces billets sans lui avouer que j'avais fouillé dans sa table de nuit.

Ma curiosité était telle que j'en avais momentanément oublié non seulement mon envie de fumer, mais aussi mes résultats d'examen. J'ai regardé l'heure sur la box internet Virgin pendant quelques minutes. Alors que les chiffres changeaient lentement, je me demandais pourquoi maman allait à Athènes, comment elle avait les moyens de se payer de tels billets et pourquoi elle ne m'en avait pas parlé.

Ce n'est que lorsque les chiffres *12:00* se sont affichés que je me suis brusquement souvenue de mes résultats. J'ai attrapé mon ordinateur portable et j'ai cliqué frénétiquement, lâchant un cri aigu lorsque j'ai découvert mes notes. J'avais décroché mon diplôme avec mention !

Évidemment, j'étais folle de joie. En même temps, une idée m'est venue.

J'ai crié la bonne nouvelle à maman avant même qu'elle ait fini d'ouvrir la porte d'entrée.

Elle a laissé tomber ses sacs Aldi sur le canapé et elle m'a serrée dans ses bras.

— Je le savais, a-t-elle dit. Tu as toujours été une sacrée futée. D'ailleurs, j'ai acheté ça.

Plongeant la main dans l'un des sacs de commissions, elle en a sorti une bouteille de mousseux premier prix. Ma tentative pour obtenir discrètement des informations a vite tourné au fiasco. Une fois de plus, j'avais l'impression de retomber malgré moi en enfance.

Nous étions en train de boire le fameux vin pétillant de chez Aldi tout en grignotant les olives aux anchois que maman avait achetées pour l'occasion, quand j'ai dit sur le ton le plus désinvolte possible :

— Tu vois, je me disais… étant donné qu'on a quelque chose à fêter et qu'on est libres toutes les deux au même moment pour la première fois depuis un bail… eh bien… que dirais-tu si on s'organisait une petite escapade quelque part, maman ?

— Comment ça ? Un week-end, tu veux dire ? a-t-elle demandé.

— Oui. Ou même… peut-être… de vraies vacances. Un peu de soleil. Entre mère et fille. Ce serait sympa.

— Pourquoi pas… a dit maman, perplexe.

— Je pensais à l'Espagne. Ou l'Italie. Ou même la Grèce.

Aussitôt, maman a posé son verre sur la table et m'a scruté d'un regard perçant. C'était le même regard que lorsque j'étais petite, celui qu'elle dardait sur moi lorsqu'elle retrouvait les débris d'un vase cassé dissimulés au fond de la poubelle. Elle a esquissé une grimace.

— Quoi ? ai-je demandé.

J'ai ricané en me sentant rougir.

— À toi de me le dire, a-t-elle répondu en levant un sourcil.

J'ai haussé les épaules.

— Je ne vois pas de quoi tu parles. Je voulais juste…

Mais ma voix s'est brisée. Je me rendais bien compte que je n'étais pas convaincante. Essayer de mentir à maman, c'était comme tenter de mener en bateau la Gestapo.

— Alors ? a-t-elle insisté.

— Disons que je suis peut-être tombée sur des billets d'avion... ai-je dit en m'efforçant de prendre un ton malicieux.

— Tu es *tombée* dessus ? a répété maman avec un rire sardonique.

— Je cherchais quelque chose.

— Tu *cherchais* quelque chose.

— Un briquet.

— Oh, un briquet, vraiment ?

— Oui, je voulais allumer cette bougie, lui ai-je dit en désignant d'un mouvement de tête l'énorme chandelle rouge posée sur le rebord de la fenêtre. Mais je n'ai pas trouvé d'allumettes ni de briquet.

— Tu voulais allumer cette bougie.

— Pourrais-tu arrêter de répéter tout ce que je dis ?

— Tu crois vraiment que je ne suis pas au courant pour tes Camel cachées au fond de l'armoire ? a demandé maman. Tu crois que je ne le sens pas quand tu fumes à la fenêtre ?

— Oh.

— Oui. *Oh.*

— Alors, tu as fouillé dans mon armoire ? ai-je demandé sans trop savoir si je faisais du cinéma ou si j'étais vraiment indignée.

— Mieux vaut ne pas aller sur ce terrain-là, n'est-ce pas ? a dit maman. Pas après avoir fouillé ma table de chevet pendant que j'étais sortie pour te rapporter du champagne.

— Non. Peut-être pas.

— C'est ce que je pensais.

— Et donc, Athènes ? Pourquoi ?

Maman a haussé les épaules.

— Ta grand-mère m'a laissé de l'argent. Il se trouve qu'elle avait un joli pécule. D'ailleurs, il faudra qu'on en discute un de ces jours. Je t'en ai réservé une partie. Bref, je me suis dit : pourquoi pas ? Ça fait des années que je ne suis pas partie en vacances. Et en ce moment, j'ai le temps.

— Tu n'avais pas l'intention de m'en parler ?

— Oh, s'il te plaît, ma chérie, a répondu maman. Je savais que tu ne voudrais pas partir avec une vieille croulante comme moi.

— Et si j'avais voulu ?

— Tu aurais au moins pu me dire que je ne suis pas une vieille croulante ! s'est exclamée maman en riant. Mais tu n'as même pas relevé, je me trompe ?

— Tu n'as pas cinquante ans, maman.

— Pas avant septembre.

— Bien sûr, c'est ça ! Tes cinquante ans ! me suis-je écriée. Évidemment. Mais tu ne vas pas passer ton anniversaire toute seule, si ? À moins que tu comptes jouer le remake de *Shirley Valentine* et te trouver un beau Grec poilu et musclé ?

Maman ignora ma remarque.

— Tu aimerais vraiment venir ?

— Ça se pourrait.

— Fin août, début septembre ? a demandé maman. Tu ne crois pas que tu en auras par-dessus la tête de ta vieille mère d'ici là ?

— Peut-être, mais non, je ne pense pas. Je crois que j'adorerais aller à Athènes avec toi pour ton anniversaire. Nous ne sommes jamais allées nulle part toutes les deux, n'est-ce pas ?

— Nous sommes allées à Bergen.

— J'avais six ans. Je n'en garde presque aucun souvenir, à part que tu n'arrêtais pas d'essayer de me faire manger des fruits de mer.

— Tu avais sept ans, a rectifié maman. Oui, pourquoi pas, ce serait chouette. Mais nous n'allons pas vraiment à Athènes, ma chérie. C'est uniquement le point de départ du bateau.

— Le bateau ?

— Oui. Le bateau pour Santorin.

4.

LAURA

Si de nos jours on trouve facilement des vols directs entre Londres et Santorin, en 1994, avant l'essor des compagnies low cost, les options étaient beaucoup plus limitées.

Le meilleur itinéraire qu'avait pu nous dégoter l'agence de voyages comprenait une première escale à Athènes par la British Airways, suivie d'un vol Athènes-Mykonos avec la compagnie aérienne nationale grecque, Aegean, et se terminait par une courte traversée jusqu'à Santorin.

Contre toute attente, Conor s'est révélé nerveux en avion. Il a passé tout le voyage à boire ; et plus il buvait, plus il devenait bavard et tapageur. À côté de moi, le garçon poli et raffiné que j'avais rencontré en Angleterre semblait peu à peu céder la place au couvreur tatoué.

En arrivant à Athènes, j'en savais bien plus sur les toitures que je ne l'aurais voulu. J'avais aussi appris que ses parents étaient morts quand il était jeune et qu'il avait grandi en foyer avec son unique frère. Fatalement, quand il m'a dit ça, un élan de compassion m'a traversée, et je lui ai tout de suite pardonné sa tendance à boire et la vulgarité que cela semblait libérer chez lui. C'est vrai, quelle femme pourrait résister à un enfant abandonné qui fait tout son possible pour surmonter le traumatisme d'une éducation imparfaite ? Certainement pas une femme dont l'enfance a été aussi traumatisante que la mienne.

Nous nous sommes bien débrouillés à l'aéroport d'Athènes – surtout grâce à moi, car Conor était déjà éméché en arrivant – et nous avons embarqué pour notre second vol à bord d'un avion à hélices beaucoup plus petit.

Si Conor s'était plaint des turbulences de notre premier vol – et croyez-moi, il ne s'en était pas privé –, ce n'était rien comparé aux secousses et aux brusques embardées de ce coucou. À mon grand étonnement, je me suis rendu compte que cela me plaisait beaucoup, un peu comme des montagnes russes. Avec l'excitation et l'impression de danger, je me sentais légère et bien vivante. Le malheureux Conor, en revanche, était terrorisé. À un moment donné, il s'est emparé d'un sac à vomi ; mais contrairement au pauvre vieux de l'autre côté de l'allée, il a résisté.

Alors que nous émergions enfin dans la chaleur agréable du minuscule aéroport de Mykonos, Conor m'a soudainement annoncé qu'en plus d'être couvreur, il était aussi champion de boxe poids moyen.

Il essayait probablement de compenser son comportement à bord de l'avion. Non seulement je ne l'ai pas cru, mais cette déclaration n'a fait que rendre plus ridicules encore ses réactions de panique.

Comme convenu, un chauffeur nous attendait, avec un écriteau au nom de notre hôtel. Tandis que le minibus progressait en cahotant sur les routes accidentées et mal éclairées de Mykonos, je me suis mise à mon tour à avoir peur.

— Ne t'inquiète pas, a dit Conor avec un courage soudain. Ça va aller. Ce type conduit tous les jours sur ces routes-là.

Il a posé un bras pesant sur mes épaules et a regardé par la vitre.

— Dis donc, quel trou perdu ! Tu ne trouves pas ?

Quand nous sommes arrivés à l'hôtel, un énorme bâtiment bleu et blanc sur le front de mer, il a retrouvé sa bonne humeur.

— Ah, je préfère ça, a-t-il dit.

Même si elle n'offrait pas de vue sur la mer, notre chambre était charmante. Il y avait un grand lit double – qui m'effrayait un peu, car après tout, je n'avais pas encore couché avec Conor –, une coiffeuse et des placards avec des portes bleues aux allures de volets parisiens.

— Une douche, puis le repas ? a proposé Conor en laissant tomber sa valise sur le lit.

Je lui ai répondu que ça m'allait très bien.

Pour éviter de me retrouver avec lui dans la petite salle de bains attenante pendant qu'il prenait sa douche, je me suis affairée dans la chambre, suspendant sur les cintres des vêtements qu'il me faudrait ranger dans la valise dès le lendemain. En raison des prix, deux fois plus élevés qu'à Santorin, Conor n'avait réservé qu'une seule nuit à Mykonos.

Dès qu'il est sorti de la salle de bains, une serviette nouée autour de la taille, je m'y suis faufilée avant de fermer la porte à clé.

Comme j'étais à la fois terrifiée et excitée à l'idée que Conor puisse m'attendre, allongé nu sur le lit, j'ai prolongé ma douche aussi longtemps que je le pouvais sans que cela paraisse trop bizarre. Et mon plan a fonctionné à la perfection, parce qu'en sortant de la salle de bains, la chambre était vide. Je suis restée assise un moment dans l'air frais de la climatisation, à regarder la vapeur s'échapper de la salle de bains, à essayer de savoir si j'étais soulagée ou déçue.

J'ai enfilé un tout nouveau jean neige que j'avais acheté pour le voyage et un T-shirt Calvin Klein rose, et après avoir longuement cherché la clé magnétique de la chambre, que j'ai fini par trouver insérée dans la fente de l'interrupteur, je suis descendue.

Le restaurant était au rez-de-chaussée de l'hôtel, du côté de la plage. Son immense baie vitrée était entièrement ouverte, ce qui donnait l'impression saisissante de s'avancer sur une vaste terrasse surplombant la mer. Il y avait des nappes blanches amidonnées et des bougies sur chaque table. En arrière-plan, les lumières des bateaux de pêche amarrés scintillaient sur la mer. Au plafond, des ventilateurs tournaient lentement au-dessus des clients attablés, et on entendait une mélodie grecque minimaliste et répétitive en fond sonore, le genre de musique d'ambiance typique des compilations Buddha Bar. Je crois que jusque-là, je m'étais sentie trop fatiguée, crasseuse et angoissée pour apprécier véritablement la beauté des lieux, mais maintenant que j'avais pris une douche et enfilé une tenue propre, elle me sautait aux yeux. J'en avais le souffle coupé.

Conor nous avait gardé une table tout devant. En jean et chemise blanche, il était très beau. Il m'a fait signe avec un grand sourire et, tout en me frayant un chemin entre les tables dans sa direction, je me rappelle avoir pensé : *Tout compte fait, ça va bien se passer.* Je n'arrêtais pas de changer d'avis à ce sujet, un coup oui, un coup non, et vice versa.

— Oh, bon sang ! s'est exclamé Conor lorsque j'ai rejoint la table. J'allais laisser tomber et commander sans toi. J'ai tellement faim que je pourrais engloutir un bœuf, c'est pour dire !

— C'est beau ici, ai-je dit en m'asseyant.

— Mouais, ça peut aller ! a dit Conor. Tu es jolie.

— Merci, ai-je répondu en rougissant. Tu n'es pas trop mal non plus.

— Mais j'espère que tu as apporté des jupes, a-t-il repris. On ne va quand même pas te voir en jean tous les jours ?

J'ai froncé les sourcils. J'avais l'habitude que ma mère me rabâche que mes jupes étaient trop courtes, mais qu'un homme me dise quoi porter, c'était autre chose.

— J'en ai pris, sauf que… Je suis bien en jean, merci.

— Bon, pour le moment, on va dire que ça passe. Mais demain, mets une robe, d'accord ?

— Peut-être. On verra, ai-je répondu en hochant vaguement la tête.

Conor a siroté sa bière avant de dire :

— Oui, c'est ce qu'on verra.

Il avait presque l'air menaçant, mais comme toujours, j'étais incapable de deviner s'il plaisantait. Puis il m'a souri et, voyant que je ne lui rendais pas son sourire, il a ajouté :

— Tu as de belles jambes, tu sais. On ne va quand même pas les cacher pendant tout ce temps, pas vrai ? Faut pas avoir peur de se mettre en valeur, ma chérie.

Malgré moi, j'ai esquissé un sourire. Je ne complexais pas sur mes jambes, contrairement à d'autres parties de mon corps, et j'étais contente qu'il les ait remarquées.

D'un mouvement de tête, il a désigné la salle derrière moi :

— Tu as vu toutes les fiottes qu'il y a ici ?

— Pardon ?

— Les fiottes. Les tapettes. Les homos, a dit Conor d'une voix forte très gênante. Appelle ça comme tu veux. Regarde autour de toi.

Ce que j'ai fait. La moitié des tables étaient occupées par des couples du même sexe, dont au moins deux nous fusillaient du regard.

— C'est vrai. Je crois que Mykonos est un endroit spécial pour eux. C'est connu pour être très *gay friendly*, et tout ça. Mais ce n'est pas grave, si ?

Conor a haussé les épaules.

— J'imagine que non. Si on aime ce genre de choses.

Il a claqué des doigts avec une force qui m'a surprise, en criant :

— *Garçon*[1] ! On peut commander ? *Garçon* !

— Je crois que c'est du français, ai-je dit en rougissant.

— Peu importe. Tant que ça marche, tu vois…

Le serveur, frêle et nerveux, s'est précipité vers nous. J'étais mal à l'aise.

— Je vais prendre une bière, lui a-t-il dit. Une pinte. Et ce que ma jolie petite amie aura envie de boire.

« Petite amie », ai-je pensé en lui pardonnant déjà sa grossièreté. *Il a dit que j'étais sa « petite amie » !*

Si le temps passé en compagnie de Conor n'était qu'une succession de hauts et de bas, le reste du dîner s'est très bien déroulé. Le service était parfait – rapide, efficace, chaleureux – et la cuisine était délicieuse, un succulent calamar pour moi et la version grecque du *fish and chips* anglais pour lui. Le ventre plein, Conor s'est considérablement calmé, et il m'a même posé quelques questions sur moi, ma mère et mon travail.

La note s'élevait à un nombre de drachmes impressionnant – je crois que c'était 15 000 ou 20 000 –, mais Conor m'a assuré que ça ne le dérangeait pas. Malgré tous ses autres défauts, et ils étaient nombreux, personne n'aurait pu accuser Conor d'être pingre.

Nous nous sommes ensuite promenés au bord de la mer, avec des dizaines d'autres couples, gays comme hétéros. Conor m'a pris la main et, de

1. En français dans le texte.

nouveau, je me suis sentie d'humeur très romantique. Il était onze heures du soir, mais l'air était encore incroyablement doux, et j'ai regretté de ne pas porter ma jupe en jean. Tout compte fait, ce ne serait pas une corvée de faire plaisir à Conor sur ce point-là.

Sur notre gauche, les bars éclairés au néon alternaient avec des tavernes plus traditionnelles, et les mélodies qui s'en échappaient rivalisaient de volume. À droite, les vagues clapotaient sur la fine bande de sable. C'était beau, mais bruyant.

— Santorin sera plus calme, j'espère, ai-je dit alors que nous arrivions au niveau des deux bars les plus animés.

À cet endroit, les musiques fusionnaient, produisant une complainte méconnaissable et un niveau de décibels presque impossible à supporter sans faire la grimace.

— Ouais, enfin j'espère que ce ne sera pas trop calme, a dit Conor. Y a une bonne ambiance ici. Viens, on va se prendre un pot et voir ça de plus près.

Il m'a prise par la main et m'a entraînée vers la porte d'un bar du nom de Babylone.

À l'intérieur, une musique électronique rythmée retentissait, et une vingtaine de personnes se déhanchaient sur la petite piste de danse.

Conor a fendu la foule jusqu'au bar et a commandé sans me consulter l'une de ces énormes chopes de bière à l'allemande, ainsi qu'un autre verre de vin pour moi. Il y avait trop de bruit pour parler, alors nous nous sommes assis au bord de la piste pour regarder les danseurs. Je me suis rendu compte que la plupart d'entre eux avaient l'air gays. Leurs tenues étaient trop branchées et ils dansaient un peu trop librement pour être hétéros.

J'ai jeté un œil vers Conor pour voir s'il s'en était aperçu, mais il était fasciné par un couple de jolies femmes en train de s'embrasser dans un coin. Deux beautés au teint mat et aux cheveux noirs, des Grecques très certainement.

— On devrait peut-être aller ailleurs, lui ai-je crié à l'oreille. On dirait que c'est un bar gay.

Mais il a haussé les épaules en souriant. Peut-être n'était-il pas si homophobe que ça ? Je m'étais peut-être laissé induire en erreur par son sens de l'humour un peu primaire.

— Vise-moi celles-là, s'est-il alors exclamé en désignant les deux femmes d'un mouvement de tête. Tu crois qu'elles me laisseraient regarder ?

J'ai poussé un profond soupir et, de la main gauche, je me suis pincé l'arête du nez. C'était le retour de balancier, et mes doutes concernant Conor m'assaillaient à nouveau.

Conor a passé son bras autour de ma taille et m'a serrée tout contre lui.

— Allez, a-t-il dit. Je te taquine. Ne prends pas tout au sérieux, miss. Tu sais que je ne regarde qu'une seule femme ici, et c'est la plus jolie de toute la salle.

Je me suis sentie à la fois flattée et contrariée. J'ai vidé mon verre de vin avant de me forcer à bouger avec la musique. Quoi qu'il arrive, j'allais passer le reste des vacances avec lui, alors autant en profiter au maximum.

— Tu danses ? m'a demandé Conor après avoir fini sa chope.

— Tu m'invites ?

— Je t'invite, a-t-il répondu en me prenant mon verre vide des mains pour le poser sur une table voisine.

Nous avons failli trébucher sur le bord de la piste légèrement surélevée et il m'a entraînée au milieu. Il faut dire que nous étions bien pompettes à ce moment-là. Pendant une quinzaine de minutes, nous avons dansé.

La musique électro n'a jamais été mon truc, mais étant donné que j'avais rencontré Conor dans une rave-party, ça me semblait déplacé de le lui expliquer maintenant. J'ai donc fait de mon mieux pour calquer mes mouvements sur les siens et, lorsqu'ils sont devenus trop excentriques, ce qui n'a pas tardé, je me suis appliquée à imiter une femme à côté de moi qui bougeait avec grâce.

Soudain, un travesti d'un mètre quatre-vingts avec de l'eye-liner à paillettes et une robe à la *Priscilla, folle du désert* s'est intercalé entre Conor et moi.

Toujours aussi imprévisible, Conor a joué le jeu et s'est mis à danser face à lui, comme un vrai pro, provoquant même quelques cris admiratifs. Mais brusquement, il s'est rué vers la porte. Craignant qu'il ne soit malade – j'ignorais ce qui aurait bien pu se passer d'autre –, j'ai couru pour le rejoindre.

Quand je l'ai rattrapé sur la promenade, il a crié en guise d'explication :

— Sale taré !

— Ça va ? Que s'est-il passé ?

— Il a essayé de me toucher les couilles, voilà ce qui s'est passé, a répondu Conor. Il m'a mis la main au paquet, je te jure ! Heureusement qu'on part demain. Putain, c'est Sodome et Gomorrhe ici.

Bien sûr, c'était une remarque abjecte, mais ma propre mère aurait été du même avis, malheureusement. J'étais plus triste qu'outrée.

Nous avons marché au bord de l'eau en silence pendant un moment et nous sommes arrivés devant un bar qui diffusait *Losing My Religion* de REM. Cette chanson était sortie quelques années plus tôt et je l'adorais.

— J'adore cette musique, ai-je dit à Conor. Ça te dit qu'on entre ?

— Non, a-t-il répondu. C'est vraiment de la merde, ça.

Nous avons passé notre chemin, sans un mot, jusqu'à l'hôtel. Apparemment, nous avions pris la décision de rentrer sans même en discuter. Comme j'étais épuisée et un peu saoule, cette idée me convenait très bien, tant qu'il s'agissait de dormir. Un verre supplémentaire en écoutant REM n'aurait peut-être pas été une très bonne idée, tout compte fait.

Une fois dans la chambre, j'ai pris une autre douche. J'étais en sueur et poisseuse à cause de la chaleur et de la danse, et s'il devait se passer quelque chose, je préférais éviter toute gêne.

Lorsque je suis sortie de la salle de bains – et pourtant je n'y étais pas restée longtemps –, Conor dormait à poings fermés. Il ronflait, étalé en travers du lit, encore tout habillé.

Sans oser le secouer – il ne faut pas réveiller le chat qui dort, dit le proverbe –, j'ai enfilé un T-shirt et je me suis glissée entre les draps, dans le peu d'espace qu'il me restait. Je n'avais encore jamais dormi avec un ronfleur, et j'ai appris cette nuit-là à quel point ça pouvait être horripilant.

J'ai mal dormi jusqu'à trois heures du matin, quand Conor a enfin trouvé le silence en roulant sur le côté. Après quoi, j'ai sombré dans le sommeil le plus profond. Au matin, c'est bien malgré moi que j'ai été tirée du pays des songes. Dans mon rêve merveilleux, j'étais étendue sur une plage et la mer clapotait entre mes jambes. C'était une sensation divine.

J'avais du mal à émerger, car je dormais d'un sommeil de plomb. Pourtant, il le *fallait* vraiment, je devais refaire surface. Ici, dans le monde réel, quelque chose n'allait pas.

Pendant quelques secondes, peut-être beaucoup plus longtemps, je suis restée aux frontières indistinctes du rêve et de la réalité. Quand j'ai enfin pris conscience que la plage, c'était le rêve, et que la tête de Conor entre mes jambes, c'était la réalité, que la sensation de clapotis n'était *pas* causée par les vagues, j'ai étouffé un cri en me redressant.

— Ah !

— C'est bien, ma belle, a répondu Conor en s'interrompant un instant pour lever les yeux vers moi.

— Arrête ! ai-je dit dans un souffle.

Les bribes de sommeil qui s'attardaient encore dans ma conscience m'empêchaient d'exprimer clairement mon indignation.

— Oh, ça va, tu n'es plus avec les tapettes maintenant ! a rétorqué Conor. Et ne me dis pas que tu n'aimais pas. Tu riais dans ton sommeil !

Il s'est redressé sur ses bras et s'est avancé, comme s'il faisait des pompes au-dessus de mon corps, me repoussant contre le matelas.

— Je… je *dormais* ! Et tu…

— Je sais ! s'est-il esclaffé.

Il s'est baissé lentement et j'ai senti son membre rigide exercer une pression contre mes parties intimes. Puis il m'a pénétrée, en un seul mouvement douloureux.

— Ah ! ai-je soufflé, incapable de croire ce qui était en train de se passer. Va te faire foutre, Conor !

— C'est le but, a-t-il répondu, toujours amusé malgré mes protestations et mon embarras évident.

— Arrête ! ai-je répété. Mon Dieu ! Ton haleine !

J'ai tourné la tête sur le côté pour échapper aux relents de bière qui franchissaient ses lèvres souriantes.

— Oh, boucle-la un peu, tu veux ?

On aurait dit qu'il trouvait la situation cocasse. Avec douceur, il s'est mis à bouger sur mon corps.

J'avais beau avoir l'esprit outré, une autre partie de moi-même, plus primitive celle-ci, a commencé à réagir à la sensation de son corps sur le mien, aux poils rêches de son torse contre mes seins – il avait remonté mon T-shirt dans la manœuvre – et aux sensations agréables que produisaient ses va-et-vient.

Peu à peu, mes rebuffades se sont changées en gémissements indignés, puis alanguis, jusqu'à ce que je pousse de véritables soupirs de plaisir.

J'explique tout cela parce que le consentement, bien sûr, est une notion aussi vaste que complexe. Un rapport sexuel sans consentement, c'est un viol.

Est-ce que Conor m'a violée cette première fois ? J'ai toujours du mal à le déterminer.

Aujourd'hui, des femmes plus jeunes trouveraient ça limpide. Si on dit *non* – et tant que l'on n'a pas franchement dit *oui*, d'ailleurs –, alors c'est un viol. Je suis sincèrement contente pour elles que les choses aient évolué, que ces questions fassent débat, qu'il y ait un effort concerté afin de définir, de manière claire et pour toutes les personnes concernées, ce que le consentement recouvre précisément.

Quand j'avais vingt ans, tout ça me paraissait beaucoup plus compliqué. Chez moi, on n'avait jamais abordé le sujet des relations sexuelles, et encore moins la question épineuse du consentement. Oui, si j'étais partie avec Conor, c'était avec la ferme intention de coucher avec lui. Oui, ça m'avait plu de l'entendre dire que j'étais sa petite amie. Je m'étais allongée dans le même lit que lui avec l'idée que ça pouvait arriver à tout moment. Et oui, mon corps avait réagi à son contact par du plaisir, un plaisir suffisant pour étouffer momentanément mon indignation. À la fin, je ne peux pas le nier, je ne disais plus *non*, mais plutôt *oui, oui, oui !* Je me demande ce qu'un juge penserait de tout ça…

Ce n'est qu'après avoir terminé, après avoir vu Conor se retirer sans préservatif, que j'ai pensé à la contraception.

Il m'a serrée dans ses bras pendant un moment, et ces instants de tendresse ont réussi à me convaincre que tout allait bien. De toute façon, je n'aurais jamais eu le courage d'en prendre l'initiative, ai-je songé alors qu'il déposait un baiser sur mon front avant de s'éclipser dans la salle de bains.

Au moins, nous l'avions fait, et mon statut de petite amie s'en trouvait confirmé. Il me suffirait de chercher une pharmacie en Grèce. J'allais devoir me procurer une pilule du lendemain pendant les vacances, ou éventuellement une pilule abortive de retour à la maison. J'étais à peu près certaine qu'Abby m'avait parlé d'une pilule que l'on pouvait prendre même des semaines après l'acte. Soudain, je me sentais terriblement adulte – ce qui révèle, plus que tout le reste, à quel point j'étais immature. Nous avons pris le petit déjeuner à l'hôtel. C'était un buffet de grand luxe, avec tout ce que l'on peut imaginer, depuis les croissants jusqu'au bacon, en passant par des œufs et de la papaye… Je jetais à Conor des coups d'œil nerveux en essayant de prendre une décision à son sujet, mais nos ébats nous avaient affamés et nous nous sommes goinfrés avec appétit. Ensuite, nous sommes retournés dans la chambre pour enfiler nos maillots et nous avons pris la direction de la plage.

L'eau était cristalline et incroyablement chaude. Conor était d'humeur espiègle. Il a – encore – plongé entre mes jambes et nous avons joué à nous bagarrer dans les eaux peu profondes. C'était un bon moment, sain et authentique. De retour sur la plage bondée, allongée sur ma serviette, j'ai posé ma tête sur le torse de Conor et je me suis laissée bercer par le rythme de sa respiration lorsqu'il m'a dit sans préambule, sur le ton de la conversation :

— Quand même, ça m'a étonné que tu ne sois pas vierge.

— Je te demande *pardon* ? ai-je dit en me redressant brusquement.

— Ça m'a étonné que tu ne sois pas vierge, a repris Conor sur le même ton insouciant, comme si c'était un propos parfaitement anodin. Une bonne catholique comme toi, soi-disant.

— Quoi ? ai-je balbutié en sentant la colère m'envahir. Si *j'avais* été vierge, Conor, je ne le serais plus maintenant. Tu m'as sautée dans mon sommeil, pour l'amour du ciel !

À ces mots, Conor s'est contenté de rire. Il s'est levé, m'a donné un petit coup malicieux sur l'oreille.

— Le dernier dans l'eau est un imbécile ! a-t-il lancé avant de détaler vers la mer.

Son geste n'était rien de plus qu'une provocation taquine, mais mon oreille me cuisait vraiment. Et son commentaire inattendu sur ma virginité – perdue en l'occurrence – m'avait piquée au vif. Je ne lui ai pas couru après. Je l'ai regardé froidement en me frottant l'oreille, sourde aux appels qu'il me lançait. Il a fini par éclater de rire en haussant les épaules, puis il s'est retourné vers la baie et il est parti à la nage, décrivant une ligne droite dans un crawl fluide et maîtrisé.

J'avais soudain changé d'avis à son sujet et je suis retournée à l'hôtel pour faire ma valise. Pendant un instant, je me suis imaginé disparaître avant son retour de la plage. Mais où serais-je allée ? J'avais mon billet de retour, prévu dans une semaine, mais le vol partait de Santorin et non de Mykonos. Si je me rendais à Santorin, je pourrais éventuellement le changer pour avancer mon départ si la situation restait tendue. À partir de Mykonos, en tout cas, c'était impossible.

Assise sur le lit, j'ai fixé ma valise en me rongeant les ongles. J'étais toujours dans cette position lorsque Conor est revenu, son sac de plage sur une épaule et sa serviette autour du cou.

— J'ai trouvé un petit coquillage magnifique, a-t-il dit.

Il s'est accroupi devant moi et il a ouvert la main pour révéler une énorme coquille, d'un rose nacré et pourpre à l'intérieur.

— Tiens, c'est pour toi.

— Je n'en veux pas, lui ai-je dit, la mine renfrognée.

— Écoute, je suis désolé.

Comme toujours, il était désarmant.

— Par moments, je suis un vrai con. Je le sais bien.

Son haleine sentait l'alcool.

— Tu as encore bu ? Il n'est que dix heures et demie.

Je me rendais peu à peu compte que ça devenait récurrent chez lui.

— Rien qu'une pinte. Pour me débarrasser du goût de l'eau de mer. J'ai nagé dans une nappe de fioul laissée par ces bateaux à moteur là-bas, c'était vraiment infect.

Une fois de plus, il a agité le coquillage dans sa main.

— Écoute. Je t'ai dit que j'étais désolé. Maintenant, tu peux le prendre sans perdre la face.

Je l'ai regardé droit dans les yeux. Ils avaient quelque chose d'hypnotique. Et Conor souriait avec tendresse.

— Allez. Tu veux toujours être ma petite amie, n'est-ce pas ?

J'ai haussé les épaules en m'efforçant de ne pas céder, mais la bataille était perdue d'avance.

Quand il jouait la carte du charme, il était irrésistible.

— Allez, a repris Conor. Tu auras des rides si tu continues, et il vaut mieux éviter ça, pas vrai ?

Il a tendu la main pour me caresser la joue.

— Je t'ai dit que j'étais désolé, a-t-il répété. Que veux-tu que je te dise d'autre ?

Incapable de faire la tête plus longtemps, j'ai capitulé et j'ai pris le coquillage.

— C'est vrai que tu es con, ai-je quand même dit. Vraiment con, parfois.

— Comme si je ne le savais pas, a répondu Conor.

— Il est dix heures et demie. Le taxi passe nous prendre à onze heures.

— Alors, j'ai intérêt à me bouger le cul, je crois.

Sur ce, Conor s'est relevé et a disparu dans la salle de bains. La traversée jusqu'à Santorin était sublime. Le bateau, un ferry de bonne taille, nous a fait passer par Paros, Naxos et Ios, se frayant un passage entre une série d'îles où il accostait de temps à autre pour prendre et déposer des hordes de touristes, valises roulantes à la main. Nous avons même aperçu des îlots minuscules qui semblaient entièrement sauvages.

Le soleil brillait. L'air marin était doux et rafraîchissant. Je n'avais encore jamais vu une telle luminosité, éclatante comme un millier d'ampoules halogènes. Tout me semblait plus vif. J'avais l'impression que les passagers portaient des vêtements aux couleurs si chatoyantes que celles-ci étincelaient devant l'immensité bleue.

Debout à la poupe, agrippés à la rambarde, Conor et moi regardions l'écume que laissait le bateau dans son sillage, les mouettes qui nous suivaient et les belles îles devant lesquelles nous passions.

À un moment donné, Conor m'a embrassée sur la joue. Je me suis tournée pour le regarder et essayer, une fois de plus, de mieux le cerner. La brise gonflait sa chemise blanche et faisait voler mes cheveux devant mes yeux. Malgré tout ce qui s'était passé, je me sentais audacieuse comme une aventurière, comblée comme une amoureuse et, lorsqu'il m'a adressé un clin d'œil, je me suis même sentie belle, ce qui ne m'était pas arrivé très souvent.

Au port de Santorin, nous avons pris un taxi jusqu'à notre hôtel, à Oia. Il y avait un bâtiment principal, avec le bar et le restaurant, mais les chambres étaient des maisonnettes d'un blanc éblouissant, aux toits en forme de dômes, accrochées à flanc de colline et reliées par tout un réseau d'escaliers en zigzag.

Tandis que le bagagiste nous ouvrait la porte et montrait à Conor la chambre et la salle de bains, je suis restée sur la petite terrasse pour profiter de la vue. C'était le paysage le plus magnifique que j'aie jamais contemplé – un vaste panorama à 180 degrés sur la côte incurvée de Santorin.

Si vous ne l'avez jamais vue, l'île est en forme de *C* inversé, avec quelques îlots parsemés dans la baie, protégés par son arrondi.

Au-delà s'étend le bleu infini de la mer et du ciel. C'est de toute beauté.

Les parois rocheuses des falaises étaient d'un gris intense, presque noir par endroits, et toutes les maisons sans exception arboraient un blanc pur, avec des portes et des encadrements de fenêtres bleu roi.

D'autres bâtiments, des églises sans doute, étaient surmontés de dômes bleus comme sur la photo affichée dans ma chambre depuis des années.

— Waouh, ai-je dit tout bas.

Quand Conor est revenu à côté de moi, j'ai répété :

— Waouh ! Tellement waouh !

— Ouais, c'est joli, a-t-il acquiescé. Mais bon sang, je n'ai aucune idée d'où est la plage.

Nous étions à quelques centaines de mètres au-dessus du niveau de la mer. C'est le bagagiste qui lui a répondu.

— La plage la plus proche est Baxedes. À dix minutes.

— En voiture ou à pied ? a demandé Conor.

— Pardon ?

— Dix minutes en voiture ? a répété Conor avec une intonation affectée, tout en faisant mine de tourner un volant. Ou à pied ? ses doigts imitant maintenant le mouvement de la marche.

— En bus, a répondu le bagagiste dans un anglais parfait. Vous pouvez acheter des tickets à l'accueil.

Après son départ, Conor est parti louer une voiture. Les bus, très peu pour lui.

Son absence a duré deux heures, mais je ne m'en suis pas souciée. Confortablement installée sur une chaise longue, j'ai regardé les ferries minuscules arriver et repartir en contrebas. J'ai aussi vu des bateaux de pêcheurs et un homme en jet-ski qui zébrait la mer de petites lignes blanches, comme sur une vaste toile bleue. J'ai suivi la trajectoire du soleil dans le ciel sans nuage, et je me suis dit : *Waouh ! Une semaine ici !*

J'étais amoureuse de Santorin, comme je l'avais toujours pressenti. Après tout, les hauts et les bas avec Conor n'étaient peut-être que le prix à payer pour connaître une telle expérience. Il était près de seize heures quand il est revenu et même si j'avais grignoté un sandwich dans le bateau, j'avais l'estomac dans les talons.

Mais Conor avait déjà mangé.

— Ces abrutis étaient fermés jusqu'à trois heures, m'a-t-il dit. Mais maintenant, on a une voiture. Viens, dépêche-toi avant qu'on rate le soleil.

Nous avons sillonné toute la péninsule. Sa conduite était tellement approximative que je me suis demandé s'il avait du mal à maîtriser la voiture, une petite Fiat rouge poussiéreuse, ou s'il avait bu encore une fois. Mais je n'ai pas osé lui poser la question. Je crois que lentement, même inconsciemment, je commençais à avoir peur de lui. Mieux vaut tard que jamais, sans doute.

La plage était une vaste étendue de sable caillouteux d'un gris sombre. Le sable était si chaud que lorsque vos tongs s'y enfonçaient, vous aviez le bord des pieds brûlé.

Il y avait une petite plage privée, une seule rangée de parasols immaculés claquant au vent. Un jeune garçon affable, qui ne devait pas avoir plus de quatorze ans, vendait des bières, du Coca et des cacahuètes.

— Peut-on acheter à manger quelque part ? lui ai-je demandé.

— Cacahuètes ? a-t-il répété en haussant les épaules, désignant son panier rempli de babioles.

Pendant que Conor éclusait des bières grecques, j'ai dû me contenter d'un repas sommaire à base de soda et de cacahuètes.

Deux heures se sont écoulées dans une confusion béate de bains de mer – il faisait si chaud qu'on ne frémissait même pas en plongeant dans les vagues –, de gorgées de Coca et de courtes siestes, où je m'endormais sur le dos pour me réveiller en ronflant.

Finalement, Conor s'est levé d'un bond, en déclarant tout net qu'il s'ennuyait ferme.

Pour la première fois, j'ai essayé de régler la note, mais il n'a rien voulu savoir.

— C'est de la merde ici, a-t-il lâché tandis que nous traversions la plage. On aurait dû aller en Espagne.

— Vraiment ?

J'étais abasourdie que nous puissions avoir des impressions aussi radicalement opposées, et je me suis même demandé si ce n'était pas un trait d'humour.

— Moi, je trouve que c'est splendide.

— Splendide, mais chiant.

— Qu'est-ce que tu aurais fait de plus en Espagne ? lui ai-je demandé en pressant le pas pour ne pas me laisser distancer. À part lézarder sur une plage et nager dans la mer ?

— Je ne sais pas, a répondu Conor. Tout ce que je sais, c'est que cette plage m'a barbé royalement.

— Je te prêterai l'un de mes bouquins.

J'avais emprunté trois romans à maman pour les lire sur la plage.

— Ouais, s'est esclaffé Conor. Ouais, ça va le faire !

Je n'aurais pas su dire si c'était du sarcasme. De retour à Oia, après avoir garé la voiture dans un parking mal entretenu, nous avons descendu la centaine de marches qui nous séparaient de notre ravissant trou de hobbit.

Nous avons repris une douche. Mais cette fois, quand j'en suis sortie, Conor était là. Il m'attendait, l'objet de sa fierté bien en évidence, prêt pour une autre session.

— J'ai un petit problème... Est-ce que tu crois que tu pourrais venir me donner un coup de main ? a-t-il demandé.

Et comme il riait, comme j'étais amoureuse de Santorin et par ricochet de Conor qui m'y avait amenée, comme notre après-midi à la plage m'avait détendue et que je me sentais sexy, c'est exactement ce que j'ai fait.

Après l'amour, Conor a déclaré qu'il allait piquer un roupillon d'une vingtaine de minutes. J'en ai profité pour prendre une autre douche avant de retrouver mon transat sur la terrasse.

Pendant un moment, je me suis laissé aller à mes appréhensions. Je craignais que les choses ne se gâtent. N'avais-je pas intérêt à changer mon billet ? J'ai fini par décider que si les choses s'étaient plutôt bien passées jusqu'à présent, il n'y avait aucune raison que ça ne dure pas. Le plus facile, c'était encore d'endurer l'humeur changeante de Conor jusqu'au retour. Après quoi il serait temps de prendre une décision plus avisée.

Pour certains, mon jugement pourrait sembler désastreux. Et avec du recul, c'était sans aucun doute le cas. Mais j'étais terriblement inexpérimentée.

Je ne savais pas du tout comment les relations sexuelles devaient être, et les relations tout court non plus d'ailleurs. Je n'avais aucun point de comparaison et j'étais d'une naïveté confondante. Et puis, je manquais cruellement de confiance en moi. Impossible, par exemple, d'entreprendre les démarches pour changer de billet d'avion dans un pays inconnu... Après tout, je n'avais encore jamais voyagé à l'étranger.

Sans compter que cette histoire de contraception me préoccupait. Mais je n'étais pas rassurée à l'idée d'entrer dans une pharmacie grecque pour demander ce genre de choses. Comment me recevrait-on ? Étant donné que ma propre mère poussait des hauts cris et se mettait dans une colère noire chaque fois qu'elle entendait parler de contraception à la télévision, j'étais bien placée pour savoir que les gens pouvaient mal réagir. Et puis à quoi bon ? Nous avions déjà couché ensemble sans protection à deux reprises et je ne me voyais pas imposer tout d'un coup à Conor l'utilisation des préservatifs. Non, je réglerais le problème dès notre retour.

Bien sûr, j'ai aussi pensé à maman, qui me croyait en camping en Cornouailles avec Abby. Que diraitelle si elle savait ce que sa fille avait manigancé ? Mon audace m'a remplie d'une bouffée de fierté, aussitôt suivie par une déferlante de culpabilité catholique à l'idée de commettre un péché, et même un soupçon de panique en songeant à ce qui pourrait se passer si elle venait à le découvrir. Mais la beauté du paysage a fini par me calmer les nerfs et me changer les idées, apaisant mes craintes et mes angoisses.

Le soleil se rapprochait inexorablement de l'horizon et le ciel se parait d'une teinte bleue plus prononcée. Je suis restée assise à le regarder changer, dans un état presque méditatif. J'ai passé mes peurs en revue et j'ai imaginé qu'elles s'éloignaient en flottant comme des nuages.

Depuis notre terrasse, un petit escalier irrégulier, moulé dans le béton, descendait en serpentant à flanc de colline. Le bord de chaque marche avait été minutieusement peint en blanc, sans doute pour permettre de voir où l'on mettait les pieds une fois la nuit venue.

De temps à autre, des gens passaient. J'ai soudain remarqué un grand blond de mon âge, l'archétype du jeune randonneur sportif avec son pantalon plein de poches et son sac à dos. Quand il m'a vue, il m'a saluée de la tête en souriant. Je lui ai rendu son sourire et je lui ai demandé ce qu'il y avait en bas. Ça faisait un moment que je me posais la question.

— Un tout petit port, a-t-il répondu dans un anglais parfait, avec une pointe d'accent que j'étais incapable d'identifier. Et une mini-plage.

Il s'est interrompu et a sorti un mouchoir de sa poche pour se tamponner le front.

— Il n'y a que des galets en réalité, a-t-il poursuivi. Mais on peut facilement nager si on veut. En plus, il y a quelques petits restaurants de poissons. Et ils pêchent le poisson – c'est comme ça qu'on dit, non ? Voilà, donc ils pêchent leurs poissons eux-mêmes.

— Ça a l'air charmant, lui ai-je dit. On descendra peut-être ce soir.

— Oui, c'est charmant, mais il doit y avoir un million de marches, alors… Bonne journée.

Il a incliné sa casquette de base-ball, un geste particulièrement courtois pour un jeune de mon âge, et il est reparti, gravissant les marches jusqu'à disparaître derrière notre maisonnette.

Quand Conor a émergé, il était dix-neuf heures trente et le soleil se couchait. Le ciel ressemblait à un nuancier, avec des bandes de couleurs distinctes : un orange intense à l'horizon, puis du jaune, du rose et enfin un dégradé de bleu stupéfiant, depuis le turquoise au ras de l'eau jusqu'au noir d'encre parsemé d'étoiles au-dessus de nos têtes.

— Salut, le dormeur, ai-je dit sans détacher mes yeux du crépuscule ensorcelant.

— Waouh, regarde-moi ça ! s'est exclamé Conor.

— Je sais.

Puis j'ai ajouté en songeant tout haut :

— C'est la première fois que je visite un endroit qui me donne vraiment l'impression qu'on est sur un énorme caillou lancé dans l'espace. Tu vois ce que je veux dire ?

— Ouais, a-t-il répondu sur un ton évasif en s'approchant du bord de la terrasse pour contempler la vue. Mais c'est joli, en tout cas.

— Apparemment, il y a un restaurant en bas des marches, ai-je dit en tendant le doigt. C'est charmant, à ce qu'il paraît. Ils cuisinent du poisson tout frais pêché par leur propre bateau.

— Qui te l'a dit ? a demandé Conor.

— Oh, un type qui passait.

— Un type, tiens donc ! Alors c'est ce que tu fais quand j'ai le dos tourné !

— Pardon ?

— On drague des inconnus, c'est ça ?

Comme souvent, j'étais incapable de savoir s'il plaisantait ou non. Parfois, je me demandais s'il le savait lui-même.

— C'était juste un type qui passait, c'est tout. Mais il a dit qu'il y avait presque un million de marches à descendre.

— Et un million de marches à remonter après. Ça va pas, la tête ?

— Il a dit que c'était vraiment charmant. Que ça en valait la peine, ai-je ajouté avec espoir.

— Mais tu vas la fermer avec ce gars ? Allez, bouge-toi les fesses, d'accord ? Je meurs de faim.

Le restaurant de l'hôtel était agréable et à de nombreux égards, il ressemblait beaucoup à celui de Mykonos.

Il y avait les mêmes nappes amidonnées, les mêmes bougies sur les tables, et jusqu'au même genre de musique d'ambiance minimaliste. La seule vraie différence, c'était qu'ici, les fenêtres ne s'ouvraient pas sur une plage, mais sur le panorama somptueux qu'offrait Santorin de nuit. Car l'île est tout aussi magnifique après le coucher du soleil. La lune miroite sur les eaux noires et profondes de la baie, et les lumières d'un millier d'habitations éparpillées à flanc de rocher scintillent, presque aussi belles que les étoiles dans le ciel.

Le menu était presque identique à celui de Mykonos, mais Conor m'a affirmé que les prix étaient considérablement moins élevés.

Il a commandé des litres de bière Mythos, et moi une toute petite carafe de vin blanc fruité. Puis il a opté pour un plateau de fruits de mer et j'ai choisi la moussaka. J'avais décidé de goûter un plat différent à chaque repas. Ça faisait trop longtemps que j'attendais de venir en Grèce.

Conor avait l'air morose. Pendant qu'on attendait nos plats, je lui ai demandé si tout allait bien.

— Ça va. Tu m'as laissé dormir trop longtemps, alors je suis un peu assommé.

— D'accord.

Après coup, et comme je n'acceptais pas vraiment l'idée que ce soit ma faute, j'ai ajouté :

— Désolée, je ne savais pas…

— Ça va, a-t-il dit en haussant les épaules.

— Franchement, ce n'est pas le plus bel endroit que tu aies jamais vu ?

Une fois de plus, il a haussé les épaules.

— Si, c'est sympa. La vue est très jolie, c'est vrai. Mais je crois que j'aime mieux quand il y a une plage, des bars et des trucs comme ça. Tu vois ?

— Il y a beaucoup de choses à voir à Fira, au milieu de l'île, ai-je dit en tendant le doigt. Par là-bas. Je l'ai lu dans le guide qu'ils ont laissé dans la chambre. On pourrait y aller après le dîner. Tant que tu ne bois pas trop pour prendre le volant.

Conor a éclaté de rire avant de boire une autre gorgée de bière. Il avait déjà avalé un premier verre d'un demi-litre.

— Je dois comprendre que tu ne conduis pas ? a-t-il demandé.

— Désolée, ai-je répondu en secouant la tête.

— Comme d'habitude, c'est à Conor de tout faire.

— On peut prendre le bus. Apparemment, il passe toutes les…

— Je te l'ai dit, m'a interrompue Conor avec agacement. Les bus, ce n'est pas pour moi.

— Ou un taxi.

Je ne pouvais m'empêcher de penser : *Tu pourrais aussi ne pas te saouler pour une fois.*

— Bon sang ! Je ne suis pas une pompe à fric !

— Je peux payer. Je n'ai encore rien payé.

— Est-ce que tu *essaies* de me rabaisser ? Tu le fais exprès ?

— Non…

Soudain, j'étais au bord des larmes.

— Non, je…

Heureusement, l'arrivée de nos plats nous a sauvés.

Ma moussaka était délicieuse, et tant mieux, car lorsque, dans un petit geste romantique, j'ai proposé d'en échanger un peu contre un morceau de calamar dans l'assiette de Conor, sa réponse a été claire et nette :

— Non.

— Non ? ai-je répété avec un rire étonné.

— Si tu voulais du calamar, alors tu aurais dû commander du foutu calamar, a répliqué Conor.

Nous avons terminé notre repas en silence.

La soirée risquait de déraper, je le sentais. Et si ça tournait mal, il serait sans doute trop tard pour faire machine arrière. Pour la paix des ménages, j'ai donc essayé de trouver un moyen de m'épargner cette virée à Fira.

— Je suis un peu fatiguée, ai-je dit à Conor alors que nous prenions le chemin de la voiture. Je crois que je vais me coucher tôt. Mais toi, vas-y et amuse-toi.

— Oh, arrête de chipoter et monte en voiture, a-t-il dit en me prenant le poignet pour m'entraîner vers le parking.

Je suis restée assise en silence pendant tout le trajet. Désormais, j'avais peur. J'avais peur de sa conduite, mais il m'a agréablement surprise ce soir-là, compte tenu des deux litres de bière qu'il avait ingurgités en l'espace d'une heure. J'avais peur de lui, aussi, et de ce qui risquait de se passer même si j'avais du mal à me l'expliquer.

Quand nous sommes arrivés, les choses s'étaient pourtant un peu tassées et l'atmosphère était plus légère.

Fira était – et est toujours – une ville d'une incroyable beauté, un dédale de maisons blanches aux matériaux naturels, nichées sur une crête et éparpillées çà et là le long de la falaise en direction de la mer.

Déjà, en 1994, la ville avait un côté sophistiqué à la Saint-Tropez. Pendant environ une heure, nous avons flâné joyeusement, au milieu d'autres couples, dans les ruelles étroites. Nous prenions le temps de visiter une boutique ou de boire un verre par-ci par-là. Devant mon insistance, Conor a accepté de se cantonner aux demi-pintes. Il s'est acheté un T-shirt humoristique avec un chat fluo qui portait un casque à écouteurs sur la tête, et dans un autre magasin, après avoir protesté pour la forme, je me suis laissé offrir un bracelet fantaisie.

— Ces belles mains ont besoin de bijoux, a insisté Conor.

Les breloques en chrome et en turquoise tintant à mon poignet, je ne l'ai pas repoussé quand il m'a pris la main. Je n'avais pas osé refuser de peur de paraître mesquine, mais au bout de quelques minutes, j'ai pris plaisir à marcher main dans la main avec mon petit ami. J'ai surpris le coup d'œil envieux qu'une jeune femme lançait à Conor en passant et, pendant un instant, je me suis sentie fière qu'il soit à moi. À l'époque, j'avais le chic pour me convaincre que tout allait pour le mieux dans le meilleur des mondes.

Quand nous avons rebroussé chemin en direction de la voiture, garée aux abords de la ville, je n'étais pas loin de penser que, contre toute attente, la soirée avait été un succès. J'étais contente de moi et, de nouveau, sous le charme de Conor.

Mais alors que nous passions devant une taverne – l'un de ces bars grecs typiques avec de la vigne vierge sur la terrasse, des tables peintes en bleu avec des nappes en plastique à carreaux –, des éclats de rire nous sont parvenus.

— Un dernier pour la route, a proposé Conor en tirant sur ma main – se laissant lui-même tirer la main, j'imagine, par la perspective alléchante d'un verre.

— Un dernier pour la route, ce n'est jamais une bonne idée, ai-je répondu avec une fausse désinvolture. Surtout sur ces routes. Tu en prendras un à l'hôtel si tu en as vraiment envie.

C'est alors qu'une voix joviale a retenti par-dessus les rires, une voix anglaise avec un accent des quartiers est de Londres :

— J'en sais foutre rien ! Demande à Stavros, tiens !

— Tes compatriotes, a insisté Conor en tirant un peu plus fort pour m'entraîner sur le côté. Viens, ce sera sympa.

Avec un soupir, je l'ai suivi à l'intérieur du restaurant, là d'où provenaient les voix. On entendait des notes de bouzouki. Sur la terrasse, déserte par ailleurs, un groupe d'une dizaine de Britanniques, hommes et femmes, s'était approprié quatre tables.

— Bonsoir, la compagnie ! a lancé Conor lorsque nous sommes arrivés. On peut se joindre à vous ? Vous avez l'air de vous amuser !

Un homme aux joues rouges, d'une cinquantaine d'années, nous a fait signe d'approcher.

— Je vous en prie ! a-t-il dit en imitant l'accent irlandais de Conor. Donnez-vous la peine de venir par ici…

Le serveur s'était avancé et Conor a commandé à boire pour tout le monde. Après les présentations, il s'est trouvé une place près de Mike le rougeaud, me laissant plantée toute seule en bout de table.

Une femme, dont j'apprendrais qu'elle s'appelait Sheila, m'a fait signe avec un clin d'œil.

— Bonsoir, ai-je dit timidement après avoir tiré une chaise.

— C'est ton gars ? a-t-elle demandé. Il m'a l'air d'un sacré personnage.

— Oui, on peut le dire. Mais c'est encore récent… vous voyez ?

— Une romance de vacances, c'est ça ?

— En quelque sorte. Vous êtes ici avec quelqu'un ?

— Oui, a-t-elle répondu. Mike, là-bas. Il faut croire que ton Conor est devenu son meilleur ami.

J'ai regardé dans leur direction pour voir que Mike avait posé un bras sur les épaules de Conor.

— Oui, ai-je dit sur un ton circonspect.

— J'espère que ton Conor sait où il met les pieds, a observé Sheila.

À ces mots, ses deux amies se sont mises à pouffer.

— Et moi, j'espère que c'est votre Mike qui sait à quoi il s'expose, ai-je répondu, déclenchant l'hilarité générale.

Nous avons bavardé entre femmes pendant près de deux heures. Les deux amies de Sheila s'appelaient Mads et Terri. C'était un groupe très sympathique. Tout le monde avait un peu trop bu et la conversation allait bon train. Sheila et Mike vivaient à Southend, et Mads était de Londres, comme moi. C'était la quatrième île de leur voyage et leur troisième visite à Santorin. Elles m'ont conseillé les meilleurs restaurants, les marques de crème solaire à acheter si je ne voulais pas « cramer », et profitant que nous étions entre filles, elles m'ont précisé en gloussant sur quelles plages on trouvait les hommes les plus sexy.

De l'autre côté de la table, les hommes étaient de plus en plus agités, mais je passais un très bon moment et je n'ai pas vraiment prêté attention à ce qu'ils buvaient avant la fin de la soirée. C'est vers minuit et demi, quand Conor s'est mis en titubant à la recherche des toilettes, que j'ai brusquement aperçu les dizaines et les dizaines de cadavres de bouteilles sur la table.

— Bon, nous, on va y aller, a déclaré Sheila en consultant sa montre avant de se lever. Et je te conseille de faire la même chose, ma belle.

— C'est Conor qui conduit. On est de l'autre côté de l'île.

— Il conduit ? Eh bien, bonne chance ! s'est exclamée Terri en riant.

Puis elle a quitté la terrasse, bras dessus bras dessous avec Sheila et Mads, me laissant toute seule. J'étais un peu jalouse de leur amitié et bien embêtée de me retrouver en compagnie des hommes.

D'ailleurs, la plupart d'entre eux ont décidé de partir aussi, si bien que lorsque Conor est revenu, il ne restait plus que Mike et un Espagnol, Pablo.

Conor était ivre mort. Il a percuté trois tables vides et il a manqué de renverser une chaise rien qu'en traversant la terrasse pour nous rejoindre. Quand il s'est approché, j'ai vu qu'il avait eu un accident. Le devant de son pantalon était mouillé, j'espérais que ce n'était que de la bière.

Prenant mon courage à deux mains, je me suis levée pour l'intercepter.

— Viens, Conor. Il est temps de prendre un taxi pour rentrer.

Sans un mot, Conor m'a repoussée et a réussi, tant bien que mal, à aller s'asseoir sur une chaise en face de son nouvel ami.

— Encore de la bière ? a demandé Mike.

Déformée par son état d'ébriété, l'expression de son visage était grotesque.

— Encore de la bière, a répondu Conor d'une voix traînante.

Il s'est emparé d'une bouteille vide et il l'a retournée en guise de démonstration, laissant couler un filet de bière sur la table.

— S'il vous plaît ! a crié Mike en essayant de claquer des doigts.

Quand il s'est rendu compte qu'il n'y arrivait pas, il s'est mis à taper dans ses mains.

— Appelle-le « *garçon* », a dit Conor en riant. Ça va l'emmerder, tu vas voir.

— *Garçon* ! *Garçon* ! s'est écrié Mike.

Au même moment, l'Espagnol s'est levé en déclarant :

— Ça suffit. Je suis assez saoul comme ça !

Puis il s'est éloigné en zigzaguant, suivant la même direction qu'avaient empruntée Sheila et ses amies quelques minutes plus tôt.

J'ai rejoint la chaise où Conor était vautré et je me suis accroupie à côté de lui.

— Conor, lui ai-je dit avec douceur, une main sur son épaule. Rentrons, d'accord ?

Sans se tourner, il m'a désignée du pouce tout en essayant vainement de se concentrer sur le visage de Mike en face de lui.

— Cette femme croit vraiment que je vais rentrer maintenant, a-t-il lancé.

Les deux hommes se sont effondrés en riant. Quand ils eurent retrouvé l'usage de la parole, Mike m'a regardé de ses yeux vitreux.

— C'est vrai. Elle le croit vraiment, mon vieux !

— Conor ! ai-je insisté, plus sèchement cette fois.

Je lui ai arraché des mains la bouteille à moitié vide qu'il avait dénichée parmi les autres et je l'ai tendue au-dessus de mon épaule, hors de portée.

— Tu as *vraiment* trop bu. Viens. S'il te plaît ! Allons-y !

Sa main est partie si rapidement que je n'ai pas eu le temps d'esquiver le coup. Elle a violemment atterri sur ma joue, m'envoyant valser dans un tamarinier en pot.

Pendant un instant, Mike a eu l'air inquiet. L'espace d'une fraction de seconde, j'ai vu que son cerveau confus se rendait compte que ce n'était pas normal. Mais Conor a éclaté de rire en disant :

— Bon, où j'en étais avant d'être aussi *grossièrement* interrompu ? Ah oui… la bière, c'est ça ? *Garçon* ! Encore de la bière.

Et j'ai vu Mike choisir de rire. Je l'ai vu faire le choix volontaire d'oublier la femme étendue au sol.

J'ai réussi à garder mon sang-froid. Une bouffée d'adrénaline m'a permis de quitter la taverne, de trouver un taxi et d'expliquer, à grand renfort de gestes, où je séjournais. Assise à l'arrière, j'ai regardé les routes obscures défiler et pendant un moment mon courage m'a ragaillardie.

J'ai payé le chauffeur – des milliers de drachmes, impossible de savoir si je me faisais arnaquer – et j'ai traversé la route pour rejoindre l'escalier menant à notre hôtel.

J'avais descendu une vingtaine de marches quand je suis revenue à moi. La vague qui m'avait soutenue commençait à retomber : mon coude saignait et ma joue me brûlait. Je me suis arrêtée pour contempler la vue, toujours aussi éblouissante, et prendre la mesure de ce qui s'était passé : Conor m'avait frappée. Il l'avait fait. Mon corps a encore réussi à me porter sur une dizaine de marches avant que les larmes n'arrivent. Alors, je me suis assise dans l'escalier et j'ai éclaté en sanglots. Toute mon enfance m'est revenue avec force. Soudain, j'avais envie d'être chez moi, dans mon lit, avec ma peluche

Barney Bear. Je voulais qu'Abby, ou même ma mère, s'occupe de moi, me dise quoi faire. Je me sentais terrifiée, prise au piège et seule. Et je ne savais absolument pas comment réagir.

— Excusez-moi ?

La voix venait de derrière. Je me suis essuyé le visage sur ma manche avant de me retourner. Deux hommes essayaient de me doubler dans l'escalier étroit, sans doute pour rejoindre leurs chambres.

— Je suis désolée.

En reniflant, je me suis écartée pour les laisser passer.

— Oh, bonsoir ! a dit le plus élancé des deux hommes. C'est vous. Nous nous sommes rencontrés tout à…

Mais je m'étais levée d'un bond et détalais déjà dans l'escalier, brusquement honteuse de mes larmes.

En arrivant sur ma terrasse, je me suis rendu compte que je n'avais pas la clé de la chambre. Elle était restée dans la poche de Conor. J'ai séché mes larmes à l'aide d'une serviette abandonnée sur le dossier d'un transat et, après quelques respirations paniquées, je suis remontée jusqu'à l'hôtel.

Deux maisonnettes derrière la nôtre, assis sur une chaise longue identique, le jeune randonneur admirait le panorama nocturne.

— Je n'ai pas ma clé, ai-je expliqué lorsqu'il m'a interrogée par un hochement de tête. J'espère qu'ils ont un double à l'hôtel.

Il avait un visage avenant.

— Ils en ont, m'a-t-il dit avant d'ajouter d'un air soucieux : Ça va ?

Je me suis mordu la lèvre pour refréner une nouvelle crise de larmes. Quand on s'efforce de garder ses sentiments pour soi, il n'y a rien de pire qu'une personne qui vous témoigne de la gentillesse, n'est-ce pas ?

Il s'est levé et a traversé sa terrasse dans ma direction. Il était bien plus grand que moi, mais comme j'étais encore dans l'escalier, nos yeux étaient presque au même niveau.

— Vous n'allez pas bien, je me trompe ? a-t-il dit en tendant la main pour me toucher le bras avec délicatesse.

J'ai secoué la tête, les yeux baissés, et j'ai fermé les paupières le plus fort possible. Mais il était trop tard. Ça faisait des jours que je les retenais, même si je venais à peine d'en prendre conscience, et mes larmes coulaient déjà.

5.

BECKY

C'était une bonne chose que je sois tombée sur ces billets d'avion. Enfin, je ne dis pas qu'elle n'aurait pas su tout planifier seule, mais je suis persuadée que ça n'aurait pas été une mince affaire. En fait de programme, maman avait réservé des billets d'avion pour Athènes, mais c'était à peu près tout.

En dépit de ses nombreuses années d'expérience en tant que secrétaire, maman n'avait jamais été très douée avec internet. Elle se servait bien de son compte bancaire pour payer les factures d'électricité en ligne, et elle savait se connecter à Netflix pour choisir un film. Mais la voir chercher une information sur Google – par exemple, des hôtels ou des vols – me donnait envie de m'arracher les cheveux.

On aurait dit qu'elle cliquait toujours sur le lien le plus inutile de toute la page. Et malgré mes bonnes intentions, je finissais par la pousser pour prendre sa place.

— Tu aurais pu trouver un vol direct jusqu'à Santorin, tu sais, lui ai-je dit. Si c'est bien là où tu as envie d'aller.

— Je le sais. Mais je me disais qu'une traversée en bateau, ce serait chouette.

Je ne la croyais pas vraiment.

Les horaires des bateaux étaient, d'après maman, d'une extrême complexité. Et il s'est avéré qu'elle avait raison sur ce point. Mais ensemble, au cours des deux semaines suivantes, nous avons réussi à établir un programme. Nous passerions une nuit à Athènes – j'avais hâte ! –, puis nous ferions un détour par la petite île de Serifos – un ami m'avait dit que c'était magnifique – avant de rallier Santorin. Étape par étape, nous avons réservé nos billets pour le ferry, et enfin, après avoir pesé le pour et le contre entre l'hôtel et la location d'appartement, nous avons réglé la question de l'hébergement.

— Je crains juste que ce soit sale, n'arrêtait pas de dire maman.

***

Nous avons décollé pour Athènes le 23 août. S'il bruinait par quinze degrés à Londres, le temps à Athènes était *caliente* !

Maman semblait terrorisée à l'idée que nos bagages ne soient perdus, mais ils ont fini par arriver en cahotant sur le tapis roulant, et nous avons pris la direction du métro pour la prochaine étape de notre programme soigneusement planifié.

En passant devant la station de taxis, maman m'a attrapé le bras :

— Et si on prenait un taxi ?

— On a décidé de prendre le métro, lui ai-je rappelé. On a prévu le trajet et tous les détails. C'est moins cher et sans doute plus rapide, aussi.

— Mais on ne verra rien, a-t-elle objecté. C'est vrai… je suis à Athènes, tu sais ? J'ai envie de regarder par la vitre et de voir, eh bien, *Athènes,* quoi.

Ce n'était pas une mauvaise idée, et même si la majeure partie du trajet était sur l'autoroute, une fois dans Athènes, je me suis réjouie que nous ayons opté pour un taxi. Et celui-ci en particulier. Le chauffeur, un type charmant d'à peu près mon âge, parlait un anglais impeccable et nous a donné tout un tas d'informations et de conseils, nous montrant les écoles, les parcs et les bons quartiers où se restaurer, les monuments historiques, sans oublier l'Acropole que l'on apercevait de temps à autre en surplomb de la ville.

Nous sommes arrivées à notre petit Airbnb peu après seize heures. Heureusement, il était parfaitement propre. Comme nous étions debout depuis six heures du matin, nous nous sommes affalées un moment sur le grand sofa en cuir,

— C'est très mignon, a dit maman. Bon choix.

— C'est vrai. Mieux qu'un hôtel, n'est-ce pas ?

— Oui, a-t-elle reconnu. D'accord, tu avais raison.

Nous nous sommes dépêchées de prendre une douche avant de sortir. Nous n'avions qu'une soirée pour explorer Athènes et nous étions trop excitées pour nous reposer. Notre traversée était prévue pour le lendemain.

Après avoir flâné dans les rues pendant un moment, nous avons pris la direction de l'Acropole, comme attirées par un aimant, pour finalement reporter notre attention sur une vaste zone piétonne. Nous avons laissé nos pas nous perdre dans ce dédale pittoresque de ruelles et de places bordées de bars. Toutes les tables étaient occupées par des Athéniens jeunes et beaux qui buvaient, parlaient et riaient. L'ambiance était magique.

— Va savoir pourquoi, je m'attendais à ce que ce soit un peu plus triste, a observé maman. Avec la crise bancaire, les faillites et tout ça.

— Je sais. Je me disais la même chose. En même temps, c'est la capitale. C'est vrai, au centre de Londres, on peut presque voir l'argent couler à flots mais ça n'empêche que certains magasins sont toujours fermés à Margate. Je parie que beaucoup d'endroits en Grèce sont comme ça.

— C'est terrible, n'est-ce pas ? a commenté maman. Il faudrait vraiment qu'ils fassent quelque chose pour Margate.

— Ce qu'il faut, ai-je dit, c'est un changement de gouvernement.

Maman a haussé les épaules, les lèvres pincées. Elle est persuadée que tous les hommes politiques sont les mêmes, c'est-à-dire inutiles, tandis que moi, je me raccroche à l'espoir que certains sont un peu moins inutiles que les autres.

Nous avons fini par choisir un bistrot qui n'avait pas l'air trop touristique – presque tous les clients semblaient grecs – mais qui offrait quand même un menu en anglais.

— Oh, nous avons oublié de visiter l'Acropole ! me suis-je brusquement souvenue.

— De toute façon, il fait un peu chaud pour ça, tu ne trouves pas ? Peut-être demain matin ?

— D'accord. En tout cas, c'est magnifique.

— C'est vrai. Je commence à avoir l'impression d'être vraiment en vacances.

— Et tu allais faire ça toute seule, ai-je dit en jetant un regard circulaire. J'ai vraiment du mal à le croire maintenant.

— Moi aussi, a-t-elle avoué. Je suis si contente que tu sois venue, mon poussin.

Enfin, nos boissons sont arrivées, du vin blanc dans des verres embués, avec un bol d'olives et des cubes de feta salée.

— À la tienne, ai-je lancé.

Nous avons trinqué avant de boire une gorgée. Le vin était sec, frais et délicieux. J'ai de nouveau regardé autour de moi, pratiquement tout le monde souriait.

— Ce doit être tellement plus facile de vivre dans un pays chaud, ai-je ajouté.

— Oui. Je me suis toujours dit que je pourrais déménager dans un endroit chaud un jour, mais l'occasion ne s'est jamais vraiment présentée.

— Ah bon ? Depuis quand ?

J'avais beaucoup de mal à la croire. Maman avait souvent tendance à dire des choses un peu convenues sans que cela ne soit nécessairement vrai. C'était sa manière de faire la conversation. J'y étais habituée.

— Oh, tu sais… a-t-elle répondu d'un air évasif. Ça remonte à loin. J'y ai beaucoup pensé. Chaque fois qu'il pleuvait, à vrai dire.

— Je ne savais pas.

— Eh bien, même si c'est difficile à croire pour toi, il y a plein de choses que tu ignores à mon sujet.

J'ai éclaté de rire.

— Quoi, par exemple ?

— Ah, a répondu maman, un sourire aux lèvres. Tu aimerais bien le savoir.

En fin de compte, nous avons mangé sur place, une salade pour maman et une moussaka pour moi. Puis la fatigue du voyage et de cette intense journée a eu raison de nous et, en bâillant, nous avons décidé de retourner à l'appartement.

Alors que nous quittions le restaurant, maman a dit :

— Avant l'euro, une livre valait des milliers de ce qu'ils avaient à l'époque – la drachme, je crois. C'est beaucoup plus facile maintenant… Enfin, j'imagine.

— Oui. En Italie, c'était la même chose. On l'a étudié en économie. Il fallait des dizaines de milliers de lires pour l'équivalent d'une livre sterling.

J'ai trouvé sa remarque étrange, sans parvenir à mettre le doigt sur ce qui me titillait. Tandis que nous marchions dans la rue, je lui ai lancé un coup d'œil, et elle m'a adressé un sourire forcé avant de détourner le regard.

Le lendemain, nous étions debout au petit matin. Nous en avons profité pour faire nos valises avant d'aller visiter l'Acropole.

Nous avons marché d'un pas vif dans les rues remplies de livreurs transportant des caisses sur des chariots et de vieilles Athéniennes promenant leur chien.

Ce n'était pas difficile de trouver l'Acropole. D'ailleurs, nous n'avions même pas besoin de carte. À chaque coin de rue, on l'apercevait, surplombant la ville. Alors que nous approchions, les rues sont devenues plus escarpées.

— Il fait déjà une chaleur écrasante ! s'est exclamée maman en s'offrant une pause pour s'essuyer le front.

— J'ai vu un panneau. Apparemment il fait vingt-neuf degrés. À l'ombre !

Le parc autour du monument était broussailleux, mais agréable, avec de beaux panoramas sur la ville. Nous avons même croisé une colonie de tortues qui se promenaient dans les buissons, ce qui m'a complètement surexcitée. J'ai toujours adoré les tortues de jardin et si ce n'était pas aussi difficile d'en acheter, je crois que j'en aurais une. J'ai eu un animal qui s'en approchait, un jour, une espèce de tortue miniature dans un aquarium, mais je l'ai tuée en lui faisant un câlin. Tout compte fait, si je n'ai jamais eu de vraie tortue, ce n'est peut-être pas plus mal.

En arrivant enfin devant le portail du monument, nous étions en nage, mortes de soif et de fatigue. La file d'attente devant le guichet était monstrueusement longue et le prix de l'entrée pour deux personnes s'élevait à quarante euros. Devant ce dernier obstacle, notre courage nous a abandonnées.

— Je crois que je vais passer le reste de ma vie à raconter que j'ai *failli* voir l'Acropole, mais que j'avais la flemme de faire la queue, ai-je dit à maman tandis que nous nous éloignions.

— Si tu ne le dis à personne, moi non plus, a-t-elle répondu avec un sourire narquois. De toute façon, on peut la voir d'ici. Regarde.

J'ai marqué une pause pour me retourner et lever les yeux vers les colonnes majestueuses, berceau de la démocratie d'après la pancarte.

— Bon sang, je vais passer pour une barbare, mais tu sais quoi ? ai-je lancé. Ça me suffit amplement.

— Telle mère, telle fille, a répondu maman en riant. Et maintenant, passons aux choses sérieuses. Il faut qu'on trouve du café !

— Ou encore mieux, cette espèce de café frappé qu'ils boivent tous.

Après le déjeuner, nous avons rendu notre bel appartement et nous avons pris un autre taxi jusqu'au port, nous faisant ainsi gagner de précieuses minutes.

Une fois sur le quai, des milliers de passagers jouaient en effet des coudes pour avancer. Mais Nick, notre chauffeur, a dépassé tout le monde, manquant même d'écraser un chien au passage. Il nous a déposées au tout début de la file, et comme personne n'avait l'air de s'en rendre compte ni même de s'en soucier, nous y sommes restées malgré un profond sentiment de culpabilité.

L'embarquement était stressant. Des hommes ont donné des coups de sifflet et crié des instructions incompréhensibles, puis la foule s'est précipitée d'un bloc vers l'entrée béante à l'arrière du bateau. Quelqu'un a fait rouler sa valise sur mes orteils, j'ai poussé un cri.

J'avais l'impression de vivre un exode biblique, une déportation ou un autre événement du même ordre. Parce qu'elles font appel à un souvenir collectif, certaines situations sont plus effrayantes qu'elles ne devraient l'être d'un point de vue logique. Cet après-midi-là, j'ai eu peur, comme si j'avais déjà connu ça, comme si je savais exactement ce que ça signifie lorsqu'un millier de personnes se ruent vers un bateau sous les sifflets et les cris des membres d'équipage. Comme si mon âme m'annonçait un terrible danger.

L'intérieur du bateau était spacieux – des rangées successives de grands fauteuils comme au cinéma, parfois vingt ou trente places d'affilée. Maman, et je la comprends, était déçue que l'on ne puisse pas sortir sur le pont, mais c'était un hydroglisseur à grande vitesse dont les vitres ne pouvaient même pas s'ouvrir. Comme nos sièges, les 26K et 26J, se trouvaient pile au milieu d'une famille grecque turbulente, nous avons pris la liberté de nous asseoir sur deux fauteuils libres près de la vitre. C'était l'idée de maman, et même si j'ai passé tout le trajet à m'inquiéter, personne n'est jamais venu les réclamer, vérifier nos billets ni nous houspiller.

La mer était aussi calme qu'un lac et les trois heures de traversée se sont déroulées sans encombre. Maman s'est assoupie et j'ai regardé le paysage, de l'autre côté de la vitre mouchetée par les embruns, Athènes qui disparaissait derrière nous et les premières îles qui se profilaient sur l'eau.

La vue était presque hypnotique et je me suis mise à rêvasser, me repassant les événements de ces derniers jours, jusqu'à ce que la remarque de maman, comme quoi je ne la connaissais pas autant que je le pensais, me revienne à l'esprit. Naturellement, ça m'a fait penser à mon père. Parce que, pour autant que je sache, c'était la seule donnée qu'elle m'avait toujours cachée.

Quand maman s'est réveillée, je suis allée nous chercher deux cafés grecs granuleux – pour la mettre en condition, rien n'a jamais été aussi efficace que le café – et après quelques gorgées, je me suis lancée :

— Tu sais, toutes ces choses que j'ignore à ton sujet ?

Maman m'a regardée par-dessus son café.

— Je disais des bêtises. Tu sais tout sur moi. On a vécu l'une sur l'autre pendant dix-huit ans. Qu'est-ce que tu pourrais ignorer ?

— Avant ça, ai-je dit timidement. Enfin, je sais que tu n'aimes pas en parler, mais je ne connais rien de ta vie d'avant.

— Eh bien, tu as connu grand-mère Eiléan, a dit maman. Tu as déjà dormi dans la maison où j'ai grandi. Je n'ai jamais rencontré mes grands-parents. Ils étaient tous morts avant ma naissance. Alors, tu as déjà un avantage sur moi.

J'ai cherché son regard. J'ai cru voir qu'elle savait exactement à quoi je faisais allusion. Mais comme toujours, elle refusait de s'aventurer sur ce terrain. Elle me regardait d'un air perplexe, comme si c'était moi qui lui parlais dans une langue étrangère.

— Mais le reste ? ai-je dit sur le ton le plus désinvolte possible. Je ne sais absolument rien là-dessus.

— Quel reste ? a demandé maman.

— L'accident, tout ça.

Je ne pouvais toujours pas me résoudre à prononcer les mots interdits : père… papa… géniteur… Ils étaient défendus depuis si longtemps que je ne me rappelais même pas le moment où j'avais compris qu'ils étaient tabous.

— Oh, ça, a dit maman. Eh bien, il n'y a pas grand-chose à en dire. Tu le sais bien.

J'ai dû pousser un soupir frustré, parce qu'elle a poursuivi :

— Non, il n'y a rien d'autre ! J'ai… tu sais… j'ai rencontré un garçon. On a eu une aventure. Et il est mort. Je suis désolée, mon poussin. Je sais combien ça doit te paraître, euh… dérisoire, mais c'est la vérité. Ce n'est pas très glorieux, mais pour tout te dire, moi-même, je me souviens à peine de lui.

— D'accord, maman, ai-je dit tout bas. Bref.

Je me suis tournée vers la vitre. Nous passions devant un autre chapelet d'îlots, encore plus près cette fois, presque trop près. Je pouvais apercevoir un homme en train de pêcher sur un rocher et je me suis demandé si c'était normal.

— Écoute, a repris maman au bout d'un moment. J'étais en vacances avec une copine, d'accord ? Et j'ai rencontré un gars, comme ça. Nous avons eu une aventure. S'il te plaît, ne boude pas.

— Je ne boude pas, ai-je dit en me retournant vers elle.

C'était la vérité. J'avais tellement pris l'habitude de ne jamais parler de mon père, qu'un peu plus ou un peu moins ne faisait pas grande différence. Mais comme c'était la première fois qu'elle me donnait délibérément quelques informations supplémentaires, elle avait piqué ma curiosité.

— Une copine ? C'était tante Abby ?

Abby était l'une des plus anciennes amies de maman. Ce n'était pas une vraie tante, mais d'aussi loin que je m'en souvienne, elle nous avait toujours rendu visite une ou deux fois par an.

Maman a hoché la tête en passant la langue sur ses lèvres.

— Et je l'ai rencontré… Enfin… Ça va te paraître terrible, mais n'oublie pas que je n'avais que vingt-cinq ans…

— C'est à peine plus vieux que moi.

— Oui. Mais dans ma tête, j'étais beaucoup plus jeune, si tu vois ce que je veux dire. Je n'étais pas allée à la fac comme toi. Je n'avais pas connu d'autres garçons, enfin, pas beaucoup en tout cas. Je n'avais encore jamais eu de véritable petit ami. Ta grand-mère me menait à la baguette. Elle était très sévère.

— Oui, je le sais bien. Alors, c'était un amour de vacances, rien de plus ?

Maman a hoché la tête.

— Et ensuite il est… tu sais… l'accident de voiture. Et voilà. Je ne sais pas si on serait allés plus loin, tous les deux, mais on n'a jamais eu l'occasion de le découvrir.

— C'est arrivé combien de temps après ?

— Quelques jours, a dit maman.

— Après les vacances ou après votre rencontre ?

— Oh, on était encore en vacances. C'était vraiment affreux.

— J'imagine…

Mais en vérité, j'imaginais mal. Je venais d'avoir une révélation, aussi frappante que brève, en prenant conscience que ma mère était une personne complexe qui avait vécu de terribles épreuves. À moi, il ne m'était jamais rien arrivé de grave.

— Et est-ce que tu le connaissais un peu ?

— Pas vraiment, non. Enfin, je le connaissais suffisamment pour… tu sais… Je veux dire que je n'ai pas sauté dans son lit dès la seconde où je l'ai rencontré. Je le connaissais assez pour savoir qu'il était adorable. Et quand j'ai compris que j'étais enceinte, j'ai su que toi aussi, tu serais adorable. C'est pour ça que je n'ai pas… tu sais. Enfin, bref, ça suffit.

— Tu as envisagé d'avorter ? ai-je demandé.

Une vague de stupeur existentielle m'a envahie alors que ce concept difficile à appréhender, l'idée que j'avais failli ne jamais exister, s'imposait à moi.

— Non ! a-t-elle répondu du tac au tac. Pas une seule fois. Ma mère, ta grand-mère, elle… En fait, ça n'a aucune importance. Mais en tout cas, non. Pas une seule fois. Je savais que tu serais adorable. Et je voulais t'avoir. Je n'en ai jamais douté.

— Grand-mère n'a pas dû être ravie, n'est-ce pas ?

— Non. Non, en effet. Tu sais à quel point elle était religieuse.

— Archireligieuse, tu veux dire ! Mais qu'est-ce qu'il…

— Bon, tu ne crois pas qu'on pourrait changer de sujet un peu ? m'a-t-elle interrompue. Ça ne te dérange pas ? Parce que tout ça, ce n'est pas… Eh bien, ce n'est pas très drôle, pour être franche. Et tu sais, j'essaie de profiter des premières vacances que je prends depuis des décennies.

Même si chaque bribe d'information que j'avais pu glaner me donnait envie de poser un millier de questions, j'ai abandonné le sujet. Pour le moment.

— Enfin bref, et toi ? m'a demandé maman. Tu ne me parles jamais de ta vie personnelle.

— Ma vie personnelle ?

Aussitôt, je me suis sentie mal à l'aise. Nous avions beau être proches, maman et moi, nous n'avions jamais été comme deux copines.

— Oui. Tu sortais avec quelqu'un quand tu es rentrée à la maison, à Pâques. Tu n'arrêtais pas de t'éclipser pour lui téléphoner. Je ne suis pas aveugle. Ni sourde.

— Euh… c'est vrai. Eh bien, c'était Tom, ai-je répondu d'un air songeur.

— Et qu'est-il arrivé à ce Tom ?

J'ai haussé les épaules.

— À la fin, il n'était plus très sympa.

— Je vois. Oh, après tout, il faut embrasser beaucoup de grenouilles avant de tomber sur un prince.

— Pourtant il n'était pas français, ai-je dit avec sérieux. Il était écossais.

— Je n'ai jamais dit ça, a répondu maman sans comprendre.

Mon humour, comme souvent, lui avait complètement échappé.

Une fois de plus, je me suis tournée vers la vitre. Nous passions devant un affleurement rocheux, aride et rouge. Est-ce que c'était Serifos ? D'après ma montre, nous devions débarquer dans une vingtaine de minutes. Mais l'île était inhabitée et elle a disparu derrière nous. J'ai continué de contempler la vaste mer bleue qui s'étendait jusqu'à l'horizon, tout en songeant à Tom.

Pour la millième fois, je me demandais si je n'aurais pas dû faire un effort pour que ça fonctionne. Parce que malgré ses défauts, Tom était sexy, sportif et, quand il voulait, plutôt drôle aussi. Jen, ma meilleure amie à la fac, estimait que s'il fallait faire des pieds et des mains dans une relation, c'était voué à l'échec dès le début. Mais j'avais de plus en plus l'impression qu'autour de moi, à l'université, les couples stables devaient faire des sacrifices permanents et parfois écrasants pour ne pas se séparer. Je commençais à penser qu'une relation insouciante et facile, ça n'existait pas. En tout cas, pas en dehors d'Hollywood.

Les récifs rouges n'étaient pas ceux de Serifos, mais lorsque notre bateau a manœuvré pour entrer dans le port, j'ai constaté que notre île leur ressemblait beaucoup. C'était un vaste rocher ocre, presque entièrement dépourvu d'arbres et de végétation. On aurait dit l'arête émergée d'un immense astéroïde tombé dans une mer extrêmement profonde.

Le propriétaire de notre location, un fermier d'un certain âge, est venu nous accueillir au port en salopette et avec sa vieille Peugeot cinq-portes cabossée. Il tenait une feuille volante sur laquelle on pouvait lire : *Mme Laura & Mme Robeeca.*

— *Mme Robeeca,* ai-je dit à maman en tendant le doigt. C'est moi !

— Je ne parle pas anglais, nous a-t-il annoncé en nous serrant la main.

Mais son absence de vocabulaire était largement compensée par ses sourires.

Il nous a conduites tout en haut de la colline ocre, sur des routes ocre tracées sur la roche ocre. Même la poussière qui encroûtait la voiture était rouge. En atteignant le plateau au sommet de la colline – le cadre idéal pour filmer avec succès un faux atterrissage sur Mars –, nous avons décrit un virage avant de redescendre presque aussitôt l'autre versant, sur la route en lacets. Assise à l'arrière, j'ai commencé à avoir la nausée.

Au fur et à mesure que la voiture descendait – ligne droite, virage en épingle, ligne droite, virage en épingle –, nous avons entraperçu la baie en contrebas : une mer turquoise incroyable, une bande de sable orangé, puis des buissons, des arbres et des cultures… une oasis chatoyante au cœur du paysage martien aride et désertique. Il y avait même quelques palmiers tout en bas et le paysage avait un petit côté biblique, comme la Babylone des peintures antiques.

La maison était composée d'une série de cubes aux bords lisses que l'on aurait pu croire posés les uns sur les autres, peints de ce traditionnel blanc éblouissant. Le fermier vivait au-dessus avec sa femme – dont les culottes gigantesques suspendues sur un étendoir rotatif voletaient dans le vent – et notre appartement se trouvait juste en dessous. Nous avions tout le rez-de-chaussée pour nous.

La femme de la maison parlait à peine mieux anglais que son mari, mais elle avait appris le nom des cadeaux qu'ils nous avaient laissés un peu partout dans l'appartement. Tout en nous faisant visiter chacune des pièces, timidement, mais non sans fierté, elle désignait ces objets dans un geste théâtral en déclarant : « Pain… je l'ai fait », « Raisin… notre jardin », « Vin… de raisin », ou encore « Fromage… de notre chèvre, Alpina ». Enfin, après une révérence digne de la famille royale, elle a reculé jusqu'à la porte d'entrée et nous a laissées seules.

— Quel endroit splendide ! a dit maman après son départ.

Les pièces étaient chichement meublées, mais impeccables et fraîches malgré la chaleur encore pesante de la journée.

À l'extérieur, une chèvre bêlait. J'ai désigné la porte ouverte d'un grand geste :

— Alpina… notre chèvre !

Maman a froncé les sourcils.

— Arrête. Je l'ai trouvée vraiment charmante.

— C'est vrai. Tous les deux, ai-je répondu en prenant du raisin dans le bol.

Je m'en voulais un peu. J'essayais simplement de faire rire maman ; mon intention n'était pas de mépriser nos hôtes adorables et d'une grande générosité.

Nous avons jeté un œil à la chambre – deux lits simples avec des draps fraîchement repassés – et à la salle de bains. Il y avait l'une de ces douches à l'italienne dont tout le monde raffole en ce moment. Vous savez, celles où vous ne pouvez pas vous laver sans mouiller le rouleau de papier toilette à côté…

Puis nous sommes sorties admirer la vue. Nous étions à flanc de coteau, à mi-hauteur, à quelques centaines de mètres du bord de l'eau. À gauche, un piton rocheux plongeait directement dans la mer, encadrant joliment le paysage, et sur notre droite s'échelonnaient des cultures en terrasses verdoyantes. Probablement des vignes. Au milieu, juste en face de nous, nichée entre les deux collines, c'était l'oasis d'un vert éclatant et au-delà, le bleu électrique presque fluo de la mer.

— C'est à couper le souffle.

— Et tu as vu la plage tout à l'heure ? a demandé maman.

Depuis notre point de vue, elle était cachée derrière les arbres.

— Oui. Je crois qu'elle nous attend.

Maman a regardé à gauche, puis à droite.

— Je ne vois pas d'autres maisons autour, en tout cas.

— Alors, on mange, on boit ou on va se baigner ?

Maman a froncé le nez.

— J'ai un peu faim, a-t-elle dit. Mais je meurs d'envie de me tremper dans cette eau bleue. On aurait dû manger un morceau sur le bateau.

— On pourrait emporter le pain et le fromage, ai-je suggéré. Et faire un pique-nique sur la plage.

Maman a souri en hochant la tête.

— Oui. Bonne idée.

Nos deux jours à Serifos ont été paradisiaques.

Si l'on avait eu l'intention de rester plus longtemps – et j'aurais adoré, le départ a été un vrai crève-cœur –, l'absence de moyens de transport nous aurait posé un problème. Pour deux jours et trois nuits, en revanche, c'était parfait.

On se levait, on saluait Alpina et on descendait ensuite en flânant jusqu'à la plage. Là, on se baignait dans les eaux chaudes de la baie, on faisait la sieste ou on lisait à l'ombre des arbres qui surplombaient notre plage privée. Puis on remontait la colline pour aller déjeuner à la maison, accompagnées par une ribambelle de chats.

De nouveaux cadeaux arrivaient invariablement, chaque fois qu'on quittait la maison. À midi, nous avons découvert des tomates et de petits poivrons rouges. Pour le dîner, un plat de moussaka maison et du yaourt aigre. À l'heure du petit déjeuner, un drôle de cake est apparu sur le pas de notre porte. Il était tellement sec qu'il fallait le faire passer avec du café si on ne voulait pas s'étouffer. Quoi qu'il en soit, il était évident que nos hôtes cherchaient à nous faire plaisir. Et étant donné que nous ne payions que quarante-cinq euros la nuit, nous pouvions nous estimer chanceuses.

La seule chose que nous étions incapables d'avaler, c'était le vin. Bon sang, ce qu'il était râpeux ! Nous avons délibéré pendant une éternité pour savoir s'il valait mieux en jeter, histoire de leur faire croire que nous l'avions apprécié, ou tout laisser intact, car c'étaient des gens plutôt modestes et un tel gaspillage ne leur aurait sans doute pas plu.

En fin de compte, nous avons décidé de le couper avec de l'eau.

— Ils croiront simplement qu'on ne boit pas, a dit maman.

C'était notre dernière soirée à Serifos. Alors que le ciel se parait d'un rouge intense et que le fermier nourrissait Alpina, la chèvre qui ne cessait de bêler, j'ai pensé à Tom.

— Comment savoir si quelqu'un est alcoolique ? ai-je demandé à maman, ma fourchette de moussaka suspendue devant la bouche.

— Pourquoi ? Tu es tentée par leur vin décapant ? a répondu maman en riant.

— Non. Non, surtout pas.

— Alors, ça va, ce n'est pas ton cas.

— En fait, je pensais à Tom, lui ai-je expliqué. Il était sympa quand il ne buvait pas, mais franchement désagréable après quelques verres.

Maman a soupiré.

— Dans ce cas, tu es mieux sans lui, si tu veux mon avis.

— Tu crois ?

— La plupart des gens boivent pour passer un bon moment. C'est de ceux qui passent un mauvais moment, mais qui continuent quand même à boire, dont il faut se méfier.

— Je n'arrête pas de me demander si j'ai fait suffisamment d'efforts, ai-je dit entre deux bouchées. Mon Dieu, cette moussaka est délicieuse, tu ne trouves pas ? Elle est encore meilleure que celle du restaurant.

— C'est vrai. Mais qu'est-ce que tu veux dire par « faire suffisamment d'efforts » ?

— Eh bien, je l'ai vu ivre et agressif plusieurs fois, et j'ai lâché l'affaire. Enfin, c'était la fin du semestre, aussi, et ça ne faisait pas très longtemps qu'on sortait ensemble… Mais je me demande si je n'aurais pas dû faire plus d'efforts, essayer de le pousser à arrêter de boire, par exemple, tu vois ?

— C'était la meilleure décision, ma chérie, a dit maman. Enfuis-toi le plus loin possible.

— On dirait que tu parles d'expérience.

Elle a haussé les épaules.

— C'est le cas ? ai-je demandé. Brian restait correct quand il buvait, non ?

— Oui. Oui, Brian était correct. Il s'endormait, c'est tout. Non, j'ai vu une émission là-dessus l'autre jour. Et ils disaient que la seule personne qui puisse aider un alcoolique, c'est lui-même. Les autres, ils doivent se sauver eux-mêmes.

6.

LAURA

À l'exception du fait que je m'étais disputée avec mon petit ami, je n'avais pratiquement rien raconté au jeune homme blond. Mais alors que je m'en allais – pour récupérer un double de la clé à l'hôtel –, il m'a rattrapé.

— Si vous avez le moindre problème, n'hésitez pas à crier très fort, d'accord ? Je crois que nous sommes assez proches pour entendre.

— Ça ira, ai-je répondu avec un rire sans joie, tout en me demandant à quel genre de problème il pouvait bien penser.

Après tout, je ne lui avais pas confié grand-chose. Mais cette idée m'a quand même un peu rassurée.

Malgré tout, j'ai à peine fermé l'œil de la nuit, et quand je parvenais à quitter les affres de la conscience pendant une vingtaine de minutes, mon sommeil était si léger que c'est tout juste s'il méritait ce nom.

Même si mon sympathique voisin tendait l'oreille, j'appréhendais le retour de Conor. Bien sûr, je doutais que ce soit possible. Il était bien trop saoul pour prendre le volant, et certainement trop saoul pour commander un taxi ou même se souvenir de l'adresse. J'étais quand même terrifiée.

Vers sept heures, j'ai fini par abandonner l'idée de dormir. Plus je restais au lit, plus Conor risquait de rentrer et s'il me retrouvait en train de somnoler, je me sentirais encore plus vulnérable.

Je me suis donc forcée à me lever et j'ai pris une douche avant d'arranger mon visage. J'avais un hématome discret à la joue, que j'ai dissimulé avec du fond de teint. Mon coude était écorché à cause de ma chute, et j'avais un bleu dans le dos, à l'endroit où j'avais heurté le pot en terre cuite de l'arbuste. À part ça, tout bien considéré, je m'en étais tirée à bon compte.

Je n'avais pas encore décidé quoi faire, mais j'étais certaine d'une chose : il fallait que je fasse ma valise. Une fois que j'ai eu terminé, je me suis assise sur la terrasse où j'ai essayé de passer en revue les options possibles. C'était encore une journée splendide ; mais ce matin, je n'en éprouvais aucun plaisir. Tout ce que je voulais, c'était m'échapper.

Je pouvais prendre un taxi jusqu'à l'aéroport et essayer de changer mes billets sur place, bien sûr ; mais même à Mykonos, l'aéroport m'avait paru minuscule et je n'y avais pas vu le moindre comptoir de compagnie aérienne. Il y avait de fortes chances que celui de Santorin soit encore plus petit. Et puis, je n'avais pas un, mais deux billets à modifier : le vol Aegean pour Athènes, et celui de la British Airways pour rentrer à la maison. C'est bête, parce qu'aujourd'hui ça me semble parfaitement réalisable, mais à vingt et quelques années, la complexité de l'opération me donnait envie de pleurer.

J'avais aussi la possibilité de demander au taxi de m'emmener dans un hôtel différent, dans une autre ville, où j'essaierais de profiter du reste de mes vacances. Mais je n'étais même pas certaine de pouvoir me le permettre. Je n'avais pas encore essayé d'utiliser ma carte bancaire en Grèce, et je n'irais pas très loin avec les soixante-dix livres que j'avais échangées contre des drachmes au bureau de poste. De toute façon, je serais inévitablement confrontée à Conor lors du vol retour.

J'ai envisagé d'appeler maman et de lui demander conseil. Cela dit, non seulement elle piquerait une crise, mais elle n'aurait sans doute pas de solution à me proposer. Et elle me punirait sévèrement dès mon retour. J'aurais aimé pouvoir appeler Abby, mais bien sûr, elle était à Ibiza. Oh, pourquoi, mais pourquoi n'étais-je pas allée à Ibiza ?

— Bonjour, toi !

J'ai sursauté, arrachée à mes rêveries. Conor se tenait debout derrière moi. En cet instant, j'ai décrété que je serais courageuse. Je l'informerais de ma décision et il m'aiderait à tout organiser. Il me devait au moins ça. Quelle féministe pitoyable je faisais à l'époque !

— Bonjour, ai-je répondu d'un ton glacial.

— Je me suis réveillé sur un banc, a dit Conor en riant comme si c'était une bonne blague. Je me suis mis une sacrée mine hier soir…

— Je sais. J'étais là.

— Tu as déjà mangé ? a-t-il demandé en choisissant d'ignorer mon regard noir.

— Pas faim.

— Tu es très jolie.

J'ai haussé les épaules et je me suis retournée pour regarder la mer.

— Tu es en rogne contre moi ou quoi ? a-t-il demandé.

Je me suis mordu la lèvre en essayant d'employer à quelque chose de précis et de constructif la colère que je sentais monter.

— Non, Conor, ai-je dit froidement en me tournant de nouveau vers lui. Non, je ne suis pas en rogne contre toi. Je suis… je suis… furieuse comme jamais. Et je m'en vais. Mes bagages sont prêts. Il faut juste que tu m'aides à changer mes dates de vol.

— Oh, a répondu Conor en perdant son sourire niais. Tu t'en vas ? Je peux te demander pourquoi ? Les détails de la soirée m'échappent un peu.

— Tu m'as frappée, Conor. Tu m'as donné un grand coup à la figure.

— J'ai fait ça ?

— Oui.

Il m'a dévisagée attentivement, comme pour chercher des preuves de ce dont je l'accusais, puis il a haussé les épaules.

— J'ai recouvert les bleus avec du fond de teint. C'est l'un des rares avantages d'être une femme.

— Ne sois pas ridicule, a répondu Conor. Je ne t'ai pas frappée. Je ne te frapperais jamais.

— Si, tu l'as fait. Je voulais que tu arrêtes de boire. Et tu m'as frappée.

À ces mots, Conor est parti d'un rire amer.

— Je ne t'ai pas frappée. Si je t'avais frappée, tu n'aurais pas pu le cacher avec un peu de maquillage, c'est certain.

Il n'avait sans doute pas tort sur ce point, et un frisson m'a traversée.

— Pourtant, c'est ce que tu as fait, ai-je déclaré sèchement.

Conor a froncé le nez.

— Sans le faire exprès, tu veux dire ?

Ses joues avaient perdu leurs couleurs. Il ne semblait plus trouver la situation très amusante.

— Écoute, je n'ai pas besoin de te convaincre, Conor, ai-je dit en secouant la tête. D'ailleurs, je me fiche complètement que tu t'en souviennes ou pas. Je veux juste changer mes billets pour pouvoir m'en aller d'ici.

Conor a plissé les paupières et s'est accroupi pour me regarder dans les yeux.

— Laisse-moi prendre une douche, d'accord ? a-t-il demandé d'un ton calme. Je me sens dégueulasse. Je vais prendre une douche et on en discutera pendant le petit déjeuner.

— Je ne discuterai de rien du tout avec toi. Je veux rentrer chez moi.

— D'accord. Laisse-moi prendre une douche et me changer, puis on fera ce que tu voudras, ça te va ?

Il a poussé un soupir déchirant, puis a tendu la main pour me caresser la joue. Comme je me suis dérobée, il s'est relevé en secouant la tête et a disparu à l'intérieur.

— Je t'attends au restaurant, ai-je lancé.

Parce que brusquement, j'avais faim. Et après réflexion, je me sentirais plus en sécurité dans un lieu public.

J'ai pris deux croissants et du jus d'orange avant d'aller m'asseoir dans le coin le plus reculé de la salle, d'où l'on risquait moins d'entendre notre conversation. Le serveur est venu et a rempli ma tasse de café.

— C'est une belle journée, a-t-il dit.

Pendant un bref instant, je lui en ai terriblement voulu.

Le soleil était déjà assez chaud pour me piquer la peau et le ciel était d'un bleu presque spatial. Mais ce matin, l'horizon avait une teinte brumeuse et poudrée, aussi belle que d'habitude, avec des nuances qui changeaient constamment. J'ai regardé deux ferries se croiser dans la baie. Une chatte a surgi de nulle part et, quand je lui ai donné un morceau de mon croissant, deux chatons blancs minuscules sont venus la rejoindre.

Au bout de dix minutes environ, Conor est apparu. Il avait enfilé une chemise bleu layette de la même couleur que l'horizon. Il a tiré une chaise et m'a dit sur un ton tout penaud :

— Bon, j'ai un peu déconné, pas vrai ?

Il faisait la grimace en parlant, comme s'il avait une rage de dents.

— Je n'ai vraiment pas envie d'en discuter. Mais si tu veux savoir, oui. Et d'ailleurs, « déconné » est un mot beaucoup trop faible.

Conor a hoché la tête, visiblement contrit. Il a fait signe au serveur et a tenté de commander des croissants, pour s'entendre rappeler que le buffet était en libre-service.

— Tu vas manger ça ? a-t-il demandé en désignant la moitié de croissant délaissée dans mon assiette.

Manifestement, la dizaine de mètres qui le séparait du buffet lui était insurmontable ce matin.

J'ai cligné des yeux, lentement, et j'ai secoué la tête.

— Écoute, je suis désolé, m'a dit Conor en portant les restes de croissant à sa bouche.

— C'est bien. Je suis contente que tu sois désolé.

— Je suis vraiment, vraiment désolé.

— C'est bon, j'ai compris que tu étais désolé.

— Alors, tout va bien ? a-t-il demandé en haussant les sourcils avec espoir.

Pendant un moment, je me suis pris la tête dans les mains avant de prendre une grande inspiration.

— Non, ça ne va pas, ai-je répondu. Ça ne va pas bien du tout. Bon sang, tu m'as frappée !

Conor a jeté un coup d'œil nerveux autour de lui. J'ai suivi son regard pour constater qu'un couple, à trois tables de la nôtre, s'était tourné pour nous dévisager. Je me suis sentie rougir.

— Écoute, a répondu calmement Conor, je ne dis pas que je ne l'ai pas fait, d'accord ? Je ne dis pas que je ne te crois pas...

— Oh, tant mieux, ai-je dit en m'efforçant de maîtriser le volume de ma voix. Je suis bien contente !

— Mais c'était forcément un accident. C'est obligé. Je ne ferais jamais ça, tu sais... Je ne frapperais jamais une femme.

— Pourtant tu l'as fait, Conor. Frapper une femme, c'est exactement ce que tu as fait.

— Je suis désolé, a-t-il répondu. Que veux-tu que je dise de plus ?

— Malheureusement, « désolé », ça ne marche pas. « Désolé », ce n'est pas assez. Pas cette fois.

— Alors, quoi ? a demandé Conor. Dis-moi ce que je dois faire.

J'ai secoué la tête en le regardant dans les yeux. Puis j'ai haussé les épaules.

— Je suis désolée, ai-je dit. Mais je ne pense pas qu'il y ait…

— Je peux changer tes billets, si tu veux. Je peux y aller et le faire tout de suite, si c'est vraiment ce qu'il te faut, a dit Conor.

— C'est ce que je veux.

— Mais donne-moi au moins une deuxième chance.

— Je ne peux pas. Je regrette.

— Il y a une plage, a dit Conor. Notre gars m'en a parlé hier soir. Mike. C'est à une demi-heure de route. C'est beau. C'est l'un des plus jolis…

— Je ne peux pas, Conor, ai-je répété. Tu ne m'écoutes pas.

— Laisse-moi t'y emmener.

Il a pris ma main par-dessus la table, mais je l'ai retirée vivement.

— Donne-moi une autre chance de me rattraper. Je veux t'offrir la plus belle journée de ta vie. Qu'est-ce que tu en dis ? Ensuite, tu pourras partir.

— Mais tu n'écoutes pas. Je ne peux pas.

— Pourquoi ? a-t-il demandé.

Je décelais un désespoir sincère dans sa voix, et de véritables larmes perlaient au coin de ses grands yeux bruns. Ma résolution commençait déjà à faiblir.

— Parce que j'ai peur de toi, lui ai-je dit brutalement. Tu changes, quand tu bois. Et ça me fait peur.

— Eh bien, c'est un problème facile à résoudre, a dit Conor. Je ne boirai pas.

Je l'ai regardé fixement, comme pour essayer de lire dans son âme. J'ai cru voir un petit garçon apeuré, caché tout au fond de lui. Et il m'a semblé que la petite fille apeurée au fond de moi pouvait le reconnaître.

— S'il te plaît, a répété Conor. Tu adores cet endroit. Tu rêvais de venir ici depuis des années, c'est toi qui me l'as dit. Et je… Tu me plais vraiment, tu sais ? Je resterai aussi sobre qu'un chameau. Je te promets que mon comportement sera exemplaire. Ne laisse pas un sale con comme moi gâcher tes vacances, pour l'amour du ciel.

Alors j'ai poussé un profond soupir.

— Tu me le promets ? Tu me promets que tu ne boiras pas ?

— Oui, s'est exclamé Conor. Oui, je te le promets. Jésus, Marie, merci mon Dieu !

— Et si jamais je change d'avis, tu m'aideras à échanger mes billets ? Sans poser de questions.

— Si jamais tu changes d'avis, je t'aiderai à échanger tes billets, a répété Conor en hochant la tête avec enthousiasme. Sans poser la moindre question.

J'ai secoué la tête en poussant un profond soupir – de tristesse, je pense, à cause des décisions que je me voyais prendre.

— C'est la toute dernière chance, Conor.

— Je le sais, a-t-il répondu. Tu sais que je le sais, n'est-ce pas ?

Tout en sortant mes affaires de plage de ma valise, j'ai failli changer d'avis. Pendant un moment, je me suis figée, ma crème solaire dans une main et mon bikini dans l'autre, et j'ai pensé : *Tu peux encore t'en aller. Il te suffit de dire non et de t'organiser tant qu'il est de bonne humeur.*

Mais au même moment, Conor a lancé depuis la salle de bains :

— Il paraît que cette plage est incroyable, tu sais ? Elle est rouge !

Sa voix était juvénile et tout excitée, presque enfantine.

— Et par la route, on fera tout le tour de l'île.

Alors, comme un parieur invétéré incapable de se refréner, comme un joueur de casino qui avance ses jetons sur la table, je me suis dit : *oh, et puis merde !*

C'était vrai que je voulais venir ici depuis aussi loin que je m'en souvienne. Et c'était vrai que je voulais voir la Plage rouge. J'avais lu un article à ce sujet dans le magazine d'Aegean Airlines.

Mais ce qui est peut-être plus difficile à admettre, c'est que mon ego fragile, mis à mal par les critiques constantes de ma mère, se sentait comblé chaque fois que Conor me complimentait. Et il me complimentait presque en permanence. J'appréciais l'idée – à défaut de la réalité – d'avoir un petit ami. J'appréciais même, aussi curieux ou pervers que ça puisse être, le côté imprévisible, le danger et le risque de tout cela… J'avais presque hâte de voir si Conor tiendrait parole et comment je me débrouillerais s'il ne la respectait pas… J'imagine que ça doit paraître complètement fou. Et en même temps, n'avons-nous pas tous des moments de folie ?

La route jusqu'à la plage était incroyable. Elle nous emmenait dans les collines et redescendait sur la côte, puis remontait avant de s'enfoncer à nouveau.

J'ai gardé le silence pendant la première moitié du trajet, d'un côté parce que je me posais de sérieuses questions sur ma santé mentale, et d'un autre parce que j'étais bien décidée à ne pas lui faciliter la tâche. Avec du recul, ça me semble puéril ; mais à l'époque, je n'étais encore qu'une enfant.

Au bout du compte, le paysage somptueux et la bonne humeur tenace de Conor ont eu raison de moi. Je lui ai demandé de se garer pour prendre une photo, et je me suis surprise à rire quand il a dû courir pour me rejoindre pendant que le retardateur de son appareil émettait des bips frénétiques.

Nous avons laissé la voiture dans un parking poussiéreux et nous sommes descendus vers la plage en crapahutant sur les rochers. C'était aussi magnifique qu'on le disait.

Si on l'appelait la Plage rouge, ce n'était pas pour rien. La paroi rocheuse, le sable et même le fond de l'eau étaient d'un intense ocre rouge. Le turquoise de la mer contre les tons de brique de la plage : toutes ces couleurs insolentes chatoyaient au contact les unes des autres.

Nous avons loué des transats et des parasols, puis Conor s'est précipité dans l'eau. Moi, je me suis contentée de patauger sans conviction. Non seulement je n'avais aucune envie de batifoler avec lui dans les vagues, mais la mer me paraissait beaucoup plus froide aujourd'hui.

Il m'a rejointe à la nage et m'a menacée gentiment :

— Je compte jusqu'à dix et je t'éclabousse !

Je l'ai chassé d'un geste de la main.

— Vas-y, toi et... nage ou fais ce que tu veux, d'accord ? ai-je répondu avec humeur.

— Toujours fâchée, pas vrai ?

— Oui, ai-je rétorqué sans sourciller. Toujours fâchée.

— Tu sais, il va bien falloir que tu me pardonnes tôt ou tard.

Puis il a éclaté de rire, m'a tourné le dos et s'est éloigné à la nage vers le large.

À une heure, le soleil était torride. Je risquais la brûlure si d'aventure je dépassais de l'ombre délimitée par le parasol. D'un commun accord, Conor et moi sommes repartis. Tout en grimpant sur les rochers en direction de la route, j'ai jeté par-dessus mon épaule un regard plein de regrets. Décidément, c'était de toute beauté.

Nous avons mangé à Megalochori, un village traditionnel à flanc de colline composé d'un millier de maisons de hobbits identiques et d'églises aux dômes bleus.

Le restaurant que nous avons choisi se trouvait sur une charmante petite place, à l'ombre d'une vigne vierge entrelacée sur des câbles d'acier tendus entre les bâtiments. Les serveurs en gilets ne cessaient d'entrer et de sortir, naviguant entre la terrasse et l'intérieur obscur, portant des salades grecques multicolores et des carafes de vin rosé – un saganaki à la crevette pour moi et du homard flambé à l'ouzo pour Conor. Pendant un instant, je me suis demandé si l'ouzo de son plat enfreignait les conditions de notre accord, mais comme il avait commandé un Coca, j'ai préféré ne rien dire. Une fois servie, j'ai dégusté mon délicieux saganaki – des crevettes imprégnées d'une sauce tomate riche avec des morceaux de feta fondue. Conor semblait ravi lui aussi.

Après une chaude promenade dans le village, nous avons rejoint, en sueur, le côté est de l'île et une vaste étendue de sable presque noir, la plage de Perissa. Les parasols s'y succédaient sans discontinuer. Une fois de plus, nous avons loué des chaises longues et, une fois de plus, Conor a bu du Coca.

— Je sais que tu ne m'as pas encore pardonné, dit-il alors qu'il revenait vers moi après avoir piqué une tête dans l'eau.

J'ai levé les yeux du roman que je lisais, avec une mine grave de circonstance.

— Je suis en bonne voie, au moins ? a-t-il demandé.

— Tu es en bonne voie, ai-je répondu sur un ton impassible. Mais tu as encore des efforts à faire.

Est-ce que je commençais à apprécier ma douce vengeance ? Est-ce que je me laissais aller à ce rapport de force inégal ? Oui, peut-être bien.

Le soir venu, nous avons dîné au restaurant, les orteils dans le sable. Conor est resté d'humeur joyeuse et sobre, et le retour à l'hôtel a été paisible. Je me persuadais que tout se passerait bien, mais au fond, je me doutais que c'était illusoire.

Le soleil était couché quand nous sommes arrivés. Les derniers vestiges de rougeoiement disparaissaient déjà à l'horizon.

— Je suppose qu'il n'y a pas moyen de… ? a demandé Conor en ouvrant la porte de notre chambre.

Je me suis laissé tomber sur le transat pour admirer la vue comme j'en avais pris l'habitude.

— Moyen de qu… ? Oh ! me suis-je exclamée. Non ! Pas moyen de rien du tout.

— Bon, d'accord. J'ai envie d'une clope.

— Une cigarette ? ai-je demandé, étonnée.

Je n'avais jamais vu Conor fumer.

— Oui, ça me prend de temps en temps. L'envie de fumer. Surtout si je ne bois pas. Je peux faire un saut à l'hôtel pour voir s'ils en vendent ?

— Fais ce que tu veux, ai-je répondu en haussant les épaules. Moi, je ne fume jamais, alors… Mais toi, fais ce que tu veux.

— D'accord. J'en ai pour une seconde.

J'ai contemplé le crépuscule jusqu'à ce que les dernières nuances de mauve s'estompent, que le ciel prenne des tons bleus uniformes et que les étoiles commencent à scintiller au-dessus de ma tête. C'est à ce moment-là que je me suis rendu compte que Conor n'était toujours pas rentré.

***

— Putain, mais pourquoi tu as fait ça ?

C'était sa voix, et elle m'avait réveillée en sursaut.

Je me suis redressée, clignant des yeux pour mieux le voir sous la lumière crue qu'il venait d'allumer. Il était assis au bord du lit, juste à côté de moi, et il me fixait d'un regard furieux.

— Tu es saoul.

— Tu m'as enfermé dehors ! a répliqué Conor, indigné. Merde alors !

— Je… je n'ai pas réfléchi.

C'était un mensonge. Je pensais juste que je l'entendrais frapper à la porte quand il rentrerait. Je voulais me réveiller à son retour, voilà tout.

— Je suis désolée. Mais tu es saoul, tu m'avais promis…

Comme j'étais encore tout habillée – j'avais prévu le coup –, je me suis glissée de l'autre côté du lit pour me lever. Le réveil sur la table de chevet m'a indiqué qu'il était une heure et demie du matin.

Conor s'est relevé péniblement et, en titubant, a contourné le lit pour me rejoindre tandis que je reculais vers la porte d'entrée.

— Tu m'as enfermé dehors, bordel ! a-t-il répété. J'ai dû demander une autre clé à ce branleur de l'hôtel.

— Je suis désolée. Bon, calme-toi…

— Embrasse-moi et je te pardonnerai peut-être, a dit Conor d'une voix traînante en empiétant sur mon espace vital. Rien qu'un bisou. Contrairement à toi, moi j'ai le pardon facile.

— Je ne t'embrasserai pas, ai-je répondu en tournant la tête de l'autre côté.

Il empestait l'ouzo et la cigarette. J'ai tendu la main dans mon dos pour déverrouiller la porte d'entrée.

Pendant un moment, je me suis presque demandé si j'étais en train de rêver. Parce que tous les éléments du cauchemar étaient réunis. L'ombre menaçante. La peur. L'incapacité à m'échapper. J'ai jeté un regard circulaire dans la chambre à la recherche de certains détails. J'ai posé les yeux sur ma valise ouverte à côté de moi, en espérant repérer quelque chose d'incongru qui me confirmerait que tout cela n'était qu'un rêve : un léopard dans mes bagages ou, je ne sais pas… un signe, une porte secrète. Mais elle était exactement telle que je l'avais laissée. Mes habits formaient des piles nettes et bien rangées dans les deux compartiments ouverts.

Mes doigts avaient trouvé le loquet de la porte. Mais quand j'ai essayé de l'ouvrir, elle est restée inébranlable. J'étais enfermée, et c'était Conor qui avait la clé.

— Tu n'iras nulle part, a-t-il déclaré en suivant mon regard en direction de la valise. Nulle part.

— Je n'étais même pas… Je ne… ai-je bafouillé, hésitant entre la soumission et la colère. Arrête, Conor.

Mais il était trop tard pour supplier. Sans le moindre effort, il a projeté ma valise de l'autre côté de la chambre. Le contenu s'est renversé sur le sol.

Je me suis alors tournée vers le verrou pour en avoir le cœur net, mais mes doigts ne se trompaient pas. La clé avait disparu.

— Donne-moi la clé, ai-je exigé en me retournant.

Conor n'était plus qu'à quelques centimètres de moi.

— Laisse-moi sortir.

Brusquement, il m'a saisi les poignets et m'a plaquée avec ses hanches contre la porte. Le geste était si violent que je me suis blessé le dos contre le loquet. Stupéfaite par la force de ses doigts, je craignais presque qu'il me casse les poignets.

— Un baiser, a-t-il dit d'une voix mielleuse. C'est trop demander ?

— Laisse-moi sortir !

À présent, je me débattais pour échapper à sa poigne, dans une tentative pathétique.

— Embrasse-moi.

Sa tête était trop proche, indistincte devant mes yeux. Il a tendu la main et, de force, il a tourné mon visage vers le sien, enfonçant ses doigts dans mon menton et dans ma joue. La poignée m'entamait le dos, la douleur était presque insoutenable.

— Si tu n'arrêtes pas, je hurle ! l'ai-je menacé en pensant au randonneur et à son ami, à seulement deux maisonnettes derrière la nôtre.

— Tu *hurles* ? a répété Conor avec un rire sinistre.

Un rictus déformait sa bouche et son regard était si sombre qu'il semblait possédé. Je sais que c'est souvent une façon de parler, et pourtant, c'était la vérité. En le regardant dans les yeux, je me suis demandé si, en fin de compte, le mal ou le diable en personne n'existait pas réellement. J'avais toujours cru qu'Abby avait raison, que tout ça n'était qu'une métaphore.

— Lâche… moi…

Des larmes de désespoir commençaient à m'échapper.

— La pauvre petite, s'est moqué Conor avec une ironie révoltante. Elle *pleure.*

Il était en train de détacher sa ceinture. Profitant du fait qu'il n'ait plus qu'une seule main pour me retenir, j'ai tenté de me libérer.

Il m'a tirée en avant, brutalement, et j'en ai eu le souffle coupé. Puis il m'a de nouveau plaquée contre la porte. Sa violence était telle que, l'espace d'une seconde, je me suis demandé s'il ne m'avait pas abîmé le crâne.

Alors, je suis devenue inerte. Au fond de moi, un instinct me criait de survivre, de rester en vie, et pour ça je devais cesser de résister. On dit que les hommes ont deux types de réaction, le combat ou la fuite. Pour les femmes, c'est le combat, la fuite ou la sidération. Parce que devant une force physique supérieure, le réflexe qui prend le dessus est celui de la survie, le refus de mourir. La conscience suspendue, je me suis comme engourdie. C'est une technique que j'ai perfectionnée dans mon enfance, à chaque correction.

Malgré tout, j'ai eu la présence d'esprit de me dire : *C'est comme ça que les femmes se font violer* et *C'est maintenant que Conor me viole.* La fuite, le combat ou, à défaut, la *sidération.*

Il a déboutonné mon jean et l'a baissé sur mes cuisses.

— Je vais te baiser si fort que tu ne pourras plus marcher pendant une semaine.

— Conor, ai-je répondu dans un gémissement. S'il te plaît, pas ça…

Je tremblais, je pleurais. De la morve coulait de mon nez.

Contre toute attente, Conor s'est interrompu. Il a baissé les yeux et a reculé de quelques pas avant de perdre l'équilibre.

— Oh, c'est pas vrai ! a-t-il lâché en s'effondrant sur le lit derrière lui, le jean autour des chevilles. Regarde ce que tu as fait. Tu m'as coupé la chique.

C'est à ce moment-là que j'ai compris. Je venais d'y échapper. Pour l'instant du moins. Il ne pouvait pas me violer, pas ce soir. Il était trop ivre pour ça.

Il s'est laissé tomber sur le dos, les yeux vers le plafond, et j'ai glissé lentement jusqu'au sol contre la porte, pour disparaître de sa ligne de mire. Trop effrayée pour faire le moindre bruit, de peur de lui rappeler ma présence, je suis restée assise sur le carrelage froid, dans l'attente.

Moins d'une minute plus tard, il s'est mis à ronfler.

J'ai attendu encore. Je voulais être certaine qu'il ne se réveille pas. Enfin, je me suis levée en silence et j'ai remonté mon jean avant de me mettre à la recherche de la clé. Alors que je la sortais de la poche de son pantalon, Conor a remué le pied gauche en murmurant :

— Je suis désolé, m'sieur. Désolé. Je ferai mieux la prochaine fois.

Je ne savais pas à quoi il pouvait bien rêver, et je m'en fichais éperdument.

J'ai essuyé mon visage avec un T-shirt qui traînait par terre, puis j'ai ouvert la porte sans un bruit. Je suis montée à la réception de l'hôtel. Le gardien de nuit m'a souri en sortant d'une pièce derrière le bureau. J'entendais le son d'une émission de télé grecque de l'autre côté de la porte entrouverte – les cris d'une femme, les aboiements d'un chien, des rires enregistrés…

— Bonsoir. Désolée de vous déranger.

— Ce n'est rien, a-t-il répondu en bâillant. C'est mon métier.

— J'ai besoin d'une autre chambre, ai-je dit piteusement. C'est possible ?

— Vous n'aimez pas la vôtre ?

— Non, ce n'est pas ça. J'ai eu des problèmes avec mon… la personne qui partage ma chambre. Il est… eh bien… il est très saoul. Et j'ai besoin de dormir ailleurs. Je sais que c'est…

— Chambre 43 ? a demandé l'homme.

Immédiatement, son sourire s'est évanoui.

J'ai hoché la tête. Sans m'expliquer pourquoi, j'avais honte.

— Votre mari est très grossier.

J'ai acquiescé en me mordant la lèvre.

— Je sais. Mais ce n'est pas mon mari.

J'imaginais à peine l'enfer que Conor avait fait vivre à ce pauvre réceptionniste.

— Je crois qu'il vaut mieux que vous quittiez l'hôtel, a-t-il dit. Tous les deux. Demain, je parlerai au patron.

— Je comprends, mais ce n'est vraiment pas ma faute. Il n'a rien à voir avec moi.

— Il a payé votre chambre. Vous êtes ensemble.

— Je sais. Je suis désolée. Je sais qu'il est affreux, ai-je dit en retenant mes larmes. C'est pour ça qu'il me faut une autre chambre.

— C'est impossible, a répondu l'homme. Toutes les chambres sont occupées. C'est le mois d'août, vous savez ?

J'ai jeté un regard circulaire dans le hall en me demandant si quelqu'un pouvait m'aider. Mais il n'y avait qu'un jeune couple en train de se bécoter sur un canapé, dans un coin.

— S'il vous plaît, ai-je répété.

— Je regrette.

— Je peux rester ici ? ai-je alors demandé.

J'avais repéré un sofa libre à l'autre bout de la salle.

— Non. Vous ne pouvez pas dormir à la réception.

— Pourriez-vous me prêter une couverture, dans ce cas ? Je pourrai dormir dehors quelque part, si j'ai une couverture.

À présent, les larmes coulaient librement sur mes joues.

— Il fait trop froid. Vous devriez retourner dans votre chambre, a dit l'homme d'une voix moins sèche.

— Je ne peux pas, ai-je répondu en reniflant. J'ai peur.

Je me dis souvent que si les hommes se rendaient compte du temps que nous, les femmes, nous passons à les supplier – les supplier d'arrêter de faire ce qu'ils font, ou les supplier de *nous* laisser faire ce qu'on veut faire –, alors ils nous comprendraient beaucoup mieux.

Après un instant d'hésitation, le réceptionniste a cédé.

— J'ai une chambre. Mais elle est sale. Le ménage sera fait demain.

— Ça me va !

Je me suis redressée en séchant mes larmes.

— Ça m'est égal. S'il vous plaît. Ça me convient très bien.

— Je peux vous donner des draps. Mais c'est tout ce que je peux faire.

— Ça me va, ai-je répété. Merci. Merci beaucoup.

Il a disparu dans l'arrière-salle pour en revenir avec une pile de linge et une serviette pliée. Puis il a décroché une clé et l'a fait glisser sur le comptoir.

— Suivez-moi.

Pour rejoindre la chambre, nous sommes passés devant celle du randonneur, puis devant la nôtre.

La nouvelle chambre, au numéro 73, se trouvait exactement trois rangées après celle où dormait Conor. Il ne pourrait pas voir ma terrasse. J'étais contente qu'elle soit située plus bas, car il ne risquait pas de passer par là.

— Merci, ai-je dit à l'homme, tandis qu'il ouvrait la porte avant de me remettre la pile de draps propres. Merci, vous êtes formidable.

Il était si gentil que j'ai senti monter un nouvel afflux de larmes.

— Je vous en prie, surtout, ne lui dites pas dans quelle chambre je suis, d'accord ?

— À votre mari ?

— Ce n'est *pas* mon mari.

— Non. Désolé. Non, je ne lui dirai rien. Je ne l'apprécie pas beaucoup, vous savez.

— Merci !

Je tournais déjà le dos pour entrer dans la chambre.

— Il doit arrêter de boire, m'a dit l'homme d'un ton sévère, comme pour me donner un dernier avertissement au cas où je n'aurais pas encore saisi le message.

— Oui, ai-je répondu à mi-voix. Oui, je le sais. Merci.

On voyait que le ménage n'avait pas été fait. Il y avait des détritus dans la poubelle et du dentifrice dans le lavabo. Les draps étaient en bataille.

Mais ma peur refluait enfin, me laissant juste assez d'énergie pour retirer la literie sale et étendre un drap propre sur le matelas.

Je me suis assurée que la porte était bien verrouillée. Après un moment de réflexion, je suis revenue donner un autre tour de clé dans la serrure, par mesure de sûreté. Puis je me suis débarrassée de mon jean et je me suis mise au lit. Quelques secondes plus tard, je dormais à poings fermés.

J'ai été réveillée à sept heures et demie par quelqu'un qui tentait bruyamment – mais sans succès – d'ouvrir la porte.

— Qui est-ce ? ai-je lancé comme les bruits persistaient.

— Ménage ! a répondu une voix de femme.

Rassemblant mon courage, j'ai ouvert la porte et jeté un œil au-dehors.

— Désolée, a-t-elle dit, une serpillière et un seau à la main. Personne dans la chambre.

— C'était une urgence, lui ai-je expliqué. Le gardien de nuit m'a permis de dormir ici.

— D'accord, a-t-elle répondu avant de tourner les talons.

Je voyais bien qu'elle n'avait pas compris ce que je lui avais dit.

Comme je craignais d'être mise à la porte, j'ai pris une douche rapide et je me suis habillée, enfilant mon jean et mon T-shirt de la veille. Puis je me suis assise sur le pas de la porte. Dehors, le paysage était presque identique à celui que nous avions depuis notre chambre. Qu'allais-je faire ?

Une brise fraîche soufflait de la mer ce matin, agitant les parasols. J'étais heureuse de ne pas avoir passé la nuit dehors.

À l'écoute de mon corps, je me suis rendu compte que j'avais très faim. J'avais trop peur de croiser Conor pour oser prendre le petit déjeuner au restaurant.

J'étais en train de réfléchir à la probabilité que Conor soit debout à huit heures du matin quand une voix s'est fait entendre :

— Vous avez changé de chambre ?

J'ai levé les yeux pour découvrir le randonneur blond qui me souriait.

— Je ronfle trop fort ? a-t-il demandé, amusé par sa propre plaisanterie.

— Oh, bonjour.

— Bonjour. Nouvelle chambre ? a-t-il répété en désignant le bungalow d'un geste du menton.

— Oui… je… nous avons eu des problèmes. J'ai dû changer de chambre.

Il a hoché la tête en souriant, comme si ma réponse lui permettait de comprendre exactement ce qui s'était passé.

— Je vais nager, a-t-il dit en haussant les sourcils d'un air taquin, tirant sur la serviette autour de son cou.

— En bas ? ai-je demandé, le doigt tendu.

Il a hoché la tête.

— Vous devriez venir. Ça vous ferait du bien.

J'ai froncé le nez en secouant la tête.

— Non, merci. Il fait un peu froid pour moi ce matin. Et je dois d'abord prendre mon petit déjeuner.

— Oui, plus froid. C'est septembre qui arrive, ça.

— Bonne baignade ! lui ai-je dit.

— Merci. Bon appétit.

Après m'avoir adressé un salut timide de la main, il a passé son chemin. Mais je me suis levée d'un bond pour le rappeler. Je venais d'avoir une idée.

— Ils font des petits déjeuners, là en bas ?

Il s'est renfrogné, manifestement perplexe.

— Désolée. Je parle du restaurant que vous avez mentionné. En bas des marches. Est-ce qu'ils font le petit déjeuner ?

Il a secoué la tête.

— Uniquement du café, a-t-il dit. Et peut-être du pain.

— Vous pouvez m'attendre ?

— Bien sûr.

— Je dois juste prendre une serviette.

Ce n'est qu'en retournant dans la chambre que je me suis rappelé que je n'avais pas mon maillot de bain.

— En fait, je crois que je vais juste prendre le petit déjeuner, lui ai-je dit en fermant la porte à clé derrière moi. Il fait vraiment trop froid pour nager ce matin.

Je lui ai emboîté le pas dans l'escalier escarpé. Nous sommes passés à côté de cinq autres rangées de maisonnettes tout en descendant à même la roche. Nous avons croisé un couple qui remontait. Ils se sont arrêtés pour reprendre leur souffle et l'homme a agité les doigts de sa main dans un geste qui cherchait visiblement à exprimer l'effort extrême de l'ascension.

— *C'est dur*[1], hein ? a lancé mon compagnon.

L'homme a éclaté de rire en hochant la tête.

— C'était quelle langue ? ai-je demandé quand nous avons repris notre marche sinueuse.

— Du français. Ils sont très gentils. Ils viennent nager tous les matins.

Enfin, l'escalier a rejoint un chemin plus large qui descendait en zigzag à flanc de colline. Nous avons croisé un autre couple juché sur deux pauvres ânes qui semblaient souffrir le martyre.

— Ils ont choisi la facilité, ai-je commenté.

— Oui. Mais il ne faut vraiment pas aimer les animaux pour faire ça, je trouve.

Tout en bas, le port était très beau. Il y avait trois restaurants au bord du quai, tous fermés, et une plage minuscule, d'une dizaine de mètres de large tout au plus. De part et d'autre, la côte n'était que rochers gris inaccessibles plongeant à pic dans la mer. Au bout du quai, un bateau de pêche d'un vert délavé était amarré à un petit embarcadère en béton. Et au début de la jetée se trouvait une cabane en bois délabrée, avec quatre tables en plastique, chacune surmontée d'un parasol Magnum décoloré par le soleil. Au moins, ça semblait ouvert.

— Vous êtes sûre que vous ne voulez pas nager ? m'a demandé mon compagnon.

Il s'était déjà déchaussé et passait son T-shirt par-dessus sa tête, révélant un corps sec et longiligne à la peau claire, l'exact opposé de la musculature compacte de Conor.

J'ai secoué la tête.

1. En français dans le texte.

— J'ai vraiment besoin d'un café.

— On se retrouve là-bas alors, a-t-il répondu en désignant de la tête le cabanon sur la jetée.

J'ai traversé les rochers d'une démarche hésitante et je me suis assise sur la première chaise que j'ai trouvée. Lorsque je me suis tournée vers la mer, il se baignait déjà – une nage simple avec beaucoup d'éclaboussures – en poussant des cris de joie comme un gamin.

Quand on me l'a servi, le café était si fort que j'avais du mal à le boire. J'ai ajouté une tonne de sucre et je l'ai siroté lentement entre mes lèvres.

La serveuse, une femme d'une petite soixantaine d'années, m'a posé une question compliquée en grec. Je n'avais pas la moindre idée de ce qu'elle essayait de me dire. Ce n'est qu'en la voyant réapparaître avec une part de cake que j'ai compris ce qu'elle voulait me demander.

J'ai acquiescé avec reconnaissance.

— Merci.

— *Parakalo*, a-t-elle répondu avec un sourire avenant.

Je suis restée assise pendant dix minutes à regarder mon nouveau compagnon plonger sous la surface. Je voyais des poissons grignoter des algues sous la jetée en contrebas. Un petit avion tirant une banderole publicitaire est passé en rase-mottes. Je m'efforçais de me concentrer sur les détails du moment présent. Je ne voulais pas penser à la prochaine étape, parce que, quelques perspectives que ce soient, elles étaient effrayantes.

Enfin, le corps pâle et imberbe encore ruisselant d'eau de mer, l'homme est apparu à côté de moi.

Il a fait signe à la femme qui tenait la cabane et il a désigné ma tasse de café avant de lever le pouce.

— Bon café, n'est-ce pas ? a-t-il dit en s'asseyant après s'être séché.

— Je dois avouer qu'il est fort. Mais un peu granuleux.

— Il faut le laisser pendant un moment. Il doit d'abord…

— Décanter ? ai-je proposé. Retomber ?

— Retomber. Oui, c'est ça. Au fait, je m'appelle Leif.

Il m'a tendu la main.

J'ai souri devant son geste maladroit. Ça me semblait un peu tard pour les présentations.

— Et moi, je suis Laura, ai-je dit en serrant sa main encore froide et humide de la baignade. Leif, c'est ça ? Comme l'arbre, l'if ?

— On peut dire ça.

J'ai détaché un morceau de cake pour le porter à ma bouche.

— C'est un joli nom, ai-je dit. J'aime les arbres.

Leif a hoché la tête. En voyant son visage rougir, j'ai eu peur qu'il s'imagine que je le draguais ; alors qu'en réalité, j'avais simplement dit la première chose qui me passait par la tête pour remplir le silence.

— Alors, tu es ici avec un ami ? ai-je demandé de but en blanc. Je crois que je vous ai vus ensemble l'autre jour.

— Nous sommes huit, a répondu Leif. Un groupe de randonneurs. De Norvège.

J'ai hoché la tête. L'accent, les cheveux blonds, les yeux bleus. La Norvège, c'était logique.

— J'ai cru que tu étais français, tout à l'heure. Parce que tu as parlé à ces gens…

Leif a secoué la tête en riant.

— Je connais une centaine de mots en français. C'est tout.

— Mais ton anglais est très bon, en revanche.

— Il n'est pas mauvais comme mon français, a-t-il reconnu. Heureusement.

— Alors, la randonnée… ai-je ajouté, espérant embrayer sur une conversation, sans trop savoir pourquoi. Ce doit être sympa. Surtout par ici.

— Oui. Mais parfois, trop chaud. Il n'y a pas beaucoup d'arbres.

— Non. C'est vrai.

La femme lui a apporté son café.

— *Efharisto*, a dit Leif.

— *Parakalo*, a-t-elle répondu.

Une fois qu'elle s'est éloignée, j'ai répété :

— *Efharisto*, ça veut dire « merci » ?

— Exact. Et *parakalo*, c'est… « de rien ».

— De rien ?

— Tu sais… euh, de rien. Pas de quoi, ça veut dire.

— Oh, d'accord. *Parakalo.* Tu es vraiment doué pour les langues.

— Ce serait impoli de ne pas essayer, a répondu Leif. C'est leur pays, tu sais ? Nous sommes touristes ici.

— C'est vrai, ai-je dit en songeant au contraste saisissant avec le « *Garçon* ! » de Conor. Oui, tu as raison.

— Alors… a commencé Leif en buvant son café.

— Alors… ai-je répété.

Je n'avais plus rien à raconter.

— J'ai vu ton ami aussi, a-t-il poursuivi. Hier soir.

Je l'ai regardé attentivement, mais son visage ne trahissait rien.

— C'était tard ? Ou tôt ?

— Tard. Vers une heure.

Est-ce qu'il haussait un sourcil ?

— Il a été affreux ? ai-je demandé.

— Il était très saoul.

— Oh, mon Dieu. Oui, je sais. Il s'est disputé avec les gens de l'hôtel.

Leif a hoché la tête d'un air pensif.

— Je l'ai vu. J'étais là.

— Je suis désolée, lui ai-je dit. C'était horrible ?

— Horrible, oui. Mais c'est pas ta faute.

— Non. Il s'est disputé avec moi aussi.

Leif a soupiré.

— Je te dis ça pour être honnête, c'est tout, a-t-il dit. Je ne veux pas que tu te sentes mal, mais je ne veux pas faire semblant que je ne vois rien, tu comprends ?

— Oui. Bien sûr, je comprends.

— Comme ça, si tu veux parler, c'est bien. Et si tu ne veux pas, c'est bien aussi.

Je me sentais terriblement gênée.

— Je ne sais pas trop. Mais merci.

Une fois de plus, Leif a haussé les épaules en souriant.

— Prends ton temps. Et essaie de respirer, tu vois…

— Je respire ! me suis-je esclaffée.

Pourtant, je me suis soudain rendu compte que j'avais la respiration complètement coupée. J'ai pris de grandes inspirations apaisantes, mais rien n'y faisait, j'avais le souffle court.

Leif a jeté un œil sur la grosse montre de plongeur qu'il portait autour de son poignet fin.

— Tu as rendez-vous quelque part ?

— Je ne sais pas, a-t-il répondu. Ça dépend.

— Tu ne sais pas ?

— Eh bien, le départ aujourd'hui est à neuf heures, m'a-t-il expliqué en levant les yeux vers le chemin. Tout là-haut. Alors, si je veux y aller, je dois me mettre en route maintenant.

Je comprenais, et pourtant, à mon grand étonnement, je n'avais aucune envie qu'il s'en aille.

— Mais si tu veux que je reste, je peux rester, a-t-il ajouté comme s'il lisait dans mes pensées.

J'ai affiché un sourire triste.

— Je ne pense pas. Je crois que ça va aller.

— Tu *crois* que ça va aller ? a répété Leif.

J'ai froncé les sourcils. Il avait l'air soucieux.

— Je ne sais pas, a-t-il dit. J'ai le pressentiment que tu as peut-être besoin de parler.

J'ai hoché la tête. Sans crier gare, les larmes me sont monté aux yeux et j'ai essayé de les retenir. J'avais l'impression que ma tête gonflait sous la pression. Si je n'en libérais pas au moins une ou deux, quelque chose allait exploser.

— C'est vrai ? a demandé Leif.

— Qu'est-ce qui est vrai ?

— Que tu as besoin de parler ? On dirait bien.

Je me suis mordu la lèvre inférieure pour l'empêcher de trembler et j'ai acquiescé avec empressement.

— Je crois. Oui, je crois que oui.

— D'accord, a répondu Leif sur le ton de la conversation. Alors aujourd'hui, je reste. Et on parle.

Il m'a fallu du temps pour m'y mettre, mais quand j'ai commencé à raconter à Leif ce qui s'était passé, impossible de m'arrêter. Plus tard, il m'a avoué que les gens lui confiaient souvent leurs problèmes. Peut-être parce qu'il avait « une bonne tête » ? À vrai dire, il ne s'agissait pas de sa tête, en tout cas je ne pense pas. Non, c'était son âme. Il avait une âme qui vous donnait envie de dévoiler la vôtre.

Je ne cessais d'aller et venir dans mon récit, lui donnant de plus amples détails sur ma rencontre avec Conor, comme pour tenter de justifier mes choix lamentables, avant de revenir à ma situation actuelle, catastrophique. Je voulais qu'il comprenne pourquoi j'étais encore là.

Pendant tout ce temps, Leif a hoché la tête avec un sourire compatissant. Il ne m'a pas interrompue et il ne m'a posé aucune question indélicate. Quand je perdais le fil de ma propre histoire ou quand je me demandais quel passage lui raconter ensuite, il attendait tranquillement que je continue, les mains jointes et la mine placide.

— Et voilà. Maintenant, je suis là, à t'expliquer tout ça, ai-je dit en guise de conclusion.

— Waouh.

— Je suis tellement bête.

— Tu es forte, m'a dit Leif.

J'ai éclaté de rire.

— Non, vraiment, a-t-il insisté. C'est vrai, certains de ces choix n'étaient pas très bons. Mais tu es toujours là. Tu es toujours debout. Je trouve que tu te débrouilles bien.

— Merci.

Sa gentillesse me bouleversait. C'était précisément ce que j'avais besoin d'entendre à ce moment-là.

— Et ensuite ? a demandé Leif.

— Encore du café ? ai-je proposé d'un ton léger, histoire de gagner du temps, je suppose.

— Encore du café, c'est sans doute une bonne idée. Mais je crois que tu as des décisions plus importantes à prendre.

— Je sais. Je le sais bien. Pourtant je ne vois vraiment aucune solution.

— Eh bien, a dit Leif en se penchant en avant et en se redressant aussitôt, comme s'il hésitait. Je peux ?

— Je t'en prie. Vas-y.

— Voilà, je pense que tu devrais appeler ta mère. En tout cas, moi c'est ce que je ferais. Ma mère est la meilleure pour donner des conseils.

— Mais ta mère n'est pas *ma* mère, ai-je objecté. Sinon, tu ne me conseillerais jamais de faire une chose pareille.

— C'est vrai, a-t-il répondu, songeur. Tu es la seule à pouvoir décider. Mais quoi qu'il en soit, je crois qu'elle t'aime, non ?

J'ai acquiescé.

— Et je crois que tu vas avoir besoin de son aide.

— Mais comment peut-elle m'aider, Leif ? Elle est à des centaines de kilomètres d'ici.

— Eh bien, tu vas avoir besoin d'argent. Tu m'as dit que tu n'en avais pas beaucoup, n'est-ce pas ?

— C'est vrai. Il doit me rester environ soixante-dix livres en drachmes, et quelques centaines sur mon compte en banque, mais je ne suis même pas sûre que ma carte fonctionne ici.

— Si tu as besoin de changer ton vol et de réserver un autre hôtel, ta mère pourrait t'aider.

— Oui, ai-je fini par admettre. Oui, tu dois avoir raison. Seulement, je me demande comment elle pourrait m'envoyer de l'argent.

— Mais si, a insisté Leif. Il y a des moyens.

— Et tu penses que je devrais changer d'hôtel.

— Va à Fira, peut-être. Oia, c'est petit. Si tu restes ici, tu vas le croiser.

— Il va à Fira, lui ai-je expliqué. Ses copains de beuverie sont là-bas. J'aurais peur aussi là-bas.

— Alors une autre ville, peut-être. Tu pourrais essayer Megalochori. Une plage comme Monolithos, ou ailleurs.

— Je ne sais pas conduire, ai-je précisé. Il faut un endroit facile d'accès. Sur l'itinéraire d'un bus, par exemple.

— Je peux t'y emmener. Si tu en as besoin.

— Oh, je ne sais pas…

Leif a haussé les épaules.

— Je dois aussi changer mon vol, ai-je ajouté.

— Vraiment ? Si tu continues ton séjour dans un endroit différent, alors…

— Mais je me retrouverai quand même à côté de lui pour le vol retour. Je serai morte de trouille.

— Ah oui, bien sûr. Nous devons régler ça aussi.

Les larmes me sont monté aux yeux quand je l'ai entendu employer ce « nous » inattendu. Parce que soudain, grâce à ce « nous », tout me semblait possible. Je m'étais sentie tellement seule jusqu'à ce moment précis.

— Je dois aussi récupérer mes affaires. Tout est resté dans la chambre.

— Tu as une clé ? a demandé Leif.

J'ai vérifié dans ma poche, avant de hocher la tête.

— Alors, je vais surveiller quand il part. Je crois que le monsieur de la réception m'aidera si on en a besoin. Puis on mettra tes affaires dans ma chambre. On ira voir l'agence de voyages à Fira et on essaiera de changer ton billet. Et ensuite… si tu dois rester quelques nuits, on réservera une chambre à Monolithos. Comme ça, tu pourras aller à la plage. Tu peux toujours profiter des vacances, pas vrai ?

J'ai acquiescé, sous le choc. Ses paroles étaient pleines de sagesse, à tel point que je me suis même demandé s'il n'était pas plus âgé qu'il en avait l'air.

— Tu es sûr que ça ne te dérange pas de m'aider ? C'est tellement compliqué.

— Pas du tout, a répondu Leif.

— Et ta randonnée ?

Une fois de plus, il a consulté sa grosse montre.

— Il est neuf heures passées. La marche a déjà commencé. Alors je suis libre toute la journée.

— Je suis désolée. Je gâche tes vacances.

— N'importe quoi. C'est comme une aventure pour moi, tu sais ? Comme dans un livre pour enfants, par exemple. Excuse-moi. Je ne voulais pas dire… Tout ça est très sérieux pour toi, bien sûr. Mais pour moi, tu sais quoi ? Ça ne me dérange pas. Ça me plaît de t'aider.

— Merci, ai-je répondu en ravalant mes larmes. Je ne sais pas ce que je ferais sans…

Ma voix s'est brisée.

— Arrête, a dit Leif en se penchant par-dessus la table pour poser une main sur mon avant-bras. Ça va aller. Tout va bien se passer, d'accord ?

J'ai hoché faiblement la tête.

Après une autre tournée de café, Leif a payé l'addition – heureusement, car dans ma détresse, j'avais oublié que mon argent était encore dans la chambre. À pas lents, nous avons remonté la côte. Elle était si raide qu'il était impossible de parler et de marcher en même temps.

La chambre dans laquelle j'avais passé la nuit avait été nettoyée. Le lit était fait et le sol étincelait. Une serpillière était posée en diagonale dans l'encadrement de la porte, me barrant le passage. Je me suis donc assise sur le muret pour attendre.

Leif, qui était parti voir si Conor était dans notre chambre, est revenu presque immédiatement.

— Il est là, m'a-t-il annoncé. Il était fâché que je le réveille, mais il est là.

— Qu'est-ce que tu lui as dit ?

— J'ai dit que je m'étais trompé de chambre. Elles se ressemblent toutes. Il m'a cru.

— Bien joué. Et maintenant ?

— Tu devrais attendre dans notre chambre, je crois, a-t-il suggéré. Olav, mon ami, est allé marcher, la voie est libre. Je peux m'asseoir sur la terrasse et lire. Comme ça, s'il s'en va, je le verrai. Ensuite, on pourra aller chercher ta valise.

J'ai acquiescé.

— C'est un bon plan, non ? a-t-il dit.

Une fois de plus, j'ai hoché la tête.

— C'est un très bon plan. Merci.

— Allez, dépêche-toi. Avant qu'il se lève.

Mon cœur battait la chamade tandis que nous nous dirigions vers la chambre de Leif. J'ai décidé que si Conor se montrait, j'irais me réfugier à l'accueil de l'hôtel.

Leif m'a laissée entrer dans sa chambre. Elle était exactement comme la nôtre, si ce n'est que les lits jumeaux étaient poussés contre les deux murs opposés là où, chez nous, ils étaient collés pour former un lit double. J'ai eu beau lui assurer que tout allait bien, il a fait un brin de rangement. J'ai trouvé cette attention particulièrement touchante. Quand il eut terminé, il a pris un livre et rejoint la porte.

— Tu peux fermer à clé si tu te sens plus en sécurité, m'a-t-il dit.

— C'est bon. Il ne peut pas deviner que je suis ici.

Leif a acquiescé avant de s'évanouir dans la lumière éclatante du jour.

Je suis restée assise sur son lit pendant un moment en attendant que mes yeux s'accoutument à la pénombre, puis je me suis levée pour me promener dans la pièce.

Il y avait une pile de livres sur la table de chevet, tous écrits dans une langue incompréhensible, sans doute du norvégien. Il y avait une carte, une boussole et un tout petit baladeur CD avec cinq ou six albums. Certains étaient sûrement norvégiens, mais j'ai reconnu un disque de George Michael, et *Out of Time* de REM. Je m'en souviens, parce que je les avais aussi à la maison.

J'ai fini par me rasseoir sur le lit de Leif et je me suis allongée, regardant les motifs lumineux que les volets projetaient sur le plafond. J'avais mal aux poignets. Ils étaient salement contusionnés.

Je trouvais ça très étrange d'être étendue sur le lit d'un inconnu. J'ai remarqué le doux parfum musqué des draps, celui du déodorant de Leif.

Je me sentais en sécurité, pour le moment du moins. Même si Conor n'était qu'à quelques mètres de moi, j'étais cachée dans l'ombre et Leif montait la garde. C'était étrange de me sentir rassurée avec lui, alors que la présence de l'homme avec qui j'étais partie me terrifiait. Ensuite, je crois que je me suis endormie.

7.

BECKY

Comme notre ferry partait à neuf heures du matin, nous nous sommes levées peu avant sept heures.

Alpina bêlait, et le fermier qui devait nous conduire au port travaillait déjà dans son jardin. Il faisait plutôt frais ce matin, mais on devinait dans l'air la promesse de la chaleur à venir. Nous avons couru à la plage pour une dernière baignade, puis nous avons pris une douche et fait nos valises. J'avais presque la larme à l'œil quand nous les avons mises dans la voiture. Je serais volontiers restée là pour toujours.

La frénésie de l'embarquement m'a stressée, mais pas autant que la première fois. Je crois qu'on commençait à s'y habituer. Les moteurs ont vrombi et le quai s'est éloigné peu à peu. J'étais plus enthousiaste que jamais. Il y a vraiment quelque chose de magique dans ces instants où un bateau quitte le port.

Cette fois, le ferry avait un petit pont à l'arrière, et nous avons laissé nos valises aux bons soins de nos voisins de siège avant de nous aventurer dehors. Sauf pour aller chercher à manger, je suis restée à l'extérieur pendant les quatre heures et demie de la traversée.

Le ferry s'est arrêté aux îles de Sifnos et de Folegandros, presque identiques à Serifos, depuis le port en tout cas. Seule la couleur de la roche semblait différente : un gris intense à Sifnos et un beige plus clair à Folegandros. Quel dommage de les visiter de loin, sans descendre du bateau. Je ne pouvais m'empêcher de penser à toutes les plages, tous les chatons et toutes les chèvres que nous rations.

— On aurait dû aller sur d'autres îles, ai-je fini par observer au moment où Folegandros disparaissait dans le lointain.

— Pourquoi ?

J'ai haussé les épaules.

— Pourquoi pas ? Dans tous les cas, on s'y arrête. On aurait pu passer deux nuits sur chacune.

Maman a fait la grimace.

— C'est très fatigant de changer tout le temps, je trouve. Et je suis sûre que tu vas adorer Santorin.

— Je n'arrête pas de penser à ce qu'on loupe. Toutes les aventures qu'on a failli vivre, tu vois ce que je veux dire ?

Maman a acquiescé.

— En tout cas, je suis certaine que Santorin va te plaire. C'est vrai, tout le monde dit que c'est magnifique !

Quelque chose sonnait faux dans sa voix. Je la connaissais trop bien, j'avais toujours su détecter ses non-dits. Je lui ai jeté un regard en coin et j'ai senti qu'elle s'en était rendu compte.

— Je fais un saut aux toilettes, m'a-t-elle annoncé en tournant les talons.

Je me suis rappelé notre conversation à propos de la drachme : elle avait esquivé mon regard exactement de la même manière.

— Garde ma place à tout prix, d'accord ?

Les places sur le pont arrière étaient en effet rares.

— Oui, lui ai-je promis.

Le temps qu'elle revienne, j'avais tiré ce mystère au clair, ou du moins je le pensais.

— Tu es déjà venue ici ? lui ai-je demandé sans lui laisser le temps de souffler.

Maman m'a tendu du thé dans un gobelet en plastique.

— Ici ? a-t-elle répondu, un peu bornée, comme si je parlais de ce bateau au beau milieu de la mer Égée.

— À Santorin. Je ne me trompe pas, hein ? Tu y es déjà allée.

Pendant un moment, maman a bu son thé. Elle essayait de gagner du temps.

— Je te l'ai dit. Je suis venue avec ta tante Abby.

— Tu ne m'as jamais dit que c'était à Santorin. Ni en Grèce. Tu n'en as jamais parlé une seule fois. Pas une fois dans toute ma vie.

Elle a soupiré en hochant la tête.

— Oh, j'ai bien dû le faire, a-t-elle répondu sur un ton évasif. Tu ne devais pas écouter, c'est tout.

— Jamais, ai-je déclaré avec certitude. Pas une seule fois.

— Eh bien, maintenant, c'est fait. Tu le sais, voilà. Bon, je crois que je vais aller m'asseoir à l'intérieur. Il nous reste combien de temps ?

J'ai jeté un œil à mon téléphone.

— Encore une heure et demie, je crois.

— Tu viens ?

J'ai froncé le nez.

— Non, je vais rester ici un moment.

J'ai regardé maman s'éloigner, puis je me suis retournée pour contempler la mer. Tout en buvant mon thé, j'ai réfléchi à ce que je venais d'apprendre. Apparemment, c'était à Santorin que j'avais été conçue. Et maintenant, si on y retournait, c'était sans doute pour une bonne raison. Je me demandais s'il s'agissait d'une sorte de pèlerinage. Un voyage sur la tombe de mon père ?

— Vous avez du feu ?

J'ai tourné la tête pour découvrir un homme très séduisant, debout à côté de moi. Il était grand et ténébreux, avec un teint mat et des yeux noisette. Il avait les cheveux les plus brillants que j'aie jamais vus, chez un homme du moins, à part peut-être dans une pub pour shampooing. Soudain, je me suis rendu compte que ce soleil et cette mer, tous ces moments de détente, commençaient à me donner des envies de flirt. Après tout, ça faisait des mois depuis Tom.

— Oui, bien sûr. Vous pouvez me tenir ça ?

Je lui ai tendu mon thé et j'ai fouillé dans mon sac à la recherche de mon briquet et de mes cigarettes.

— C'est beau, n'est-ce pas ? m'a-t-il dit, une fois nos cigarettes allumées. Et puis, l'air est tellement pur, tellement iodé…

J'ai hoché la tête.

— Enfin, à part tout ce fioul.

Je désignais un ferry qui passait en sens inverse, crachant par sa cheminée de longues volutes de fumée noire.

— Humm, a-t-il répondu.

— Vous êtes américain ?

— Canadien.

— Désolée.

L'homme a souri.

— Aucune importance. Mis à part le fait que Donald Trump n'est *pas* mon président.

— Il y a tellement d'îles, ai-je dit alors que nous passions devant un énième archipel. Je n'imaginais pas.

— C'est vrai. Ça donne envie de toutes les visiter, non ?

— Tout à fait. Vous allez à Santorin, vous aussi ? ai-je demandé – non sans un certain espoir, je l'avoue.

Il a secoué la tête.

— À Mykonos. Avec mon copain, a-t-il ajouté en désignant d'un geste l'intérieur du bateau. Il a le mal de mer.

— Je vois, ai-je répondu en m'efforçant de ne pas montrer ma déception. Bien sûr.

Le port de Santorin était très différent de ce que j'avais vu jusque-là. Les collines au-delà se dressaient, raides et escarpées, presque aussi hautes que des montagnes. Si, dans les autres îles, les villes s'étaient développées autour des ports, il n'y avait là qu'un embarcadère et une route qui montait en serpentant sur la côte rocheuse. Pour une fois, la ville était perchée tout en haut. Avec la distance, on aurait dit que les maisons blanches formaient un sommet enneigé, comme du glaçage sur un gâteau.

Avec une centaine d'autres passagers, nous avons traîné nos valises sur la jetée pour attendre le taxi qui devait nous conduire jusqu'à Oia.

Certaines bribes de conversation me revenaient à l'esprit et, pour la première fois, je comprenais le sens des propos de maman.

— Tu es déjà allée à Oia ? lui ai-je demandé une fois que le taxi s'était mis en branle.

Maman, qui regardait le paysage par la vitre, s'est tournée en hochant la tête.

— Oui. Il me semble que c'était plus joli, parce que la ville principale était trop touristique.

En arrivant, nous avons tenté plusieurs fois de joindre Baruch, notre contact ; mais comme il ne répondait pas, nous avons suivi ses instructions détaillées. À partir de la supérette, il fallait descendre soixante-dix-sept marches, et pas une de plus. Là, comme sur la photo, se trouvait notre maison troglodyte. La porte était grande ouverte, la clé dans la serrure.

Les pièces étaient creusées à même la montagne, avec des plafonds arrondis, bosselés et irréguliers. Elles se succédaient en enfilade comme une sorte de chapelet original, de plus en plus petites jusqu'à ce qu'on atteigne, dans les profondeurs de la roche, une minuscule salle de bains au carrelage bleu. Tous les meubles – la cabine de douche, le lavabo, les étagères – étaient creusés dans la paroi rocheuse. Seules les toilettes étaient en céramique traditionnelle. On se serait crues dans une maison des Pierrafeu, agencée par Martha Stewart, la reine de la déco d'intérieur. J'adorais.

— Je ne me rendais pas compte qu'il fallait traverser une chambre pour rejoindre l'autre, a observé maman en hésitant entre les deux.

— Moi non plus. Mais ça ne fait rien, si ? Tu devrais prendre la plus grande, puisque tu es la première debout.

— Mais je vais te réveiller si je dois aller aux toilettes.

— Rien ne me réveille. Tu le sais bien.

Après avoir abandonné nos valises sur nos lits, nous sommes ressorties, attirées par la vue. Nous nous sommes installées sur les deux chaises pliantes pour regarder la mer. La baie, avec sa série d'îlots et d'affleurements rocheux, était tout bonnement magnifique.

— Voilà ce que j'appelle un paysage !

— Je savais que ça te plaîrait. Incroyable, n'est-ce pas ?

J'ai hoché la tête.

— C'est ici que tu étais avec tante Abby ? C'est le même hôtel, je veux dire ?

— Pas vraiment. On était plus loin par là-bas, je crois.

Elle tendait le doigt vers la gauche.

— Tu me montreras ? Pas maintenant, plus tard.

Maman a acquiescé.

— Si ça existe encore. Il y avait un escalier qui descendait jusqu'à la mer, si mes souvenirs sont bons. On pourrait essayer de le retrouver. Ce n'est qu'une toute petite plage, mais ça suffit pour se baigner.

— Il y a aussi de vraies plages dans le coin. Des plages immenses. Je les ai vues dans le guide.

— Mais il faut un moyen de transport pour y aller. J'imagine qu'il y a des bus.

— Tu pourrais louer une voiture, ai-je proposé.

— Je ne suis pas sûre de vouloir conduire en Grèce !

— Et si on louait une mobylette ?

Il y en avait partout dans l'île.

— Hors de question que je conduise une mobylette.

— Moi, je peux le faire. Aucun problème.

Maman a éclaté de rire.

— Non, je ne crois pas.

On aurait dit que c'était la suggestion la plus ridicule qu'elle ait jamais entendue.

Décidant qu'il valait sans doute mieux remettre cette négociation à plus tard, je me suis levée et je suis rentrée. J'ai ouvert le réfrigérateur, mais il était complètement vide.

— On a besoin de faire les courses ? a demandé maman.

Elle m'avait suivie et se tenait dans l'encadrement de la porte.

— J'avais envie d'une tasse de thé, c'est tout. Mais pas le moindre sachet. Je pourrais monter faire un tour au magasin.

Maman a hoché la tête.

— Ça ne te dérange pas d'y aller toute seule ? Il vaut mieux que j'attende ici au cas où le monsieur arrive, Barak ou quelque chose comme ça.

— Baruch, il me semble, ai-je dit en prenant la feuille sur laquelle j'avais imprimé les instructions. Oui, Baruch, ça s'épelle U-C-H à la fin. Tu as besoin de quelque chose ?

— Non, non, a dit maman. Rien que du thé et du lait.

Elle n'avait pas l'air dans son assiette depuis qu'on était arrivées. Elle avait sans doute besoin de passer un peu de temps toute seule pour se remémorer ses souvenirs.

— D'accord. Du thé et du lait, c'est tout ?

— Achète aussi du dentifrice, si tu peux, a-t-elle ajouté.

— Du thé, du lait et du dentifrice.

— Et peut-être un peu de pain et de fromage. Ou des chips, je ne sais pas. Quelque chose à grignoter, en tout cas, si on a un petit creux.

Je me suis mise à ronchonner. Les listes de courses à rallonge, c'était la spécialité de maman.

— Du thé, du lait, du dentifrice, du pain et du fromage, alors ?

— Du chocolat aussi. Et pourquoi pas du vin ? Oh, et bien sûr, du café.

— Attends, ai-je dit en sortant mon téléphone de ma poche. Vas-y, recommence, s'il te plaît.

Après avoir noté la liste sur mon téléphone, j'ai remonté les marches. J'étais un peu déçue par Santorin. Bien sûr, la vue était à couper le souffle, mais j'étais tombée sous le charme de notre plage à Serifos. J'allais vraiment devoir convaincre maman de trouver un moyen de transport.

Pourquoi étions-nous venues ici ? Cette question ne cessait de me tarauder. Le choix de Santorin, et d'Oia en particulier, n'était pas un hasard. C'était évident. Peut-être – je dis bien *peut-être* – que maman m'avait fait venir ici pour me parler de mon père. Franchement, il était plus que temps.

La supérette était ouverte, mais déserte. Il n'y avait personne derrière la caisse. J'ai fait le tour des rayons, remplissant mon panier avec du dentifrice, du chocolat et du thé, ou du moins, des articles qui y ressemblaient. Comme la plupart des étiquettes étaient en grec, difficile de le savoir.

Il n'y avait toujours personne quand je suis arrivée au comptoir. *Voilà une culture basée sur la confiance !* Un garçon d'environ huit ans a passé la tête par l'entrebâillement de la porte.

— Attends ! m'a-t-il dit. J'appelle Baruch.

Au bout d'une minute, puisque personne n'arrivait, je suis retournée dans les rayons, histoire de m'assurer que je n'avais rien oublié. Quand je suis revenue, il était là, assis derrière la caisse comme s'il ne l'avait jamais quittée.

— Bonjour, a-t-il dit en dévoilant de belles dents blanches. Tu es Becky, c'est ça ?

J'ai ouvert la bouche pour répondre, mais pendant quelques secondes, ma voix m'a fait défaut. Parce que Baruch était tellement, *tellement* beau, que j'avais du mal à en croire mes yeux. On aurait dit l'homme sur le ferry, mais avec les yeux bleus, un teint plus hâlé et moins de gel dans les cheveux. J'espérais aussi qu'il était hétéro.

Enfin, j'ai réussi à lui répondre :

— Euh, oui.

— Je suis allé voir ta mère, m'a dit Baruch. C'est pour ça que je n'étais pas là.

— Bien sûr.

Je me sentais rougir.

— Bienvenue à Santorin, a repris Baruch. Tu as trouvé tout ce qu'il te faut ?

Il a tendu la main vers le premier article de mon panier.

— Oh, oui. Oui, j'ai trouvé *tout* ce qu'il me fallait.

En repartant, j'étais déjà en train de réfléchir à ce que j'aurais bien pu oublier… aux excuses que je pouvais trouver pour revenir parler à Baruch.

— Alors, tu as rencontré le beau Baruch ? a lancé maman dès que j'ai franchi le seuil.

Sa voix provenait de la chambre.

J'ai posé les sacs sur le plan de travail et passé une tête par la porte ouverte.

— Oui !

— Il est charmant, n'est-ce pas ? s'est esclaffée maman en roulant sur le côté pour me regarder.

— Carrément !

— Je savais qu'il te plairait. Dès la minute où je l'ai vu.

— On dirait Javier Bardem en plus jeune.

— C'est le type de *Grey's Anatomy* ? a demandé maman. Denny, c'est ça ?

— Non. Mais tu as raison, il lui ressemble aussi. Alors, ça va ?

— Moi ? Oh… oui… je vais bien. Je crois que la fatigue du voyage m'a rattrapée. J'ai besoin d'une petite demi-heure de sieste, c'est tout.

— D'accord. Moi aussi. Je serai dehors, à l'ombre.

Maman a dormi plus d'une heure. De mon côté, j'ai à peine somnolé, mais j'ai résisté à l'envie de remonter à la supérette. J'étais bête et je le savais. Baruch devait avoir des centaines de femmes à ses pieds chaque saison, et quand bien même, c'était ridicule. On repartait dans moins d'une semaine. Et que pouvais-je avoir en commun avec un caissier grec ? Malgré toutes mes tergiversations, je n'arrivais pas à me sortir de la tête l'idée d'une petite aventure de vacances. Était-ce ce qu'avait vécu maman il y a des années ?

Peu après dix-sept heures, nous sommes allées nous promener en ville. Tout était immaculé, avec des façades plus blanches que blanches. Les rues étaient bordées de boutiques de luxe.

— C'était déjà comme ça quand tu es venue ?

Après Serifos, j'étais un peu déroutée par une telle opulence.

— Oh, non, a dit maman. Non, c'est bien plus chic maintenant. Enfin, c'était déjà chouette en 94, mais c'est clairement plus touristique aujourd'hui. Plus haut de gamme, aussi.

Malgré tout, les rues étaient jolies. Et les points de vue qui s'offraient à nous presque à chaque détour étaient incroyables.

— Tu sais, à l'époque, a dit maman en s'arrêtant pour prendre une photo de la baie, je trouvais que c'était le plus bel endroit de la planète.

J'ai hoché la tête.

— C'est très joli.

— Oui, c'est encore vrai aujourd'hui, a-t-elle dit en baissant son téléphone pour admirer le panorama.

En tout cas, je n'ai jamais visité de plus bel endroit. Mais ce n'est que mon avis.

Nous avons dégusté des *cappuccinos freddos*, et plus loin, des crèmes glacées.

— Les mêmes prix qu'à Londres, ai-je observé en réglant la dernière addition.

— Oui. Ça aussi, ça a changé. Cela dit, tout était en drachmes et je n'avais aucune idée de ce que je dépensais vraiment.

— Alors, c'est pour ça que tu m'en as parlé.

Maman a secoué la tête, mollement, comme pour dire : *Il faut croire.*

— Bon sang, il y a de plus en plus de monde, ai-je dit alors qu'on jouait des coudes pour contourner un groupe de touristes allemands.

— Oui, les gens viennent voir le coucher du soleil, m'a expliqué maman. Ils viennent de tous les coins de l'île. J'avais oublié. Il paraît que c'est le plus beau coucher de soleil de la terre. Il y a même des bus qui viennent tout spécialement pour ça.

— Et c'est le cas ?

— Quoi donc ?

— C'est le plus beau coucher de soleil de la terre ?

— C'est pas mal, a dit maman. D'après mes souvenirs.

Même si d'instinct je préférais toujours prendre le contre-pied de la foule, nous avons suivi le mouvement. Comme j'espérais encore visiter une autre partie de l'île le lendemain, avec une plage de préférence, autant profiter au maximum de cet endroit. Puisque j'étais là, mieux valait admirer le coucher de soleil de Santorin une bonne fois pour toutes, sinon il risquait de rejoindre l'Acropole sur la liste de tout ce que j'avais bien failli faire.

Nous nous sommes frayé un chemin dans les ruelles étroites avec des centaines d'autres personnes, en direction de la pointe ouest d'Oia. Et je dois bien reconnaître qu'en dépit de la foule, ou peut-être même à cause d'elle, j'ai trouvé le spectacle bouleversant.

Le ciel a déployé tout un nuancier en technicolor où chaque couleur du spectre s'exprimait. Des reflets orangés teintaient l'horizon sous les nuages aux bords mouchetés de pourpre. Il y avait un ruban de ciel turquoise et de petites bandes jaunes et rouges. On observait même la tache vert-de-gris d'un nuage isolé à l'est, et partout ailleurs le bleu intense du ciel à perte de vue au-dessus de nos têtes.

Quant à nous, spectateurs de cet événement pourtant quotidien mais que nous boudons trop souvent, nous nous laissions baigner par son éclat doré. On regardait cette boule de feu en souriant avec des commentaires insignifiants, tels que « Mon Dieu, comme c'est beau ! », dans tout un assortiment de langues différentes.

Par vénération pour le déploiement de lumières ou par respect pour les autres, tout le monde parlait à voix basse et le brouhaha qui en résultait avait un côté chaleureux, amical et rassurant. C'était un moment de bonheur que nous partagions avec des inconnus, et j'en ai apprécié chaque instant.

— Tu as faim ? a demandé maman une fois que les dernières parcelles de soleil eurent disparu derrière une île, dans le lointain.

Tout le monde s'en allait.

— Carrément. Tu te souviens de bons restaurants ?

Elle a secoué la tête.

— De toute façon, je ne pense pas qu'ils existent encore.

— On ne sait jamais… ai-je répondu. Tu veux que je regarde sur TripAdvisor, par exemple ?

— Non, essayons quelque chose au hasard, tu veux bien ?

— D'accord. En avant.

On a suivi le troupeau de touristes en ville, et comme il y avait la queue partout dans la rue principale, on s'est aventurées dans le dédale de rues transversales jusqu'à découvrir un charmant petit restaurant dans une cour intérieure à ciel ouvert, éclairée par des bougies.

— Ici ? a suggéré maman.

— C'est assez cher, ai-je répondu en étudiant le menu.

— C'est notre premier soir à Oia. Et puis, celui-ci, c'est grand-mère qui nous l'offre.

C'est alors qu'une voix s'est fait entendre à côté de nous.

— Une table pour deux ?

J'ai levé les yeux du menu pour découvrir le visage souriant de Baruch.

— Oh, bonsoir ! a dit maman. Vous êtes partout ! Remarquez, on ne s'en plaint pas…

Baruch a éclaté de rire.

— C'est chez ma tante ici, a-t-il dit avec un geste de la main. Mon oncle est malade, alors…

— Tant que ce n'est pas une intoxication alimentaire, a répliqué maman en se fendant d'une rare plaisanterie.

— Intoxication ali… ? Oh, non ! a répondu Baruch en balayant les alentours du regard pour s'assurer que personne n'avait entendu. Non, c'est son genou. Ça le fait souffrir par moments.

Tout en nous guidant, il a ajouté :

— Il ne me reste que cette table. Les autres sont réservées, j'en ai bien peur.

— Tu es rouge comme une tomate, a commenté maman une fois que nous nous sommes installées. Ça va ?

J'ai hoché la tête en m'efforçant de me cacher derrière le menu.

— Oh, est-ce que… ? Mais oui ! Tu rougis ! s'est-elle exclamée en se penchant pour abaisser la carte que je tenais pourtant fermement. Je croyais que tu avais chaud, mais tu *rougis.*

J'ai levé les yeux au ciel.

— Merci, maman. C'est toujours utile de se l'entendre dire.

— C'est à cause de lui ? a-t-elle demandé en tournant la tête en direction de Baruch. Il te fait craquer, c'est ça ?

— Arrête, maman. Seigneur !

— Eh bien, ça alors !

Elle a regardé en direction de Baruch, qui conduisait un nouveau groupe de clients vers une table réservée.

— Il est charmant, a-t-elle observé. Et ce jean lui fait un très joli cul, je te l'accorde. Disons simplement que…

— Arrête ! S'il te plaît !

— Oh, waouh. Alors, c'est sérieux.

— Tu es impossible, tu sais ?

— Oui, mais au fond, tu adores ça, a-t-elle répondu. Pas vrai ?

— Non. Non, pas du tout.

— Mais si, tu adores quand je te taquine.

***

Le lendemain matin, au petit déjeuner, je suis revenue à la charge pour persuader maman de me laisser louer un scooter.

— J'en ai eu un pendant un an à Bristol, lui ai-je dit. Ce n'est pas aussi dangereux que tu le crois.

— Sauf qu'il n'y a pas beaucoup de Grecs qui conduisent à Bristol, je me trompe ? a-t-elle rétorqué.

— J'ai envie de visiter. Je veux voir le reste de l'île, je veux aller à la plage.

— Eh bien, il y a une plage ici, a dit maman en terminant son café avant de se lever. Si c'est tout ce qui t'inquiète, on peut même y aller maintenant. Je vais chercher mes affaires.

Je l'ai regardée se diriger jusqu'à sa chambre et j'ai poussé un soupir. J'arriverais à mes fins, j'en étais convaincue. Mais je devais d'abord laisser maman évaluer toutes les autres options. C'était toujours comme ça.

Baruch est passé juste à ce moment-là. Il m'a saluée et je lui ai répondu par un hochement de tête plutôt sobre. Aussi ridicule que ça puisse paraître, j'avais l'impression d'avoir été plaquée la veille au soir. Oh, il s'était montré très avenant, enjoué et même un peu séducteur. Mais au fond, pas plus qu'avec n'importe qui d'autre. Il faisait simplement partie de ces gens qui savent charmer et avec qui tout le monde pense avoir une sorte de connexion personnelle. La qualité idéale pour un serveur !

Comme pour enfoncer le clou, une fille à la table voisine – elle prenait le petit déjeuner avec ses parents et ne devait pas avoir plus de treize ans – a agité les doigts en direction de Baruch. Elle devait croire qu'il la saluait, et elle avait probablement raison.

Pour descendre sur la « plage » – et ce n'est pas sans raison que j'utilise ces guillemets –, il fallait d'abord remonter au niveau de la rue, puis marcher deux cents mètres sur la droite avant d'emprunter un autre escalier presque identique.

— Tu en es sûre ? ai-je demandé.

J'avais peur de descendre mille marches pour devoir faire demi-tour.

— Absolument. Mon hôtel était dans le coin à l'époque.

— Où ça ? ai-je demandé en espérant apercevoir la chambre où j'avais été conçue.

Maman a fait une halte pour réfléchir à la question.

— Je ne sais pas trop, a-t-elle fini par dire. C'était il y a longtemps.

Pour une raison quelconque, je ne la croyais pas.

Les marches étaient interminables. Après les maisonnettes, nous avons poursuivi le long de la paroi rocheuse. Nous avions beau descendre, j'étais déjà en nage. La température avoisinait les trente degrés et le soleil frappait si fort que j'avais l'impression de cuire malgré ma crème à indice 50. Deux ânes visiblement épuisés gravissaient la côte sous les coups de cravache d'un vieux Grec ridé, un fermier sans doute. Ils portaient sur leur dos deux Américains obèses qui se plaignaient de la chaleur.

— Les pauvres ânes, ai-je dit après les avoir croisés.

— C'est vrai, a renchéri maman. J'avais envie de lui arracher sa cravache des mains pour lui fouetter les fesses à la place. Il ne faut vraiment pas aimer les animaux pour faire ce genre de choses.

En bas du chemin, j'ai découvert une adorable petite anse avec un quai en béton sur lequel s'entassaient cinq modestes restaurants. La « plage » n'était qu'une bande rocheuse de deux mètres, au bout de l'embarcadère.

— Oh, a dit maman en la voyant. La plage était plus grande avant.

— C'est ça. Bon, ça ne fait rien. On peut toujours se baigner, n'est-ce pas ?

Pour être honnête, la taille de la plage me réjouissait. Mon projet de mobylette avait des chances de se concrétiser.

Malgré ça, l'eau était délicieuse. Elle était assez chaude pour permettre d'y entrer sans réfléchir, limpide comme de l'eau de roche et grouillante de poissons insolites. J'avais l'impression de nager dans un aquarium.

Ensuite, nous nous sommes installées à l'un des bistrots pour déguster un café frappé. Ni elle ni moi n'avions hâte d'amorcer la remontée.

— Peut-être, si tu y vas très lentement, a dit maman sans préambule.

— Pardon ?

— On pourrait en prendre une petite. Rien de très puissant. Tant que tu me promets de rouler lentement.

— Ça va aller, maman. Ce sera sympa, tu vas voir. Et si tu n'es encore jamais montée sur une mobylette…

— Si, a-t-elle répondu. Je l'ai déjà fait. Et c'est pour ça que tu dois m'écouter quand je te parle de ces chauffards grecs.

8.

LAURA

J'étais sur le point de m'assoupir, dans cet état incertain entre l'éveil et le sommeil, quand Leif m'a réveillée. En temps normal, j'apprécie ce flottement, mais ce jour-là mes pensées étaient trop angoissantes pour me permettre d'en profiter.

— Réveille-toi, a murmuré Leif, accroupi à droite du lit. Il est parti.

— Il est encore dans le coin ? ai-je demandé à mi-voix. Pourquoi tu chuchotes ?

Il a haussé les épaules en souriant.

— Non. Non, il est parti. Et je ne sais pas pourquoi je chuchote.

Je me suis redressée et j'ai bâillé. Après m'être aspergé le visage dans la salle de bains, j'ai rejoint la porte.

— Il est parti pour de bon ? ai-je demandé en me tournant vers la chaleur miroitante de la journée.

— Oui, je l'ai vu partir.

— Et s'il était juste monté prendre son petit déjeuner, son déjeuner, ou je ne sais quoi ? Et s'il revenait parce qu'il a oublié son portefeuille ?

Ma voix prenait des accents affolés, proches de l'hystérie, il fallait que je me ressaisisse.

— Il a pris sa voiture, a dit Leif. Je l'ai suivi jusqu'en haut et il a pris sa voiture. Alors c'est bon.

Je suis sortie, encore nerveuse, et j'ai regardé à gauche, puis à droite.

— Tu veux que j'y aille en premier ? a demandé Leif, une main sur le montant de la porte.

— Non, lui ai-je dit en rassemblant mon courage. Non, ça va.

Nous avons descendu les deux volées de marches et je suis entrée dans notre chambre.

— Je reste ici ? a proposé Leif. Pour monter la garde ?

— Oui. En fait, mets-toi dans l'escalier. Et si tu l'aperçois, appelle comme si tu appelais une amie. Crie « Mary », par exemple.

— Mary ? a répété Leif, visiblement perplexe.

— N'importe quoi. Sauf Laura ou Conor.

— Ah, d'accord, a-t-il répondu avec excitation. Comme un nom de code.

— Oui. Si tu veux.

— Dans ce cas, je dirai « Mary ».

— Très bien, ai-je répondu en m'impatientant. « Mary », c'est très bien.

Malgré la lumière, j'ai d'abord eu du mal à y voir clair. Toute cette peinture blanche dehors était si aveuglante que mes yeux éblouis ont mis une éternité à s'habituer à la pénombre de l'intérieur. Mais peu à peu, tout m'est apparu : les draps en désordre, mes vêtements toujours éparpillés sur le sol, ma valise dans le coin… J'ai remarqué une bouteille d'ouzo vide, abandonnée sur la table de nuit. Je ne l'avais pas vue hier soir.

En toute hâte, j'ai regroupé mes affaires, que j'ai entassées dans ma valise. Après un dernier coup d'œil dans la chambre et la salle de bains, je suis sortie dans la lumière du jour.

— Tu as tout pris ? m'a demandé Leif dès que je l'ai rejoint.

— Je pense.

— Vérifie une dernière fois, peut-être ? a-t-il suggéré. Il ne faudrait pas que tu aies besoin de revenir.

Le laissant avec la valise, je suis retournée faire une dernière inspection de la chambre. Je n'ai rien trouvé d'autre.

De retour dans la chambre de Leif, j'ai défait ma valise sur son lit et j'ai entrepris de tout plier correctement. C'est là que je me suis rendu compte qu'il me manquait quelque chose. Quelque chose d'essentiel.

— Ma banane, ai-je dit en fouillant dans ma valise. Merde, ma banane n'est pas là.

— C'est important ?

J'ai hoché la tête avec gravité.

— Oui. Il y a mon argent dedans. Et ma carte bancaire. *Et* mon passeport. Seigneur !

Folle de panique, je suis tout de même retournée à la chambre. Cette fois, j'ai été méthodique. J'ai regardé dans les tiroirs et les placards, allant jusqu'à vérifier la valise de Conor et même le contenu de ses poches.

— Le connard ! ai-je pesté, les mains sur les hanches, tout en balayant la chambre du regard à la recherche de recoins éventuels que j'aurais pu oublier.

Leif a eu l'air choqué par mon juron. Je me suis excusée.

— Pas besoin de t'excuser, m'a-t-il dit avec son drôle d'accent au timbre chantant. « Connard », c'est une très bonne description pour ce type, je trouve.

Nous sommes retournés dans sa chambre afin de réfléchir à la prochaine étape.

— Je n'ai même pas d'argent, me suis-je lamentée. Je n'ai même pas de carte pour en retirer.

— Sans pièce d'identité, ta mère ne peut pas t'en envoyer, je crois, a dit Leif.

— Non, je suis foutue, pas vrai ?

— Bon, l'argent, ce n'est pas un problème, m'a dit Leif sur un ton détaché. Je vais t'en prêter et…

Il a levé une main pour interrompre mes protestations.

— Je vais te prêter de l'argent, ce qu'il te faudra, et tu me rembourseras quand tu seras rentrée chez toi. Ça, c'est facile. Ce qui est inquiétant, c'est la question du passeport.

Pendant un bref instant, Leif a eu l'espoir que Conor ait laissé mon passeport à la réception. Après tout, il avait bien dû y déposer le sien.

Mais l'homme à l'accueil – le même qui s'était arrangé pour me trouver une chambre – a secoué la tête.

— Non, nous n'en demandons qu'un seul, a-t-il dit. Nous avons celui de votre mari.

— Savez-vous où il est ? ai-je demandé sans relever sa référence à ma situation conjugale, lassée de le corriger.

Il a haussé les épaules.

— Pourquoi ? Vous êtes en bons termes maintenant ?

— Non. Non, pas vraiment. Pas du tout.

— Un ami a téléphoné pour lui, a-t-il ajouté sur un ton désintéressé. Un homme qui s'appelle… Mac ? Anglais.

— Mike ?

L'homme a hoché la tête.

— Alors, Conor ne rentrera pas de bonne heure.

— Il a dit qu'il serait là pour le dîner, a répondu l'homme. Il a réservé une table pour deux près de la fenêtre. Voulez-vous que je lui transmette un message ?

J'ai jeté un œil à Leif, qui a fait non de la tête.

Nous avons déjeuné au restaurant de l'hôtel tout en essayant d'établir un nouveau plan. Leif a mangé du poisson à la sauce tomate tandis que je grignotais une salade. De toute façon, j'avais perdu l'appétit.

Je n'avais aucune raison d'avancer mon vol retour tant que je n'aurais pas récupéré mon passeport et, tant que je ne l'aurais pas récupéré, je n'osais pas changer d'hôtel, et encore moins de ville. Assis en face de moi, Leif se rongeait un ongle pendant que je réfléchissais. Mais mon esprit demeurait résolument vide. J'avais épuisé toutes mes options.

— Je suis désolée, ai-je fini par dire, mais je ne trouve absolument rien.

Leif a hoché la tête.

— Je suis désolé. Moi non plus. Moi *aussi* ?

— Non plus, ai-je rectifié. C'était bon la première fois.

— Tu es sûre que tu ne veux pas appeler ta mère ?

— Je ne sais pas, ai-je dit, perturbée à cette seule pensée. Peut-être.

Au point où j'en étais…

Nous sommes remontés au niveau de la rue pour chercher une cabine. Leif avait une carte téléphonique. D'après lui, c'était moins cher que le téléphone de l'hôtel.

Même si c'était de loin la situation la plus probable, il ne m'était même pas venu à l'esprit que maman puisse être sortie. Je devais être tellement concentrée sur ce que j'allais lui dire et comment elle allait réagir que l'évidence m'avait échappé.

Lorsque je suis sortie de la cabine, il m'a fallu quelques secondes pour repérer Leif. Face à la mer, il était assis sur un muret à une distance respectueuse.

— C'était rapide, a-t-il dit quand j'ai enjambé le mur pour m'asseoir à côté de lui.

— Elle n'était pas là, ai-je expliqué en lui rendant sa carte téléphonique.

Et les larmes, d'autres satanées larmes, ont commencé à couler. Je ne savais pas si c'étaient des larmes de soulagement parce que je n'avais pas été contrainte d'expliquer à maman que je n'étais pas en Cornouailles avec Abby, mais en Grèce avec un homme – un monstre, qui plus est –, ou si c'était parce qu'elle n'avait pas répondu et que je me retrouvais encore plus seule qu'avant. Sans doute un mélange des deux. En tout cas, les larmes ne tarissaient plus.

Leif a passé un bras un peu maladroit sur mon épaule.

— Ça va aller, a-t-il répété à plusieurs reprises. Eh, ça va aller. Leif est avec toi. Leif est là.

Une fois que mes larmes ont cessé, il m'a demandé ce que je voulais faire. Mais je n'en avais aucune idée. J'étais incapable de réfléchir.

— On pourrait aller à la plage, a-t-il proposé. J'ai beaucoup marché, mais pas beaucoup nagé. Pas fait beaucoup de plage.

— Et si on rate Conor ?

— Il rentre ce soir. Il a réservé une table. Nous avons six heures. Nager, c'est toujours mieux que de rester assis, non ?

— Oui, bien sûr.

Je manquais de conviction.

— Tu as une voiture pour aller à la plage, ou tu veux prendre le bus ?

— J'ai une moto, a dit Leif. C'est vraiment *ding*. Tu vas voir.

J'aimais sa drôle de prononciation du mot « dingue ».

On s'est levés et on a rebroussé chemin jusqu'à l'hôtel.

— J'ai entendu parler d'une plage rouge, m'a dit Leif. On pourrait y aller. C'est très beau, il paraît.

— C'est vrai. J'y suis déjà allée.

— Alors, une autre, a-t-il proposé. Il y en a beaucoup. Je demanderai à l'hôtel.

La moto de Leif était un scooter vert un peu minable. Il m'a donné son casque et a chaussé des lunettes de soleil pour se protéger les yeux. Presque personne ne portait de casque, mais j'avais trop peur pour m'en dispenser.

J'ai dû passer les bras autour de sa taille, car je n'avais rien d'autre pour me retenir. D'abord, ça m'a paru terriblement gênant – trop intime. Mais au fil des virages, au gré des collines, j'ai fini par m'y habituer. Il était tellement, tellement gentil avec moi que je commençais à l'aimer, d'une certaine manière. Je n'étais pas *amoureuse* de lui. Si j'avais enfin compris, quoique tardivement, que mon attirance pour Conor n'était pas de l'amour, je ne savais toujours pas à quoi ce sentiment était censé ressembler.

Mais Leif était mignon et amusant. Il souriait en permanence. Avec lui, tout avait l'air plus facile, et il était d'une générosité incroyable. À vrai dire, c'était difficile de ne pas l'aimer. Je me demandais pourquoi j'étais partie avec Conor. Si seulement j'avais pu rencontrer quelqu'un de foncièrement gentil comme Leif à la place !

Mon esprit revenait sans cesse à Conor, mon passeport et ma carte bancaire ; puis de nouveau à Conor, dans une boucle sans fin proche de l'obsession. Pourtant, tandis que le paysage défilait, j'ai réussi à saisir l'instant présent avec, de temps à autre, de petits fragments de conscience où je me rendais compte que c'était quand même chouette d'être à Santorin et de filer à toute allure en scooter sur les routes poussiéreuses.

On s'est garés en haut d'un chemin de terre et on a marché une dizaine de minutes sur le sentier de la plage de Caldera. C'était encore une petite baie bordée de rochers aux tons rouges. Cette fois, le sable était presque noir.

Il y avait des parasols et des transats disponibles, mais Leif ne les a même pas envisagés. Étant donné que je n'avais pas d'argent, ce n'était pas à moi de le suggérer. Au lieu de ça, on s'est installés de l'autre côté de la plage, là où la paroi rocheuse offrait un coin d'ombre, et on a étendu nos serviettes sur le sable brûlant.

— Tu nages ? a demandé Leif en me tendant une bouteille d'eau sortie de son sac.

— Pas très bien. Mais je suis douée pour flotter.

— Je ne suis pas très fort non plus, m'a avoué Leif.

— Je sais. J'ai vu ça !

Nous avons pataugé dans les eaux peu profondes et laissé de minuscules poissons nous grignoter les orteils. Nous avons nagé – plutôt mal – en zigzaguant entre les petits bateaux de pêche maintenus à l'ancre. Ensuite, nous nous sommes allongés au bord de l'eau, les vaguelettes clapotant à nos pieds.

— Parle-moi de toi, Laura, m'a dit Leif au bout d'un moment. Je ne sais rien de toi.

Je lui ai dit que j'étais secrétaire. Et je lui ai dit que je vivais avec ma mère.

— D'accord. Mais c'est juste ce que tu fais. C'est juste là où tu habites. Mais *toi* ?

— Je ne suis pas certaine de comprendre.

— Eh bien, quels sont tes plats préférés ?

— Oh, c'est facile, ai-je répondu. Les fruits de mer : les crevettes, les calamars, les coquilles Saint-Jacques, les palourdes, les bulots. Tout ce qui vient de la mer.

— Les calamars sont fabuleux en Grèce, a dit Leif. Les meilleurs du monde, je dirais. Et qu'est-ce que tu écoutes comme musique ?

— Surtout de la pop britannique.

— C'est-à-dire Blur, Oasis…

— Oui. Je suis plus Blur qu'Oasis.

Dans les années quatre-vingt-dix, il fallait choisir entre l'un ou l'autre.

— The Verve. The Stone Roses… ai-je ajouté.

— J'aime aussi ces groupes. Et Radiohead. Tu connais Radiohead ?

— *Creep* est une super chanson.

— Oui, elle est super.

— J'ai le même album de George Michael que toi, lui ai-je dit. Celui que tu as dans la chambre.

— *Listen Without Prejudice* ? En fait, c'est celui d'Olav. Mais j'aime bien.

— Celle que je n'arrive pas à me sortir de la tête en ce moment, c'est cette chanson de Blur, ai-je dit. On l'entend partout ici.

— *Girls and Boys* ?

J'ai hoché la tête.

— J'adore cette chanson, a ajouté Leif. Tu sais, elle me donne envie de sauter partout comme un *ding*.

Une fois de plus, il avait prononcé « dingue » de cette drôle de manière.

J'ai chanté les premières mesures et Leif a éclaté de rire.

— Tu fais même le bon accent, a-t-il dit.

— Bah, c'est l'accent de l'Essex, mon gars, me suis-je exclamée avec des mimiques. C'est un peu comme l'accent des quartiers est de Londres, d'où je viens.

— Tu as une très jolie voix quand tu chantes. Moi, je chante comme… je ne sais pas… comme *Le Cri*, a dit Leif.

— Le cri ?

— C'est une peinture. D'Edvard Munch. Elle est très célèbre. Comme ça.

Il s'est redressé et a plaqué les mains sur ses oreilles en faisant une grimace grotesque.

J'ai éclaté de rire, pour la première fois depuis des jours, je crois bien.

— Je vois. Je connais ce tableau.

— Voilà, c'est comme ça que je chante, a dit Leif en souriant. Ou c'est peut-être ce que les autres font quand moi, je chante.

Nous étions de retour à l'hôtel vers sept heures. Le réceptionniste nous a confirmé que Conor n'était toujours pas rentré, et nous avons pris un verre au restaurant en l'attendant.

— Qu'est-ce que tu vas faire ? a demandé Leif.

L'employé à la réception m'avait dit qu'il ne restait absolument aucune chambre disponible ce soir. Ménage ou pas.

— Je ne sais pas. Je dois réfléchir.

Sur l'une des tables, il y avait un écriteau *réservé* et je me suis demandé si c'était celle de Conor. Se figurait-il vraiment qu'on partagerait un dîner aux chandelles ? Le connaissant, c'était très probable. Il devait penser qu'il s'en tirerait en me baratinant. Et puis, bien sûr, il avait mon passeport en otage.

Même si la table de Conor demeurait résolument vide, nous n'osions pas partir de peur de le rater. Nous nous sommes installés à une table au fond de la salle et nous avons commandé à manger.

Leif a pris des moules avec une sauce saganaki, et j'ai opté pour le calamar – j'y avais pensé toute la journée.

Le serveur est revenu nous proposer ce que je supposais être la table de Conor, qui offrait une vue bien plus jolie, mais après un instant de réflexion, j'ai refusé. Conor risquait de prendre la présence de Leif comme une provocation. Il serait capable d'assommer Leif.

Nous avons mangé de bon appétit, en goûtant aux plats l'un de l'autre, mais nous n'avons pas beaucoup parlé pendant le dîner. Nous étions sans doute trop nerveux à la perspective de la confrontation à venir.

On est passés au dessert, puis au café. Au fur et à mesure que la nuit tombait, en même temps que la température, les probabilités du retour de Conor diminuaient. J'ai commencé à m'inquiéter de l'endroit où j'allais passer la nuit.

J'avais toujours la clé de notre chambre, naturellement, mais j'avais trop peur pour m'en servir. Pourtant, après quelques verres de vin et comme je n'avais pas le choix, je me suis armée de courage. Si je laissais la clé dans la serrure, au moins Conor ne pourrait pas entrer.

À la fin du repas, je me suis rappelée que je pouvais l'ajouter à *notre* facture d'hôtel. Et c'est exactement ce que j'ai fait.

Leif n'était pas à l'aise avec cette idée, mais je lui ai rappelé que Conor m'avait volé tout mon argent.

— C'est moi qui t'invite, pas lui. C'est la moindre des choses.

— D'accord. S'il le faut.

À onze heures, Leif a vaillamment frappé à notre porte. De toute évidence, Conor n'était pas rentré. J'ai donc inspecté la chambre une fois de plus pour voir si mon sac n'était pas réapparu comme par enchantement pendant notre absence. Il n'était pas là.

Je suis ressortie sur la terrasse, où Leif montait la garde au clair de lune.

— Je vais dormir ici, je crois, lui ai-je annoncé.

— Tu veux rester *ici* ?! s'est-il exclamé, abasourdi.

— Je ne vois pas d'autre choix. Tu as entendu ce qu'a dit le type de l'hôtel.

— Tu n'as pas peur ?

J'ai hoché la tête vigoureusement.

— Mais je fermerai à clé. Il ne pourra pas entrer. Et si je crie, Olav et toi, vous viendrez m'aider, n'est-ce pas ?

Leif ne semblait pas ravi à cette idée.

— Non, a-t-il déclaré simplement. Non, je ne crois pas.

— Vous ne viendrez *pas* si j'ai besoin d'aide ?

— Non, je ne crois pas que tu puisses rester ici.

— Ça va aller. Si je verrouille la porte… ai-je répété.

— Il cassera une fenêtre. Ou il enfoncera la porte. J'ai bien vu comment il était. C'est trop dangereux.

— Ça va aller, Leif, ai-je insisté. Il…

Mais ma voix s'est brisée. Parce que Leif avait raison. Conor était parfaitement capable d'enfoncer la porte s'il revenait ivre mort et découvrait sa chambre fermée à clé.

— Viens, a dit Leif en me tendant la main.

— Que je vienne où ?

— On doit parler à Olav.

Nous avons trouvé Olav dans la chambre. Il écoutait de la musique, son casque sur les oreilles, et fumait un joint dans le noir.

Leif lui a parlé en norvégien tout en agitant les mains dans le nuage de fumée jusqu'à ce qu'Olav, la mine stupéfaite, écrase le joint et ouvre portes et fenêtres pour aérer.

— La fumée ne me dérange pas, ai-je dit à Leif.

— Moi si, a-t-il répondu. Ça me dérange beaucoup. C'est ma chambre.

Une fois les vitres ouvertes, Olav, un grand costaud au physique de Viking, est venu se camper devant moi.

— Voici Laura, a dit Leif. Olav.

On s'est timidement salués en se serrant la main.

Leif a continué en norvégien et la conversation est devenue plus fébrile, puis plus forte, et même houleuse. Ça a duré si longtemps que j'ai fini par me laisser tomber dans le fauteuil. J'ai essayé de les interrompre une ou deux fois pour savoir s'ils se disputaient à mon sujet. Mais Leif m'a fait taire d'un geste de la main.

— Attends, m'a-t-il dit. S'il te plaît.

Enfin, le calme est revenu. Apparemment, ils avaient négocié une sorte de trêve.

— C'est décidé, a-t-il alors déclaré.

— Quoi donc ?

— Tu dors dans mon lit. Et je partage celui d'Olav.

J'ai protesté. Je ne voyais pas comment deux hommes de plus d'un mètre quatre-vingts, dont l'un était bâti comme une montagne, pouvaient partager un lit simple. Mais de toute évidence, ils avaient pris leur décision.

— S'il te plaît, a dit Olav. Je n'ai plus envie d'en discuter. C'est réglé.

— Je peux dormir dans le fauteuil, ai-je proposé dans une ultime tentative.

— Tu dormiras dans le lit de Leif, m'a dit Olav. Fin de la discussion, s'il te plaît !

Comme mes efforts de politesse semblaient le fâcher, et comme depuis quelque temps la colère des autres m'effrayait, j'ai cédé devant ce qui me paraissait inévitable.

— Bon, d'accord, merci. C'est vraiment très gentil.

Les deux hommes se sont mis tête-bêche dans le lit en riant. L'ambiance s'était nettement allégée.

— Qu'est-ce qui vous fait rire ?

— Je ne peux pas te le dire, a répondu Leif.

J'entendais le sourire dans sa voix.

— C'est trop grossier.

— Oh, s'il te plaît, ai-je insisté. Ça ne me dérange pas.

Olav m'a répondu en riant :

— Leif dit que mes pieds sont trop grands. Il dit qu'ils lui touchent le nez. Je lui ai répondu que ce ne sont pas mes pieds. C'est ma b…

— Olav ! l'a interrompu Leif. *Pitié.*

— C'est bon, Olav, ai-je dit en riant. J'ai compris.

— Excuse-nous, m'a répondu Leif. Maintenant tu comprends pourquoi je ne traduis pas tout ce que dit Olav le poète.

Olav a dit quelque chose à mi-voix. Je ne comprenais pas mais le rythme était plutôt beau.

— Qu'est-ce que c'était ?

— Tu préfères ne pas le savoir, a répondu Leif.

Olav s'est esclaffé de bon cœur.

— Bah, au moins ça rime, a-t-il dit.

— Oui, mais elle n'a pas besoin de traduction.

— Je te crois sur parole, ai-je répondu. Bonne nuit, les garçons.

— Bonne nuit, John Boy, a lancé Leif.

Je suis restée allongée pendant un moment, à écouter les deux garçons respirer, étonnée qu'on connaisse John Boy et la série *La Famille des collines* en Norvège. L'un des deux s'est mis à ronfler et j'ai tendu l'oreille pour guetter le retour de Conor. Est-ce qu'il me rendrait mon passeport le lendemain matin ? Sans doute Olav pouvait trouver un moyen de le persuader. Et si le réceptionniste lui disait que j'étais avec Leif ? Il pourrait encore arriver ivre mort et fou furieux ? J'étais maintenant totalement réveillée. La nuit serait longue.

9.

BECKY

Le lendemain matin, j'étais debout de très bonne heure. On avait passé une belle journée de détente à Oia, mais j'étais tout excitée que maman ait cédé pour la mobylette. J'étais folle d'impatience, prête à me précipiter au magasin de location. Il n'était que huit heures quand je suis sortie, mais maman était déjà levée. Assise sur notre petite terrasse, elle regardait la mer.

— À quoi tu penses ?

Elle a sursauté.

— Oh, tu sais. Tout et rien. En fait, je ne pense même pas. J'essaie juste de me réveiller.

— Il fait plus frais ce matin, ai-je dit en traversant la terrasse pour poser une main sur son épaule.

Elle irradiait la mélancolie. C'était une humeur que je lui avais souvent connue pendant mon enfance, même si j'avais rarement réussi à en identifier la cause.

Elle a levé la main pour tapoter la mienne.

— Non, il fait cette température tous les matins. Ça va se réchauffer à partir de maintenant, tu vas voir.

Après le petit déjeuner, je suis allée discuter scooters avec Baruch.

Il était en grande forme. Comme maman, il m'a recommandé de me méfier des conducteurs grecs. Il m'a indiqué sa plage préférée, et il m'a donné la carte professionnelle de *Motos Nick*.

— Est-ce que tout le monde en Grèce s'appelle Nick ? ai-je demandé.

Jusqu'à présent, on avait rencontré un agriculteur, deux chauffeurs de taxi et maintenant un agent de location de motos, qui s'appelaient tous Nick.

— Pas tout le monde, a répondu Baruch sur un ton malicieux. Mais beaucoup.

J'ai pris la carte en le remerciant et j'ai tourné les talons. J'étais contente de moi, je n'avais pas perdu contenance. J'avais réussi, il me semble, à le considérer pour ce qu'il était : *caissier de supérette super craquant*. Rien de plus, rien de moins.

Mais, au moment où j'atteignais la porte, il a lancé :

— J'aurais aimé pouvoir venir avec vous à la plage.

Je l'ai dévisagé en essayant de savoir si ces mots signifiaient quelque chose ou si, tout simplement, il ne pouvait résister à l'envie d'user de son charme.

Il a haussé les épaules dans un geste adorable.

— Foutu magasin, a-t-il grommelé en désignant les rayons.

— Ferme pour la journée, lui ai-je proposé sur le ton le plus désinvolte possible. Viens avec nous !

Baruch a souri.

— Mon oncle me tuerait.

— Bon, eh bien… ai-je dit en riant avant de me tourner de nouveau vers la porte.

— Demain, a répondu Baruch.

Était-ce une affirmation ou une question ?

— Demain, quoi ?

Je sentais quelque chose palpiter dans ma poitrine.

— Demain, je finis à onze heures.

Nous nous sommes regardés dans les yeux pendant un moment. Je ne savais pas quoi répondre à ça.

Au même instant, un Anglais écarlate est arrivé à la caisse avec un panier rempli à ras bord. Sur le dessus, il y avait un flacon de crème solaire indice 15. D'après l'état de son visage, il aurait plutôt besoin d'un indice 50 au minimum. L'homme a levé les yeux vers Baruch, comme pour comprendre pourquoi il ne se passait rien, puis il a suivi son regard dans ma direction.

Baruch est revenu de sa transe et, manifestement gêné, il s'est mis à scanner les articles du client.

— Passe une bonne journée, a-t-il lancé d'un ton neutre, sans même me regarder. Tu me raconteras demain, peut-être.

Je lui ai répondu par un petit geste de la main avant de sortir.

— Waouh, ai-je murmuré. C'est… Waouh !

***

Nick n'avait plus qu'une seule mobylette en stock, une vieille Honda C90 avec un profilage blanc cabossé conçu pour protéger les jambes de la pluie. Je doutais qu'il ne pleuve jamais à Santorin.

J'ai fait un aller-retour d'essai dans la rue poussiéreuse, mais je n'étais pas convaincue. Il y avait de curieux soubresauts à chaque changement de vitesse et le frein arrière s'enclenchait avec le pied. Mais Nick était formel, c'était beaucoup mieux pour deux personnes que les scooters à l'aspect aérodynamique que j'avais vus partout. Apparemment, c'était parce qu'il s'agissait d'un moteur à quatre temps. Je n'avais pas la moindre idée de ce que ça signifiait. Au bout du compte, quand il m'a accordé une ristourne de dix pour cent, j'ai cédé ; et malgré la nette impression que je me faisais avoir, j'ai signé les papiers et j'ai payé en liquide.

Finalement, je crois que Nick avait raison. Après avoir rangé nos serviettes de plage dans le rangement central, on a enfourché la vieille petite Honda et on est parties sur les routes vallonnées. La conduite était fluide et, régulièrement, on dépassait des couples sur leurs scooters modernes, jolis mais bruyants.

On s'est perdues une fois ou deux à la sortie d'Oia, car les panneaux n'étaient pas très clairs, mais on a fini par trouver la longue route droite en direction de Fira.

— Ne roule pas si vite, m'a dit maman presque immédiatement.

— Je ne vais pas vite ! ai-je crié par-dessus mon épaule.

— Tu roules à cinquante. C'est trop rapide.

— Ce sont des kilomètres, maman ! Pas des miles ! En miles, on fait du trente à l'heure !

Nous avions choisi comme destination la plage préférée de Baruch. Son intérêt principal, c'était qu'elle se trouvait pile à l'autre bout de l'île. Et puis, maman n'y était jamais allée. Nous avons traversé Fira, qui grouillait de touristes – il y avait même des embouteillages –, puis Megalochori, que nous nous sommes promis de visiter au retour. Et enfin, Emporio, avant de descendre vers la plage de Perivolos.

On a traversé des villages mal entretenus, plein de broussailles, avec des chèvres qui boitillaient sur la route. Elles avaient toujours deux pattes attachées pour les empêcher de partir trop loin ou trop vite. Ça m'a paru tellement cruel que j'ai sérieusement envisagé de m'arrêter pour les détacher. Mais je n'ai pas osé. Au lieu de ça, j'ai essayé de me convaincre qu'elles étaient sans doute plus heureuses à clopiner péniblement dans la campagne de Santorin qu'enfermées dans un hangar minable de ferme industrielle comme la majeure partie des vaches laitières chez nous.

Par endroits, on gravissait des formations rocheuses arides pour découvrir, en redescendant de l'autre côté, des paysages incroyables – le ciel et la mer, d'un bleu azur, se rencontraient, avec de minuscules îlots flottant entre les deux. On s'est arrêtées si souvent pour prendre des photos que le trajet nous a pris deux heures au lieu des quarante-cinq minutes estimées par Baruch. C'était un vrai régal.

Alors que je me garais sur le parking sablonneux de la plage de Perivolos, j'ai tout de suite su que Baruch nous avait bien conseillées. Parce qu'avec son énorme bande de sable noir et doux, ses rangées de jolis parasols en chaume et sa mer d'un bleu turquoise scintillant, Perivolos ressemblait au paradis.

Lorsqu'on a retiré nos casques pour les ranger dans le coffre de la mobylette, les joues de maman étaient comme striées de larmes.

— Ah ! On dirait que tu as pleuré, ai-je dit en pouffant.

Aussitôt, elle les a séchées du revers de la main.

— Ne sois pas ridicule. Ce n'est que le vent.

Pourtant, quelque chose dans sa voix laissait penser que ce n'était pas tout à fait vrai.

On s'est déchaussées et on a longé la mer jusqu'à l'autre bout de la plage, là où les transats étaient plus espacés et l'ambiance plus détendue. Nous avons choisi deux chaises longues au bord de l'eau.

— Ça fonctionne comment, d'après toi ? ai-je demandé à maman. Il faut payer d'abord ? Est-ce que tu t'en souviens ?

— Je crois qu'on doit s'installer et qu'ils viendront nous voir.

Justement, un jeune tout sourire nous rejoignait à petites foulées.

— Asseyez-vous n'importe où, a-t-il dit en arrivant. C'est gratuit.

— Gratuit, vous voulez dire qu'on ne paye rien ? ai-je demandé, un brin soupçonneuse.

Pour une raison étrange, je m'attendais toujours à ce que les Grecs essaient de m'arnaquer, même si ce n'était pas arrivé une seule fois.

Il a hoché la tête.

— Si vous buvez quelque chose, je serai content. Mais dans tous les cas, c'est gratuit.

— Bon sang, j'adore cet endroit.

Je revenais juste de la baignade et l'eau salée ruisselait dans mon dos. C'était presque le milieu de la journée et le soleil tapait si fort que l'air au-dessus du sable semblait miroiter sous la chaleur.

Maman a levé les yeux du roman qu'elle lisait.

— C'est magnifique, n'est-ce pas ?

— Carrément magnifique, ai-je confirmé. On dirait ces photos qu'on trouve dans les brochures de vacances, on croirait presque qu'elles ne sont pas réelles. C'est vrai, on a toujours l'impression qu'elles ont été photoshopées !

Maman m'a fait un clin d'œil.

— Eh bien, je suis contente que ça te plaise.

— Tu sais, quand on est allées à Bergen…

Allez savoir pourquoi, j'avais pensé à Bergen pendant que je nageais.

Maman a posé son livre sur sa poitrine. Elle avait l'air perplexe.

— Je croyais que tu ne t'en souvenais pas. Tu dis toujours ça.

— C'est vrai, à part quand tu m'as forcée à manger des crevettes, je n'en garde pas beaucoup de souvenirs. Je me demandais justement pourquoi.

— Pourquoi je t'ai fait manger des crevettes ?

— Mais non ! Pourquoi tu as choisi Bergen. C'est vrai, ça ne devait pas être donné.

— Non. Effectivement, c'était très cher.

— Dans ce cas, on aurait pu aller n'importe où. Ici, par exemple.

— Oui, sans doute.

— Alors, pourquoi Bergen ?

Maman a haussé les épaules.

— Je me suis dit que ce serait sympa, pour changer.

— Pour changer de toutes ces belles vacances au soleil qu'on prenait ?

— Écoute, je suis désolée si tu n'as pas aimé…

— Ce n'est pas ce que je voulais dire, l'ai-je interrompue. Excuse-moi. Je me suis mal exprimée. Je veux simplement dire que, enfin… comment ça s'est passé ? Tu as fermé les yeux et tu as posé ton doigt sur une carte, quelque chose comme ça ? Parce qu'autour de moi, personne n'est jamais allé à Bergen.

— J'avais un poster de cette ville sur le mur de ma chambre quand j'étais petite, si tu veux tout savoir. C'est un endroit très célèbre pour ses fjords. Et tu sais combien j'adore les fjords.

— Non, je ne savais pas. C'était joli ?

— Oui… a répondu maman sans conviction. Malheureusement, il a beaucoup plu. En fait, cette fichue pluie a duré pendant tout le séjour. Mais oui, c'était très joli.

— Tu ne m'aurais pas acheté un imperméable en plastique par hasard ?

La sensation physique du polyéthylène moite venait brusquement de me revenir à l'esprit.

Maman a acquiescé.

— Et un parapluie transparent. Tu adorais ce parapluie. Tu as piqué une crise en rentrant, parce que j'avais oublié de l'emporter.

— J'aimerais m'en souvenir mieux que ça. C'est vraiment dommage.

— Eh bien, il a plu pendant toute la semaine. Ce n'est pas étonnant que tu ne t'en souviennes pas. À part la chambre d'hôtel et quelques promenades sous la pluie, il n'y avait pas grand-chose à garder en mémoire.

— Alors, tu regrettes ? Je veux dire, c'étaient les seules vacances qu'on ait prises, non ? Tu regrettes de ne pas être venue ici, à la place ?

— Oh, j'essaie de ne pas regretter les choses, a dit maman. À moins d'être Dieu et de tout savoir, y compris le passé et l'avenir, la majeure partie de la vie consiste surtout à fermer les yeux et à poser le doigt sur une carte. Il faut essayer de ne pas être trop dur avec soi-même quand les choses ne tournent pas aussi bien qu'on l'aurait espéré.

J'ai soupiré.

— Oui, c'est sans doute vrai. C'est même très sage.

— Puis-je vous proposer quelque chose à manger, mesdames ?

Notre garçon de plage était de retour et se tenait juste derrière nous.

— Aimeriez-vous voir le menu ?

Maman s'est tournée pour regarder du côté de la plage où les gens mangeaient, attablés à la terrasse du restaurant.

— Faut-il aller là-bas ? Ou peut-on manger ici ?

— Oh, vous pouvez manger où vous voulez, a répondu l'homme.

Maman m'a regardée.

— Ce serait plutôt… comment dire ?

— Fantasque ? ai-je proposé. Paresseux ?

— *Fastueux*, a répondu maman avec délectation. Servies sur la plage… Oui, c’est ce qu’on va faire.

10.

LAURA

Quand je me suis réveillée le lendemain matin, je ne me sentais vraiment pas bien. J'avais fini par m'endormir, mais mon sommeil avait été si perturbé que je n'avais pas l'impression de m'être reposée. Je me suis faufilée dans la salle de bains, où le miroir m'a confirmé que ce n'était pas qu'une sensation. Je n'étais pas fraîche, et ça se voyait.

En revenant dans la chambre pour prendre mon maquillage et mes vêtements, j'ai constaté avec surprise que le lit d'Olav était vide. J'étais persuadée que les garçons dormaient toujours.

Il fallait vraiment que je retrouve Conor pour récupérer mes affaires, et j'étais terrifiée à cette perspective, surtout à l'idée de le faire seule. Tandis que je gravissais les marches d'un pas nerveux jusqu'à la réception, je ne savais pas trop si je redoutais de le croiser ou si au contraire cela m'aurait arrangé. De toute façon, il n'était pas dans l'escalier ni au restaurant. Par contre, j'ai repéré Leif de l'autre côté de la salle et je me suis frayé un chemin entre les tables pour le rejoindre.

— Salut ! Tu m'as trouvé ! Je voulais te laisser un mot, mais je n'ai pas trouvé de stylo dans le noir.

— Ça ne fait rien, ai-je répondu en regardant nerveusement autour de moi.

— Il n'est pas là, a commenté Leif en percevant mon anxiété. J'ai demandé à la réception et il n'est pas rentré de la nuit.

Je suis allée chercher un croissant et un yaourt avant de revenir à table. Un serveur a rempli ma tasse de café. Leif mangeait un assortiment de fromages et du saumon fumé, un menu qui m'a paru bien étrange pour le petit déjeuner. Quand je lui en ai fait la remarque, il m'a dit que c'était parfaitement normal dans son pays.

— Où est Olav ? ai-je demandé après avoir bu une gorgée de café que j'ai trouvé trop chaud. Déjà en randonnée ?

— Ils partent de Perissa jusqu'à Megalochori aujourd'hui, a-t-il dit. Une grande marche. Mais belle.

— Tu as l'air triste. Ça te contrarie de devoir t'occuper de moi ?

— Non, je suis juste fatigué, a dit Leif. Je n'ai pas très bien dormi.

— Olav ronfle ?

Il a hoché la tête.

— Il n'a pas arrêté de me donner des coups de pied. Au visage.

— Je suis vraiment désolée. Ça ne se reproduira pas. On aura trouvé une autre solution avant ce soir. Mais tu aurais pu aller marcher, tu sais. Tu n'es pas obligé de passer toute la journée avec moi.

— Aujourd'hui, on va récupérer ton passeport. Et demain, j'irai marcher.

— Je pourrais même venir avec toi, ai-je dit. Si tu ne t'es pas lassé de moi d'ici là.

— Ça, m'a-t-il répondu, je crois que ce n'est pas possible.

Je ne savais pas trop s'il voulait dire qu'il ne pouvait pas se lasser de moi ou si je ne pouvais pas aller marcher avec eux. Mais je n'ai pas osé le lui demander.

Après un petit déjeuner tranquille, nous sommes retournés à la chambre et nous avons bavardé sur la terrasse. Le vent soufflait ce matin et il faisait nettement plus frais que la veille. Le parasol claquait à chaque bourrasque et il a même failli être emporté une ou deux fois.

Leif m'a parlé de lui. Il a dit qu'il faisait des études pour devenir ingénieur.

— Je suis un peu geek sur les bords, m'a-t-il expliqué. Tu sais, les ordinateurs, la physique, ce genre de choses.

Il m'a aussi parlé de Bergen en Norvège, où il habitait. Il disait que c'était très beau.

Quand la conversation s'est épuisée, Leif est allé chercher un livre. Je lui ai demandé de me faire la lecture en norvégien et je suis partie d'un fou rire incontrôlable dès qu'il a commencé.

— C'est si drôle que ça ?

— Excuse-moi, mais oui. Un peu. On dirait le chef cuisinier suédois dans *Le Muppet Show*.

Il m'a expliqué que c'était un livre d'histoire qui traitait de la Grèce pendant la Seconde Guerre mondiale.

— Ça a été une période très difficile ici, m'a-t-il dit.

— Je crois que ça a été difficile partout.

— Oui, mais ici, dans ces îles, c'était *vraiment* très dur. Les Grecs étaient très résistants, tu sais ? Et les Allemands ont tué beaucoup, beaucoup de Grecs.

J'ai hoché la tête. J'ai essayé d'imaginer ces belles îles en temps de guerre, mais sans succès.

Je suis allée chercher mon propre livre et, jusqu'au déjeuner, nous nous sommes contentés de lire côte à côte. De temps à autre, Leif levait les yeux vers moi, et si je marquais une pause pour lui rendre son regard – quand je n'étais pas trop absorbée dans l'histoire –, il me racontait un passage de son livre. Churchill promettant de défendre la Grèce avant d'être désavoué par Roosevelt, ou les Allemands effectuant une rafle près de Milos, fusillant tout le monde en représailles contre un débarquement britannique à Santorin.

Assise sur mon transat, je prenais un moment pour imaginer ce qu'il me racontait, avant de retourner à mon livre. Je me sentais étrangement bien, comme si on était un vieux couple dans des fauteuils au coin du feu, et non deux inconnus sur une île grecque reculée au passé sanglant.

Conor n'est jamais rentré ce jour-là. Le soir venu, j'étais obsédée par la crainte de ne jamais retrouver mon passeport. Leif refusait de discuter de ce qui se passerait si je n'arrivais pas à le récupérer avant la date de mon retour. Il me répétait avec insistance que tout irait bien.

— Il devra bien revenir à l'hôtel, m'a-t-il dit. Ne serait-ce que pour récupérer son propre passeport, pour payer la facture et prendre ses affaires. Il *doit* rentrer.

Mais j'étais terrifiée à l'idée de le rater – à l'idée qu'un matin, le réceptionniste m'annonce qu'il était parti et qu'il avait pris mon passeport avec lui.

Leif m'a convaincue qu'il valait mieux ne pas ajouter d'autres repas pour deux à la note de Conor. Malgré ma colère, je savais qu'il avait raison. Ça ne servait à rien de provoquer l'homme à qui j'allais devoir réclamer quelque chose d'essentiel.

Sous mon insistance – parce que j'étais gênée de dépendre de lui financièrement –, on a pique-niqué sur la terrasse de Leif pour le déjeuner, puis le dîner. Et tandis qu'on se rendait ensemble au petit magasin, tandis qu'on rinçait les feuilles de salade et qu'on coupait les tomates côte à côte... j'ai éprouvé de nouveau cet étrange sentiment de familiarité. J'avais l'impression de le connaître depuis toujours.

Quand Olav est rentré à onze heures du soir et s'est effondré sur son lit sans dire un mot – ni même prendre une douche –, j'ai insisté pour dormir sur le fauteuil avec une couverture. Après avoir résisté un moment, Leif a fini par baisser les bras et il m'a laissée faire.

Le lendemain matin, je me sentais patraque. J'avais la tête qui tournait chaque fois que je me levais, m'asseyais ou me penchais. J'avais des cernes sous les yeux, que même mon maquillage ne parvenait pas à dissimuler.

— Ce Mike, où est-il ? m'a demandé Olav au petit déjeuner.

— Il est à Fira, ai-je expliqué. Je sais où il boit le soir, mais je ne sais pas où il séjourne.

Olav a hoché la tête.

— Tu crois que Conor est toujours avec lui ? ai-je demandé.

Il a fait une grimace.

— Il sait peut-être où le trouver. Parce qu'apparemment, ça ne fonctionne pas de l'attendre ici.

Il avait l'air agacé. Il commençait sans doute à se sentir frustré que je monopolise Leif en permanence. Soudain, il m'est venu à l'esprit, pour la première fois, que Leif et Olav étaient peut-être gays. Peut-être qu'ils étaient en couple. Mais dans ce cas, pourquoi auraient-ils dormi tête-bêche ? Pour ne pas me gêner ? Ce serait complètement fou, non ?

— Où habites-tu, Olav ? ai-je demandé pour essayer d'en savoir un peu plus.

— Pardon ? a-t-il dit, manifestement troublé par ce brusque changement de conversation.

— Je me demandais juste où tu vivais.

— À Bergen, avec Leif ! m'a-t-il répondu, comme si c'était une évidence.

— C'est vrai. Désolée.

Après avoir salué Olav – la randonnée de la journée reliait Emporio à Kamari –, Leif s'est tourné vers moi :

— On lui donne jusqu'à midi et on essaie Fira, d'accord ?

J'ai acquiescé. La date de mon retour était dans moins de quatre jours, et j'étais si nerveuse que j'en devenais égoïste. Je n'avais même pas essayé de persuader Leif d'aller marcher. Je n'avais pas la force de faire semblant de ne pas avoir besoin de son aide ce jour-là.

Nous avons quitté l'hôtel à une heure et demie. Il me semblait évident que Conor ne rentrerait pas pour le déjeuner et on avait peut-être des chances de le trouver à la taverne si on ne perdait pas trop de temps. Sur le petit scooter de Leif, nous sommes partis à toute vitesse le long de la crête montagneuse. Les bourrasques secouaient notre véhicule fragile et je crois bien qu'à plusieurs reprises, je me suis recroquevillée sur mon siège.

À Fira, la taverne était bondée, mais il n'y avait ni Conor ni Mike.

Je suis entrée pour voir si je pouvais trouver le serveur qui s'était occupé de nous la dernière fois, mais il n'était pas là non plus. J'ai essayé d'interroger le vieil homme derrière la caisse, de savoir s'il se souvenait de moi ou de Conor, mais il s'est contenté de me regarder sans réaction. Je n'étais même pas sûre qu'il comprenne ce que je disais.

Alors que nous rebroussions chemin vers le scooter, Leif m'a demandé ce que je comptais faire. Au même instant, nous avons croisé un homme dont l'allure a attiré mon attention. Quand je me suis retournée, j'ai vu qu'il faisait de même.

— Est-ce que… ? ai-je dit.

J'ai couru pour le rattraper.

— Excusez-moi ! ai-je dit un peu plus fort. Est-ce que je vous connais ?

— Pardon ?

— Je ne vous aurais pas vu l'autre soir ? ai-je demandé lorsqu'il s'est arrêté. Vous n'étiez pas avec Mike ?

— Euh, pas *avec* Mike, non, a répondu l'homme, dont la tête oscillait d'une curieuse manière.

— Mais vous êtes Paolo, je me trompe ?

— Pablo.

— Excusez-moi. Euh, Pablo, savez-vous où est Mike ? Ou bien Conor ? On les cherche, mais personne ne les a vus, ai-je dit en désignant le restaurant.

Pablo a haussé un sourcil.

— Ça ne m'étonne pas. Ils ne sont plus autorisés ici.

— Ils ne sont plus autorisés dans ce restaurant ?

Pablo a secoué la tête.

— Une bagarre. Mike a frappé un homme avec une chaise. Et Conor a cassé le nez de quelqu'un.

— Seigneur. Quand ? Quand est-ce arrivé ?

— Hier soir. Enfin, ce matin plutôt.

Leif était apparu à côté de moi, et devant le regard interrogateur de Pablo, il a tendu la main pour se présenter.

— Leif, a-t-il dit.

— C'est Pablo, ai-je expliqué. Il était là avec Conor et moi, l'autre soir.

— Savez-vous à quel hôtel est ce Mike ? a demandé Leif.

Pablo a secoué la tête, presque imperceptiblement.

— Par là-bas, a-t-il répondu en tendant vaguement le doigt dans la direction que Sheila et ses amies avaient empruntée la dernière fois, à la fin de la soirée. C'est tout ce que je sais. Ce n'est pas mon ami, vous savez ?

— Non, ce n'est pas le mien non plus. Vous les avez revus ? Sheila, peut-être ?

Cette fois encore, Pablo a répondu par la négative.

— Elles sont parties. À Mykonos, je crois.

— Mais Conor et Mike sont toujours ici ?

Pablo a haussé les épaules.

— Ils étaient ici hier soir.

J'ai poussé un profond soupir.

— Y avait-il quelqu'un d'autre ? a demandé Leif. Quelqu'un qu'on pourrait interroger ?

Pablo s'est raclé la gorge en se dandinant d'un pied sur l'autre, visiblement gêné.

— Pas vraiment.

— Pas vraiment ?

— S'il vous plaît, a dit Leif.

Comme moi, il avait flairé que Pablo ne nous disait pas tout.

— Deux… femmes, nous a-t-il enfin lâché. Deux… filles.

— Deux filles ?

— Je suis désolé.

— Vous connaissez leurs noms ? ai-je demandé. Où elles habitent ? Quelque chose, n'importe quoi ?

— Candy ? a fait Pablo comme si c'était une question. Candy était la blonde. L'autre… Althea ou Anthea, quelque chose comme ça.

J'ai hoché lentement la tête tout en réfléchissant.

— Je suis désolé, mais je crois que ce sont des… *puta*… a dit Pablo en regardant ses pieds.

— *Puta* ? ai-je répété.

— Des prostituées, a traduit Leif. C'est bien ça ?

— Oui, peut-être, a dit Pablo. Je suis désolé, mais oui, je crois bien.

Après avoir remercié Pablo, nous nous sommes éloignés sur la route principale qui traversait Fira. C'est une jolie ville, bien que touristique, avec beaucoup de choses à voir, mais je n'en garde aucun souvenir, même si nous avons marché pendant une bonne demi-heure. J'étais trop concentrée sur la foule, où je cherchais désespérément le visage de Conor.

De retour au scooter de Leif, j'ai proposé de manger à la taverne dans l'espoir d'y apercevoir Conor. Mais Leif s'est empressé de souligner que ce n'était pas une bonne idée. Si Conor s'était battu là-bas la veille au soir, c'était le dernier endroit où il se pointerait.

— Il est sans doute planqué quelque part avec Candy, ai-je dit, non sans amertume.

Leif a fait la grimace, mais il ne m'a pas contredite. Au lieu de ça, il m'a proposé de rejoindre son groupe de randonnée qui se retrouvait à Exo Gonia pour le déjeuner.

Je m'apprêtais à refuser – je ne me sentais vraiment pas d'humeur sociable – mais je me suis rendu compte que Leif avait certainement envie de voir ses amis. Je lui gâchais son séjour et je l'isolais de son groupe. Déjeuner avec eux, c'était le moins que je puisse faire.

Nous avons suivi la route montagneuse, tout en côtes et en descentes. Le vent sur mon visage, les paysages à couper le souffle et mes bras agrippés à

Leif qui pilotait le petit scooter dans les virages, tout cela balayait mes sombres pensées. Je commençais à me détendre.

La ville se trouvait en haut, dans les collines, offrant un panorama spectaculaire sur des vallées luxuriantes et, au loin, sur la mer bleue et le ciel qui se rejoignaient à l'horizon. Au-dessus, c'était Pyrgos, le village le plus élevé de toute l'île.

Alors qu'on rangeait nos casques dans le coffre arrière, Leif a désigné Pyrgos.

— Ça te dirait une balade après le repas ?

— Là-haut ? ai-je demandé, incrédule.

— Oui. La vue doit être magnifique.

— Oh, avec plaisir, ai-je répondu en éclatant de rire, persuadée qu'il plaisantait. Je ne demande que ça.

On s'est promenés dans les jolies rues d'Exo Gonia pendant une vingtaine de minutes. La ville était bien plus calme que partout ailleurs, moins défigurée par le tourisme. Elle était petite, et pourtant les amis de Leif restaient introuvables. Au bout d'un moment, on a fini par s'asseoir dans une taverne pour manger.

Leif a commandé une sorte de ragoût de mouton, je crois, et moi une salade à la grenade. Je m'en souviens très bien, parce que je n'avais encore jamais mangé de grenade et que tous ces pépins ne m'emballaient pas vraiment. Pour le dessert, on a partagé une pâtisserie extraordinaire, un peu comme un baklava fourré au fromage. C'était accompagné d'une nouvelle dose de grenade, sous forme de confiture cette fois – comme si je n'avais pas assez de pépins dans la vie.

Après le repas, nous nous sommes dirigés vers le scooter. Leif scrutait chaque colline à la recherche de ses amis et je culpabilisais qu'on n'ait pas réussi à les retrouver. Mais en arrivant au scooter, Leif ne s'est pas arrêté.

— Leif ! ai-je dit en désignant le deux-roues. C'est ici !

— Hein ? a-t-il répondu d'un air absent. Oui, je sais. Mais on monte d'abord là-haut, pas vrai ?

— Oh.

Je venais de comprendre qu'il ne plaisantait pas quand il m'avait proposé cette promenade un peu plus tôt.

— Il ne fait pas un peu chaud pour ce genre de choses ?

Malgré la brise légère, la température approchait des trente degrés.

— Non, a répondu Leif en allongeant sa foulée. Ça va aller.

Et parce qu'il avait tellement fait pour moi ces derniers jours, parce que nous n'avions pas pu retrouver ses amis, je n'ai pas dit un mot.

Pendant les quinze premières minutes, j'ai détesté ça. Vraiment détesté. J'étais encore une gamine à de nombreux égards, je n'avais pas encore conscience que certaines formes d'exercice physique pouvaient être agréables. Quand on n'est pas sportif dans l'enfance, on met beaucoup de temps avant de découvrir les joies de l'exercice. Dans mon cas, les seules fois où je marchais d'un point à un autre, c'était quand il n'y avait aucun service de bus.

Pourtant, tout en crapahutant à côté de Leif ce jour-là, alors que nous passions devant des fermes, des chèvres, des enfants qui jouaient dans un jardin et une femme en train d'arroser ses plantes, alors que la route devenait plus pentue et le panorama plus impressionnant, j'ai commencé à toucher du doigt l'intérêt de la chose. Parce que oui, j'étais en nage, et non, je n'aurais pas pris l'initiative de monter dans la chaleur de la journée. Mais mes pensées, jusqu'à présent obsédées par Conor et mon passeport, se sont peu à peu apaisées, juste assez pour me permettre de revenir à l'instant présent. Pendant un moment, j'ai vraiment apprécié d'être là, au sommet d'une belle île grecque, en compagnie de Leif, ce garçon dynamique et si facile à vivre.

Pyrgos était tout simplement magnifique, un labyrinthe de ruelles médiévales qui offraient, quand elles s'ouvraient sur le paysage, des vues à couper le souffle sur toute l'île de Santorin.

Il y avait une belle église surmontée d'un dôme, qu'on a visitée en échangeant à mi-voix. Tout en haut, sur le point culminant, s'élevaient les ruines d'un château qui, d'après Leif, datait du XIXe siècle. Nous nous sommes d'abord offert une halte dans un café pour boire deux grands verres de Coca, avant de s'aventurer au sommet pour explorer les ruines.

Ensuite, nous avons fait le tour des remparts en se prenant en photo l'un et l'autre devant le paysage avec l'appareil de Leif. Quand il a proposé de redescendre, curieusement, je n'en avais pas très envie.

— Mais ton passeport ? Il faut bien le récupérer, non ?

J'ai soupiré. Aujourd'hui, sans que je sache vraiment pourquoi, je n'avais plus envie d'affronter ce monstre-là.

J'en avais par-dessus la tête d'essayer de mettre la main dessus, ou alors était-ce un pressentiment qui m'en dissuadait. Ou peut-être que, tout simplement, j'appréciais cette parenthèse insouciante.

— C'est facile, a dit Leif, interprétant mes réticences comme une marque de fatigue. Ça descend.

— Je n'ai pas envie de partir. C'est trop paisible ici.

Tournés vers le large, on contemplait une île qui flottait à l'horizon, dans le lointain, sur une mer d'un bleu vaporeux. Au-dessus de nos têtes, un drapeau grec claquait en haut d'un mât.

— Alors, restons encore un peu, a répondu Leif en s'asseyant, le dos contre le mur du château.

— Tout est tellement simple avec toi, tu sais ? lui ai-je dit, les yeux baissés sur son visage souriant.

Il avait l'air un peu dérouté.

— Tu réfléchis trop. Si tu veux rester plus longtemps, on reste plus longtemps. Non ?

J'ai éclaté de rire.

— Je crois que tu as raison, je cogite trop.

Je me suis laissé tomber sur l'herbe à côté de lui.

Je me suis sentie gagnée par la lassitude. Après tout, ça faisait deux nuits que je dormais à peine. Quand je me suis avancée pour m'allonger dans l'herbe, Leif m'a aussitôt imitée.

— Tiens, a-t-il dit en poussant son sac à dos vers moi. Un oreiller.

— Non, prends-le.

— Non, toi.

— S'il te plaît, ai-je insisté.

Leif a fini par céder en le mettant sous sa nuque.

— Tu peux poser ta tête sur moi, si tu veux, a-t-il dit. Tu peux m'utiliser comme oreiller.

— Non, merci. Ça va.

Moins d'une minute après, j'avais surmonté ma timidité. Parce qu'à vrai dire, ça n'allait pas du tout. Le sol était dur et rocailleux.

— Tu es sûr que ça ne te dérange pas ? ai-je demandé en m'approchant.

— Pas du tout. D'ailleurs, je crois que je vais dormir.

— Moi aussi. Je suis crevée.

J'ai fermé les yeux en écoutant le bruit du drapeau qui flottait au vent, au-dessus de nous, le gazouillis d'un oiseau non loin de là et, de temps à autre, le sifflement de la brise autour du mât. Enfin, contre toute attente, bercée par les mouvements réguliers du torse de Leif, j'ai fini par sombrer dans un profond sommeil.

Je me suis réveillée en sursaut. Le soleil avait tourné et nous n'étions plus à l'ombre, mais la chaleur du début de soirée était douce et agréable.

— Tu es réveillé ? ai-je demandé à voix basse.

— Oui.

Sa voix résonnait dans sa poitrine et se réverbérait sous mon crâne.

Je me suis redressée.

— Je crois que j'ai compris quelque chose en dormant.

— En dormant ? a demandé Leif.

Il mordillait un brin d'herbe. Il a roulé sur le côté pour me regarder d'un air intrigué.

— On est le premier ou le deux, aujourd'hui ?

— Le deux, a répondu Leif. Le 2 septembre. Pourquoi ?

— Tu en es sûr ?

— Oui. On est le deux. Pourquoi, qu'y a-t-il ?

J'ai éclaté de rire.

— C'est mon anniversaire. Et j'avais oublié. C'est dingue, non ?

— C'est ton anniversaire ? a répété Leif.

— J'ai vingt-six ans aujourd'hui, ai-je dit en hochant la tête.

— Humm, alors tu m'as rattrapé.

— Toi aussi, tu as vingt-six ans ?

Leif a acquiescé.

— Vingt-sept ans bientôt.

— J'étais impatiente de fêter ça à Santorin, ai-je dit d'un ton songeur. Je crois que Conor ne s'en est même pas souvenu. Il est trop occupé avec Candy.

— Humm, a fait Leif en s'asseyant. Il faut faire quelque chose pour ton anniversaire.

Un rire léger a franchi mes lèvres.

— Non. Non, ce n'est pas nécessaire. Mais du coup, je crois que je préférerais affronter Conor demain.

— De toute façon, il n'est sans doute pas là. Aujourd'hui, on va faire quelque chose de spécial. J'ai une idée. Si tu es d'accord.

— Tant que ça n'implique pas Conor, alors oui, je suis d'accord.

— Ça ne le concerne pas, a dit Leif en se levant. Vraiment pas.

Il a tendu la main pour m'aider à me mettre debout.

— Viens. Ça va te plaire. Allons-y.

Si l'ascension avait été laborieuse, à présent ce n'était que du bonheur.

Bien sûr, le retour ne demandait aucun effort, mais une autre chose avait changé aussi – quelque chose d'indéfinissable. C'était peut-être parce qu'on avait dormi tous les deux, ou parce que j'avais décidé de laisser Conor de côté pour aujourd'hui. Quoi qu'il en soit, j'étais de bien meilleure humeur et, fait assez rare pour le souligner, je vivais même un moment d'exaltation. J'étais heureuse, tout simplement.

Leif, qui semblait le sentir lui aussi, s'est mis à me chanter *Joyeux anniversaire*, d'abord en anglais, puis en norvégien.

— Tu ne fais pas ça ? m'a-t-il demandé en mimant *Le Cri*.

— Oh, ta voix n'est pas *si* terrible, me suis-je esclaffée.

Ce n'était pas tout à fait vrai.

Et comme mes oreilles ne saignaient toujours pas, il a entonné *Girls and Boys* de Blur, avec l'accent de l'Essex en prime.

— C'est *followin'*, lui ai-je expliqué, pas *following*. Et *jungle* se prononce *jungaw*.

Une fois de plus, il a poussé la chansonnette.

Quand il a estimé que l'accent de Damon Albarn n'avait plus aucun secret pour lui, je me suis jointe à lui pour une nouvelle interprétation. Une femme, qui étendait son linge dans son jardin, nous a regardés comme si on était complètement siphonnés. Ça n'a fait que nous encourager à chanter de plus belle.

Je me rappelle avoir jeté un coup d'œil à Leif pendant qu'on marchait, riant et chantant.

J'ai remarqué sa beauté pour la première fois. Il n'avait pas le physique viril ni le charme insolent de Conor. Les gens ne se retournaient pas sur son passage dans la rue, et c'était peut-être pour ça que je ne m'en étais pas encore rendu compte. Mais il y avait chez lui quelque chose de chaleureux et de sain, quelque chose qui irradiait de sa personne quand on apprenait à le connaître. Alors qu'il chantait comme une casserole et riait à gorge déployée, je l'ai trouvé beau.

Nous devions retourner à l'hôtel pour récupérer nos affaires de plage. C'était mon premier indice quant à la surprise que Leif avait en tête. Il a pris une lampe torche aussi – l'une de ces petites ampoules que l'on attache sur son front.

— Au cas où on rentrerait tard, a-t-il expliqué.

Une fois à l'hôtel, la probabilité de croiser Conor était trop grande pour l'ignorer. Et puis, il fallait que je récupère ce fichu passeport. Avec Leif en renfort, j'ai rassemblé mon courage et j'ai frappé à la porte de Conor. Devant l'absence de réponse, je me suis permis d'entrer. Non seulement mon sac n'y était pas, mais il n'y avait aucune trace d'un passage récent. La chambre était exactement dans le même état où je l'avais laissée la dernière fois.

Enfin, nos serviettes roulées en boule dans le coffre, Leif a fait vrombir le moteur du scooter.

— Où allons-nous ? ai-je demandé en bouclant la lanière de mon casque.

— Tu verras, m'a-t-il répondu avec un clin d'œil. Monte !

11.

BECKY

Je n'ai pas bien dormi cette nuit-là. J'étais trop impatiente de revoir le beau Baruch.

Quand nous étions rentrées, la supérette était fermée et je m'étais inquiétée de l'organisation du jour suivant. Parce que, si pour une raison ou une autre, Baruch n'était pas au magasin le lendemain, je n'aurais aucun moyen de le trouver.

Maman, qui avait remarqué mon humeur fébrile, m'avait demandé à plusieurs reprises si j'allais bien. Une fois ou deux, j'avais été tentée de tout lui dire. Mais comme je ne voulais pas passer pour une idiote si, en fin de compte, la sortie tombait à l'eau, j'avais préféré me taire.

Le matin à huit heures, j'étais debout. Comme à son habitude, maman était assise dehors, à boire son thé.

— Tu te lèves de bonne heure, a-t-elle dit.

— Je sais. C'est la faim qui m'a réveillée. J'ai la dalle. Je vais faire un saut à la supérette. Tu as besoin de quelque chose ?

Maman a secoué la tête.

— On a déjà du pain et de la confiture, et cette espèce de muesli que tu as acheté.

J'essayais de trouver quelque chose dont on pourrait avoir besoin pour le petit déjeuner quand le téléphone de maman s'est mis à sonner sur la table. Elle l'a pris et a consulté l'écran avant de le reposer.

— Qui est-ce ? ai-je demandé.

Je me suis soudain souvenu qu'elle avait appelé Baruch à notre arrivée – qu'elle avait son numéro, et donc qu'il avait le nôtre, lui aussi.

Elle a haussé les épaules.

— Un numéro étranger. Je ne le connais pas.

— Grec ? ai-je demandé.

— Je n'en sais rien.

Je me suis jetée sur le téléphone.

— Allô ?

— Becky ?

C'était la voix de Baruch.

— Oui, ai-je répondu en m'efforçant de rester décontractée.

— Ça t'intéresse toujours qu'on fasse quelque chose ensemble ?

— Humm, mouais.

J'ai levé un doigt pour faire patienter maman quelques secondes de plus. Elle voulait me demander qui c'était.

— Alors, on se retrouve au magasin, a dit Baruch. À onze heures, d'accord ?

— D'accord. Super. Est-ce qu'on… ?

Mais il avait déjà raccroché.

— Mais c'était qui, enfin ? a demandé maman quand je lui ai rendu son téléphone.

— Eh bien, lui ai-je annoncé en ménageant mon effet, c'était le charmant Baruch. Il m'a proposé d'aller à la plage avec des amis. Ça ne te dérange pas ?

Elle a levé les yeux au ciel en soupirant.

— Ça changerait quelque chose si je te disais que si ?

— Oh, allez, maman. Ce n'est que pour l'après-midi. C'est juste un moment avec des jeunes de mon âge. Ça me permet de rencontrer de vrais Grecs. Tu peux passer une après-midi seule, non ?

— Oui, a-t-elle répondu de mauvaise grâce. Oui, je crois que ça ira.

— Merci.

— Mais laisse-moi te dire une chose, a-t-elle ajouté.

— Oui ?

— Tu as de la chance d'avoir décroché ce téléphone la première.

— Pourquoi ? Tu aurais dit non pour moi ?

— Non, a répondu maman en riant. Non, j'aurais dit oui pour *moi.*

J'ai éclaté de rire.

— Ça lui aurait fait un choc. Ma vieille maman qui se pointe à notre rencard.

— Eh ! Pas si vieille que ça, merci ! Dis donc, c'est un rencard, maintenant ?

— Non, je te l'ai dit, ce n'est qu'un saut à la plage. Un rencard de plage, si tu préfères.

— Bon, en tout cas, sois prudente. Ne fais rien que je ne ferais pas. Et ne le laisse pas prendre le volant s'il a bu.

— Non, ai-je répondu, bien sûr que non.

Il était onze heures moins cinq quand je suis arrivée au niveau de la rue. Baruch était déjà là, dans la supérette, en train de bavarder avec une jolie femme d'une cinquantaine d'années, aux cheveux décolorés dont les racines foncées avaient cruellement besoin d'entretien. Elle m'a dévisagée attentivement et quand nous sommes partis, elle nous a salués d'un geste de la main, l'air vaguement amusé.

Alors qu'on traversait la route, j'ai demandé à Baruch qui c'était. J'imaginais qu'elle faisait partie de sa famille au sens large.

— Cora, m'a-t-il répondu. C'est juste quelqu'un qui me remplace quand je ne suis pas là.

Baruch avait une moto tout-terrain Yamaha, vieille mais puissante. Il l'a enfourchée avant de me lancer un coup d'œil interrogateur.

— Euh, tu as un casque ? ai-je demandé.

Allez savoir pourquoi, ça l'a fait rire.

— Vraiment ? a-t-il dit quand il a enfin compris que j'étais sérieuse.

— Ma mère va me tuer si elle me voit sans casque, ai-je avancé en guise d'excuse.

À ses yeux de Grec, je passais de toute évidence pour une froussarde.

Baruch a haussé les épaules, puis il est descendu de la moto pour sortir un casque du coffre. C'était un machin cabossé sans visière, trop grand pour moi d'au moins deux tailles, et l'espace d'un instant, j'ai hésité à redescendre l'escalier pour aller chercher les clés du scooter et récupérer mon propre casque. Je doutais que celui-ci offre une protection suffisante, sauf contre la colère de maman.

— C'est un peu grand, ai-je commenté.

Je lui ai montré que le casque était branlant sur le côté, mais comme il démarrait déjà le moteur, je suis montée. Nous sommes partis dans un soubresaut et j'ai basculé à la renverse dans une position comique.

— Mon Dieu ! me suis-je exclamée quand il a ralenti avant de se tourner vers moi avec un regard incrédule.

— Tu dois te tenir, m'a-t-il dit en prenant l'une de mes mains pour la poser sur sa taille.

Il a emprunté le même chemin que nous, la veille, à une vitesse dix fois supérieure. Ça avait un petit côté grisant. Peut-être m'emmenait-il sur la même plage ? Ce n'aurait pas été franchement étonnant car c'était Baruch lui-même qui nous l'avait conseillée.

C'était agréable. La campagne défilait, la moto vibrait sous mon corps, et depuis mon perchoir, le paysage était encore plus magnifique qu'avant.

Une fois à Perivolos, Baruch m'a emmenée au bar de plage le plus tape-à-l'œil. C'était l'exact opposé du choix que j'avais fait avec maman la veille, mais en fin de compte, c'était très sympa.

D'immenses structures à colonnes faisaient comme des sortes de lits extra-larges gigantesques, avec des baldaquins suspendus flottant au vent pour protéger du soleil. Une sono dernier cri diffusait un rythme électro lounge.

Un groupe de gens nous ont fait signe et j'en ai déduit que c'était les amis de Baruch. Nous les avons rejoints sur leur *lit*, et nous nous sommes adossés contre les coussins surdimensionnés éparpillés autour de nous. J'étais frappée que le mensonge inventé pour maman s'avère aussi exact, parce qu'en réalité, on faisait exactement ce que je lui avais dit.

Les amis de Baruch – deux jolies filles, Iona et Agatha, et Damon, un jeune homme grassouillet – se sont tout de suite montrés chaleureux. Personne ne m'a demandé pourquoi j'étais là ni où Baruch m'avait dénichée. Étant donné que Santorin était un haut lieu touristique, ils devaient être habitués à voir de nouvelles têtes.

Damon a sorti un joint, à mon grand étonnement car il ne semblait même pas être en âge d'acheter des cigarettes. Puis, nous avons passé commande à un serveur torse nu. Curieusement, j'ai été la seule à choisir une boisson alcoolisée – les autres ont tous pris un café frappé. Quand j'ai interrogé Baruch, il m'a répondu que c'était tout ce qu'ils pouvaient s'offrir.

— On touche des salaires grecs, m'a-t-il expliqué avant de désigner ma piña colada. Ça, ça vaut mon salaire.

Je ne savais pas s'il parlait de son revenu à l'heure, à la journée ou à la semaine, mais je me suis sentie coupable de cette dépense excessive et je me suis juré de payer ma tournée avant de partir.

La journée a été formidable. On a fumé, bu et bavardé – ils parlaient tous un anglais parfait – tout en grignotant des sachets de chips et des sandwichs périmés que Baruch avait pris à la supérette car les restaurants de plage étaient aussi hors de prix pour eux.

Chaque fois qu'on avait trop chaud, on allait nager. Après une de ces baignades, Baruch et moi nous sommes installés tous les deux, côte à côte, au bord de l'eau.

— Alors, tu aimes Santorin ? m'a-t-il demandé.

Il faisait glisser le sable noir humide entre ses doigts, le laissant couler sur ses beaux pieds. En short de bain, Baruch était encore plus splendide.

— Oh, oui ! ai-je répondu. C'est magnifique. Tu as de la chance de vivre ici.

Baruch a éclaté de rire.

— J'habite à Athènes. Je viens juste ici pour l'été. Pour travailler chez mon oncle.

— Ah. Alors, tu as de la chance de vivre ici l'été. Qu'est-ce que tu fais à Athènes ?

— Un peu de tout. Ce que je trouve. C'est difficile en ce moment, tu sais ? Alors, j'ai été livreur, livreur à moto, chauffeur de taxi… J'ai obtenu ma licence de philo l'an dernier, mais de nos jours, il n'y a pas beaucoup de boulot pour les philosophes.

J'ai hoché la tête.

— Mon pauvre, ce ne doit pas être facile à vivre.

Baruch a haussé les épaules.

— Je prends ça avec philosophie.

— Bien dit ! ai-je répondu en riant. Et tu crois que ça va s'arranger ? Avec le renflouement financier, tout ça.

— Va savoir…

Nous sommes restés assis en silence, et j'ai craint d'avoir dit quelque chose de mal. Mais au bout d'un moment, il a poursuivi sur le ton de la conversation :

— C'est ta première fois sur l'île ?

— Oui. En quelque sorte.

— En quelque sorte ?

— J'ai été conçue ici, à Oia, lui ai-je répondu en haussant les sourcils de manière suggestive. Ma mère a eu une aventure de vacances, il y a vingt-quatre ans, et elle est tombée enceinte. Alors, on peut dire que je suis *déjà* venue ici. Sauf que je n'étais pas encore née.

Je crois que j'essayais de modifier légèrement l'atmosphère. Jusqu'à présent, la journée avait été géniale, mais purement platonique.

— Ça alors, a dit Baruch. Et ton père ?

— Je ne sais pas. Un type du coin, peut-être. En fait, je ne connais pas les détails.

Baruch a souri.

— Quoi ? ai-je demandé.

— C'est peut-être mon oncle, ton père. Il était… tu sais, comment on dit ça ? Il aimait les filles. Tu vois ?

— C'était un séducteur ?

Baruch a éclaté de rire.

— Oui, c'était un séducteur.

— J'ignore qui était mon père, mais il est mort juste après leur rencontre. Dans un accident de voiture, je crois, alors qu'ils étaient toujours ici, à Santorin. Donc c'est sûr, nous ne sommes pas de la même famille.

Je voulais évacuer cette éventualité. Il ne fallait surtout pas qu'il pense que nous étions cousins.

— Mon Dieu, a dit Baruch en perdant son sourire. C'est une histoire triste.

— Je le prends avec philosophie, ai-je répondu en haussant les épaules.

Il a posé un bras sur ma nuque. C'était très agréable, et comme c'était la première fois de la journée qu'il me touchait, je me suis mordu la lèvre en hochant la tête avec mélancolie. Je m'en voulais un peu d'exploiter un tel sujet, mais après tout, un père mort, ça n'offre pas beaucoup d'avantages. Si ça pouvait me faire gagner un câlin, je comptais bien en profiter.

Mon petit jeu a porté ses fruits, parce qu'il m'a attirée contre lui pour que je pose ma tête sur son épaule. Avec tendresse, il s'est mis à caresser mon bras nu, puis il a poussé un petit soupir.

— Tu sais…

— Quoi ?

Il s'est raclé la gorge.

— Je pense… a-t-il commencé.

Et c'est à cet instant précis que nous avons été arrosés. Aussitôt, Baruch s'est levé d'un bond et il s'est lancé dans une course athlétique sur la plage pour rattraper le coupable et le jeter à l'eau. C'était Damon. Il riait comme une hyène.

— Foutu Damon, ai-je grommelé.

Quand on a quitté la plage vers cinq heures, mon plan romantique était toujours au point mort. Les amis de Baruch étaient constamment avec nous et l'occasion ne s'était pas présentée. En tout cas, j'étais sûre de vouloir essayer. Pendant toute la journée, il avait été sympa, drôle et prévenant. Et je le trouvais encore plus beau que lors de notre première rencontre, ce qui arrive assez rarement pour le souligner. Trop souvent, les beaux gosses ont tendance à perdre tout leur charme quand on apprend à les connaître.

Baruch m'avait expliqué qu'il devait rentrer tôt pour conduire sa grand-mère chez le médecin. Et même si ça me confirmait que c'était un homme de valeur, j'étais un peu déçue d'être de retour à la supérette à six heures du soir.

— Dis-moi, c'est quand ton prochain jour de congé ? lui ai-je demandé en lui rendant le casque.

— Dans une semaine. Je n'ai qu'un jour par semaine, malheureusement.

— Mais je serai partie dans une semaine, ai-je gémi, sur un ton un peu ridicule d'enfant boudeur.

Baruch a eu un petit geste d'impuissance.

— C'est la vie, pas vrai ?

Je l'ai regardé droit dans les yeux en m'efforçant de lui transmettre mon désir. Il faut croire que ça a marché.

— Je pourrais passer chez toi plus tard, m'a-t-il dit. Vers dix heures, ça te va ?

— Maman sera là, lui ai-je rappelé.

— C'est vrai.

— Et chez toi ?

— Ici à Santorin, j'habite avec mon oncle, m'a-t-il expliqué. À Athènes, j'ai un appart, mais ici je suis chez mon oncle. Et sa femme. Et leurs enfants.

— Je vois.

— Demain, je peux terminer un peu plus tôt. On pourrait aller manger une glace, si ça te dit.

— Une glace ?

— Oui. Tu n'aimes pas les glaces ?

— Si, bien sûr. J'adore ça.

— Vers huit heures du soir ? a proposé Baruch.

— Oui. Peut-être neuf ? Pour que je puisse manger avec maman ? Sinon, elle aura l'impression que je la délaisse.

— Neuf heures, c'est d'accord. Tu me retrouves ici ?

Il s'est penché pour m'embrasser. Ce n'était qu'un petit bisou sur les lèvres, mais son sourire me promettait bien plus que ça.

— OK, a-t-il dit en consultant sa montre. Bon, il faut vraiment que je file, sinon elle va rater son rendez-vous. On doit être à Fira à six heures et demie.

— Tu ne l'emmènes pas sur cet engin, j'espère ! ai-je demandé en désignant la moto.

— Bien sûr que si. Pourquoi ?

Tout en dévalant les marches jusqu'à notre chambre, je me suis demandé ce que j'étais en train de faire. Il était évident que je n'avais aucun avenir avec Baruch. Je devais rentrer chez moi, à Margate, et lui à Athènes. Étais-je si délurée de vouloir une aventure de vacances ? Ou libérée ? Ou idiote ? Était-ce une sorte de prédisposition génétique, celle qui avait entraîné ma propre conception ? Au fond, étais-je en train d'essayer de me réapproprier mon passé ? À moins que ce ne soit beaucoup plus simple ? Que ce soit uniquement parce qu'il était très, très charmant ?

En tout cas, une chose était certaine, mon désir pour lui ne faiblissait pas. Au contraire, ce garçon me donnait des frissons.

J'ai trouvé notre chambre fermée à clé. Maman m'avait laissé un mot me disant qu'elle avait pris le « Raidillon de la Mort » pour descendre se baigner, et que je pouvais la rejoindre si je rentrais tôt. Armée de mon sac de plage, je suis immédiatement ressortie.

12.

LAURA

Tandis que nous nous aventurions sur la côte ouest de l'île, contournant les promontoires escarpés pour redescendre vers le sud, je me demandais ce que Leif avait prévu pour mon anniversaire. Arrivé devant un panneau défraîchi indiquant un bar-restaurant, Leif a bifurqué et s'est engagé sur un chemin de terre caillouteux jusqu'à un parking du même acabit. Je l'ai suivi dans un escalier à flanc de falaise.

Le bar était construit sur une sorte de balcon naturel, une avancée plate au milieu de la paroi rocheuse. Il n'y avait que trois personnes quand nous sommes arrivés, et encore, il s'agissait des employés. Ils se sont tous empressés de nous servir.

Toujours gênée de ne pas avoir un sou en poche, anniversaire ou pas, j'ai commandé une bière Mythos et Leif m'a imitée.

— C'est très joli ici. Comment as-tu découvert cet endroit ?

— C'est Olav qui m'en a parlé. Ils sont venus ici l'autre soir.

Je me suis penchée sur le balcon pour regarder la mer qui venait lécher les rochers en contrebas. Quand ma bière est arrivée, je me suis adossée dans ma chaise en toile et j'ai contemplé le panorama. Le soleil déclinait à l'horizon et le ciel virait au rouge flamboyant.

Le serveur nous a apporté un bol d'olives et des cacahuètes particulièrement salées. Pendant une heure, nous avons bu et mangé lentement, tout en bavardant.

— Sais-tu quelle est cette île ? ai-je demandé à Leif en tendant le doigt vers une terre émergée, sur la gauche.

— Je crois que c'est Ios. Mais je n'en suis pas certain, en fait. Olav est meilleur pour ces choses-là, mais seulement parce qu'il a une boussole.

— Je suis vraiment désolée de gâcher tes vacances, lui ai-je dit.

Leif m'a demandé en riant.

— Est-ce que j'ai l'air de passer de mauvaises vacances ?

— Non, ai-je avoué en fronçant le nez. Mais quand même…

Il a désigné une maison, au loin. Comme le bar, elle semblait avoir poussé naturellement sur la falaise.

— Tu t'imagines habiter là ? a-t-il dit.

— Oui. On ne doit jamais avoir envie de partir de chez soi, n'est-ce pas ? Un endroit pareil, ça fait réfléchir à ses propres choix de vie.

D'autres clients ont commencé à s'installer : un jeune couple italien, à en juger par leur accent, et deux Américaines. Quand les plats qu'ils avaient commandés sont arrivés, ils nous ont paru délicieux et Leif a essayé de me convaincre de manger là.

La question de l'argent me pesait sur la conscience, alors j'ai résisté à cette idée pendant un moment, mais quand Leif a abattu sa carte maîtresse en me rappelant qu'après tout, c'était mon anniversaire, j'ai fini par capituler. J'espérais vraiment pouvoir le rembourser bientôt. Je l'ai laissé commander ce que le menu présentait sous le nom pittoresque d'*assiette de grand-maman pour deux.*

Quand celle-ci est arrivée, elle était copieuse et appétissante. C'étaient des feuilles de vigne farcies au riz et des tomates fourrées au fromage. Il y avait aussi des croquettes de fromage frites, des calamars à l'huile d'olive, du caviar d'aubergine, des sardines et des gombos rissolés... C'était le plat le plus savoureux que j'aie jamais dégusté. J'irais même jusqu'à dire qu'à ce jour, il figure encore sur le podium de mes meilleurs repas.

Rien ne se dressait entre nous et l'horizon ; le coucher de soleil a été spectaculaire. À la fin du repas, j'étais au bord des larmes. Leif avait réussi à transformer en un moment magique cette journée qui avait pourtant si mal commencé. Jusqu'à présent, dans ma vie, j'avais rarement vécu des moments aussi beaux.

Leif a payé l'addition en m'assurant que ce n'était pas cher du tout, et nous avons gravi les marches jusqu'au parking.

— C'était le meilleur cadeau d'anniversaire, lui ai-je dit. Merci !

Leif m'a répondu en riant :

— Ce n'est pas ça, le cadeau. Le cadeau, c'est là où on va maintenant.

Nous sommes repartis en cahotant sur la route sinueuse longeant la côte. Le vent était complètement retombé et, même en short, je n'avais pas froid.

Enfin, Leif a bifurqué sur un autre chemin de terre que nous avons suivi jusqu'au bout.

— Bon, il faut continuer à pied, m'a-t-il annoncé en sortant mon sac de plage du coffre pour me le donner.

Nous avons marché pendant une dizaine de minutes le long de la côte irrégulière. À cette heure-ci, le soleil avait disparu à l'horizon, mais le ciel rouge éclairait toujours notre chemin, juste assez pour nous permettre de voir où on mettait les pieds.

J'ai sursauté quand des oiseaux qui nichaient là se sont envolés sur notre passage en poussant des cris stridents. Surprise, j'ai lâché un petit gémissement, et Leif m'a pris la main pour me rassurer.

Quelques minutes plus tard, nous sommes arrivés sur une minuscule plage isolée.

Il n'y avait ni bars ni restaurants. Et d'ailleurs, il n'y avait personne d'autre que nous. La seule lumière sur la longue plage lisse, c'était celle de la lune qui venait de se lever, un lampadaire tout là-haut, au sommet de la falaise, et les derniers vestiges du jour nimbant l'horizon d'une lueur couleur de miel.

— Je ne me suis jamais baignée de nuit, ai-je dit à Leif tandis que nous retirions nos chaussures pour traverser la plage.

— C'est sympa, m'a-t-il répondu. Ça va te plaire.

Nous avons enfilé nos maillots de bain le dos tourné, puis je me suis avancée sur le sable mouillé pour rejoindre Leif au bord de l'eau. J'ai jeté un coup d'œil derrière nous, sur nos empreintes de pas mêlées dans le sable, avant de me tourner vers la mer. Il n'y avait aucune vague, la surface ressemblait à un miroir qui ondulait légèrement. Elle avait l'air visqueuse, composée d'une matière plus épaisse que l'eau. Le reflet du ciel aux étranges couleurs m'a donné l'impression, l'espace d'un instant, que c'était une mer de miel.

— C'est tellement joli, ai-je murmuré.

— Les étoiles, a dit Leif en tendant le doigt vers le ciel.

J'ai penché la tête en arrière pour les contempler.

— Mon Dieu, tu as raison ! C'est magnifique.

— Viens, m'a-t-il dit en s'éloignant à grandes enjambées dans la pénombre.

— J'ai peur, ai-je avoué. J'ai peur qu'il y ait des monstres là-dessous.

Il est parti d'un grand rire chaleureux.

— Aucun monstre. Rien que des poissons.

— Des poissons qui mordent ?

— Non. Mais ils pourraient bien te sucer les orteils.

Il a tendu le bras vers moi et je me suis laissé prendre la main, puis nous nous sommes lentement avancés. L'eau était bonne, et à cause de la fraîcheur de fin de journée, elle m'a paru encore plus chaude que l'air. Leif a cru que j'avais toujours peur et il m'a prise par la main pour m'attirer vers les eaux plus profondes. En réalité, j'étais simplement fascinée par les ondes propagées autour de mes genoux et le ciel nocturne qui s'y reflétait.

— Attends, ai-je dit. J'arrive dans une minute. J'aimerais juste prendre un moment pour regarder.

— D'accord.

Leif s'est enfoncé sous l'eau.

Immobile, j'ai attendu qu'il se soit éloigné à la nage, que la mer ait retrouvé sa surface lisse à peine troublée. J'ai levé les yeux vers l'horizon. Il était presque noir, à présent, avec un soupçon de bleu saphir qui s'attardait encore.

J'ai tendu l'oreille au silence de la nuit, tout autour de moi. Ce n'était pas tout à fait le silence. En plus de ma propre respiration, j'entendais le clapotis des vaguelettes sur la plage. J'entendais des oisillons appeler leur mère, au loin, ainsi que les éclaboussures rythmées du crawl un peu balourd de Leif. Quelque part sur ma droite, un poisson a sauté à la surface dans un plouf sonore avant de retourner dans les profondeurs.

— Viens ! a lancé Leif. C'est joli.

Maintenant, je distinguais à peine sa tête qui apparaissait par moments au loin.

— Attends. Je…

— Tu quoi ? a-t-il demandé.

— Je… contemple.

Je n'aurais pas su expliquer ce qui se passait. Quelque chose était en train de se briser. Et quelque chose d'autre commençait. Sous la nuit étoilée, je me sentais aussi vulnérable que ces oisillons seuls dans leur nid, mais j'éprouvais aussi, tout au fond de moi, pour la première fois de ma vie peut-être, une effervescence proche de l'optimisme. Je sentais la douceur du sable sous mes orteils et l'eau soyeuse contre mes jambes. Quand j'ai relevé la tête vers le large, ce même sentiment indéfinissable m'a submergée.

On aurait dit que je vivais coincée dans ma tête depuis toujours, comme si j'étais cette petite personne assise aux manettes, en train de regarder ma vie au lieu d'habiter véritablement mon corps. Toutes mes expériences n'étaient qu'une succession de pensées, de craintes et d'attentes. Je m'étais préoccupée de ma mère et de mes péchés, de ma carrière et de mes factures, de Conor et de mon passeport… La liste était interminable.

Et là, dans cette mer de Santorin qui me paraissait infinie, sous ce ciel qui l'était assurément, tout se dissipait, me laissait dans un état de fragilité et de peur. J'étais à vif et follement amoureuse de tout et de tout le monde, de l'essence même de la vie.

Tout à coup, je prenais conscience que Conor n'avait aucune importance. Pas plus que mon passeport. Ni mon argent.

En cet instant, je n'étais qu'un infime grain de vie à qui l'on offrait cette chance formidable d'admirer l'immensité inexplicable de l'univers. La seule chose qui comptait, c'était la beauté insoutenable de ma réalité. Le bonheur d'être présente ici pour vivre tout cela.

J'étais pleinement concentrée sur le moment, pour la toute première fois. C'était beau, démesuré, et pour tout dire, assez terrifiant. J'éprouvais une impression d'appartenance à l'endroit où je me trouvais, un sentiment nouveau, excitant et émouvant à la fois. Cet instant était extraordinaire.

Soudain, j'ai repris ma respiration. Sous le choc de cette révélation, j'avais retenu ma respiration. Au même moment, Leif a refait surface juste devant moi. Il s'est relevé au clair de lune, l'eau ruisselant sur sa peau lisse. Il a souri.

— Oh… Leif… ai-je dit à mi-voix, incapable de trouver les mots pour expliquer ce que je ressentais.

— Tu pleures, a-t-il observé.

Ma réponse était incompréhensible :

— C'est énorme. Tout ça, c'est tellement énorme.

Il s'est tourné et m'a accompagnée dans la contemplation de la mer immense, du panorama infini de ce ciel constellé d'étoiles.

— Je sais. C'est pour ça qu'on est là.

Je ne savais pas vraiment s'il parlait de la raison pour laquelle il m'avait emmenée ici ou du pourquoi de notre présence sur cette planète. Les deux, peut-être.

Il m'a pris la main et cette sensation d'ancrage m'a fait beaucoup de bien. J'avais peur de dériver, d'une certaine façon, de me désintégrer dans ce trop-plein d'émotions et de flotter à la dérive sous forme de poussière cosmique.

— Tu peux me serrer dans tes bras ? me suis-je entendue demander avant même de m'en rendre compte. Tu veux bien ?

Sans un mot, Leif m'a pris dans ses bras humides et frais.

— Je suis *ici*, ai-je bredouillé à travers mes larmes sans cesser de regarder par-dessus son épaule, toujours incapable d'articuler une phrase un tant soit peu cohérente. Je suis ici, au milieu de tout ça.

Aussi incroyable que ce soit, Leif a compris.

— Je sais, a-t-il dit. Moi aussi, je suis ici. C'est incroyable.

Nous avons nagé pendant une demi-heure, plongeant dans cette obscurité visqueuse avant d'émerger dans l'air de la nuit de plus en plus fraîche. J'ai fait la planche pour admirer les étoiles. Quand un poisson m'a mordillé le gros orteil, j'ai poussé un cri en éclatant de rire.

Ensuite, l'eau est devenue trop froide et nous sommes sortis pour nous sécher.

Nous sommes restés assis au bord de l'eau pendant un moment, sans un mot, à contempler ensemble l'immensité de la nuit tout en réfléchissant à ce qui était en train de nous arriver. Enfin, je crois. J'étais réticente à y mettre des mots ou à y penser en des termes précis. Je craignais peut-être de l'étouffer en le définissant.

— On devrait y aller, m'a dit Leif au bout d'un moment, sans doute parce qu'il me sentait frissonner. Il fait froid.

— Je sais, ai-je reconnu. Mais je n'en ai vraiment pas envie. C'est tellement beau ici.

— Il fait trop froid pour dormir sur la plage. Si on avait des sacs de couchage, peut-être, mais…

D'un commun accord, sans ajouter un mot, nous nous sommes levés et, timidement, nous nous sommes à nouveau tourné le dos pour nous changer et enfiler nos vêtements secs.

Alors que nous traversions la plage en sens inverse, j'ai éprouvé le désir presque irrésistible de lui prendre la main, mais je n'y ai pas cédé. Nous n'en étions pas encore là, pas vraiment. Je ne savais pas trop où nous en étions, en réalité, mais pas *là*, c'était certain.

Leif a attaché sa lampe frontale et il a ouvert la marche, remontant sur la paroi rocheuse et longeant la falaise jusqu'à la moto. En silence, nous sommes repartis sur la route cahoteuse.

La température chutait rapidement et la brise s'était levée. Pressée contre le dos de Leif pour me réchauffer, j'ai tourné la tête vers la lune. Elle se reflétait magnifiquement sur la surface de la mer.

Je me rappelle avoir pensé que c'était mon plus bel anniversaire, jamais je n'oublierais le jour de mes vingt-six ans. C'est à ce moment-là que je me suis autorisée, enfin, à prendre conscience de ce qui se passait.

Mes sentiments sont-ils nés ce soir-là à cause de la magie du moment que je venais de vivre sur la plage, ou est-ce le contraire ? La magie avait-elle opéré sur la plage à cause de ce qui naissait entre Leif et moi ? J'aime me dire que c'est un peu les deux, que dans un sens, tout ce qui est arrivé était le produit de tout le reste, comme par une multiplication mystérieuse et mystique.

J'aime croire que, pour la première fois de ma vie, je m'étais retrouvée – par un improbable concours de circonstances – pile au bon endroit avec la bonne personne. En tout cas, c'était l'impression que j'avais en cet instant, comme si tout ce qui s'était passé, aussi terrible que ce soit, obéissait à une raison précise. Et la raison, c'était de m'emmener à cet endroit bien particulier avec cette personne bien particulière.

J'étais toujours agrippée au dos de Leif, souriant à la lune, quand il s'est arrêté brusquement sur le bas-côté.

— Que se passe-t-il ? ai-je demandé.

Mais il ne m'a pas répondu. J'ai éprouvé une légère appréhension quand il s'est engagé dans une pente, sur un chemin de gravier, avant de s'arrêter devant une grande maison blanche. Sur la plaque en bois de la boîte aux lettres, on pouvait lire *Chez Lena.*

— Qu'est-ce que tu fais ?

— Attends, m'a répondu Leif. J'ai une idée. Reste sur la moto. J'en ai pour une minute.

Il s'est absenté, non pendant une minute, mais dix, avant de revenir, le sourire aux lèvres et une clé à la main.

— L'ultime cadeau d'anniversaire, a-t-il déclaré. Viens.

Je l'ai suivi dans le jardin broussailleux de Lena. Le chemin serpentait entre des cactus et un tamarinier, pour s'arrêter devant un petit bâtiment en stuc blanc au bord de la falaise. Il n'était pas plus grand qu'une cabane.

Leif a ouvert la porte avec sa clé avant d'allumer le plafonnier à la lumière crue.

— Tadam ! s'est-il exclamé.

— Mon Dieu, Leif ! Tu as loué ça pour nous ?

Il a hoché la tête.

— Tu avais tout prévu ?

— Non, a-t-il répondu. J'ai vu le panneau et nous avons eu de la chance. C'était la dernière disponible.

Je suis entrée dans la chambre et j'ai regardé autour de moi. L'ameublement était sommaire, mais propre. Il y avait deux lits simples bien espacés, avec des draps blancs. Sur la commode, deux couvertures bleues pliées étaient à notre disposition.

Je me suis approchée de la fenêtre et j'ai ouvert les volets. À l'extérieur, la mer scintillait au clair de lune.

— Waouh, ai-je dit. C'est ce qu'on appelle une vue sur la mer. C'était cher ?

— Même pas. Nous sommes en septembre maintenant, alors…

Je me suis accoudée sur le rebord de la fenêtre pour découvrir une petite terrasse en bois accessible par le côté de la maisonnette, avant de lever à nouveau les yeux pour me perdre dans la contemplation de cette lune si ensorcelante.

— C'est une bonne idée ? a demandé Leif en me rejoignant à la fenêtre pour s'appuyer sur le rebord avec moi. Ça ne te dérange pas ?

Je me suis tournée vers lui en pouffant.

— Si ça me dérange ? Tu es fou ?

Pendant toute la soirée, l'idée de rentrer à l'hôtel m'avait rendue malade.

— Un peu, a répondu Leif. Juste assez fou, je crois. Non ?

Nous sommes retournés sur le balcon, où nous nous sommes assis sur les chaises autour de la petite table. Leif a sorti une barre de chocolat que nous avons dégustée lentement, en nous rationnant pour la faire durer.

— Si j'avais su, j'aurais prévu du champagne.

— Nous n'avons pas besoin de champagne, ai-je répondu. C'est parfait.

Dans la soirée, le vent s'est remis à souffler et le froid nous a contraints, relativement tôt, à battre en retraite à l'intérieur, vers dix heures et demie. De toute façon, je bâillais déjà à m'en décrocher la mâchoire. La journée avait été riche en émotions.

Un peu gênés, nous nous sommes douchés dans la salle de bains attenante pour nous débarrasser du sable. Quand j'en suis sortie, Leif était déjà au fond de son lit.

À cause du comportement de Conor, les hommes me faisaient un peu peur, et j'étais soulagée que Leif ne tente rien.

— Bonne nuit, Leif. Et merci beaucoup. C'était parfait.

— Il n'y a pas de quoi, a-t-il répondu en bâillant. Bonne nuit. Et encore joyeux anniversaire.

Il a éteint la lampe de chevet et je suis restée allongée, les yeux ouverts dans la chambre éclairée par la lune.

D'abord, la nuit m'a semblé totalement silencieuse, mais alors que mes oreilles s'accoutumaient, j'ai discerné la respiration de Leif et le bruit des vagues qui se jetaient sur la plage en contrebas. Curieusement, c'étaient deux sonorités très approchantes. De temps à autre, le vent sifflait à travers les volets.

La journée avait été somptueuse et, pendant dix minutes, je suis restée étendue, immobile dans les draps blancs impeccables. Je me sentais optimiste et comblée. Mais le vent gagnait toujours en intensité et un animal au loin a poussé un hurlement lugubre, comme s'il se faisait tuer. Sans crier gare, la nuit a commencé à changer de nature, moins accueillante et plus solitaire. *La journée a peut-être été belle*, semblait dire le vent, *mais la nuit, tu es toute seule.*

J'ai ouvert la bouche trois ou quatre fois avant de parvenir à murmurer :

— Tu dors ?

— Non. J'ai un peu froid. Je vais fermer la fenêtre. Et prendre une couverture.

Je l'ai écouté sortir du lit. J'ai entendu le claquement de ses grands pieds sur le carrelage lorsqu'il est allé fermer la fenêtre. Puis il a rejoint la commode, de l'autre côté de la pièce.

— J'ai un peu froid, moi aussi.

— C'est vrai ? Tu veux que je te donne une couverture ?

— Je...

— Oui ?

J'ai entendu ses pas qui approchaient. Son visage s'est dessiné devant moi quand il s'est accroupi au chevet du lit. Comme moi, il avait gardé son T-shirt et ses sous-vêtements.

— Ça va ? a-t-il demandé.

— Oui... Je...

— Je vais te chercher une couverture.

— Oh, allez, viens ! lui ai-je dit sur un ton plus bourru que je l'aurais voulu. Tu veux bien ? ai-je ajouté comme pour adoucir l'invitation.

J'étais incapable d'exprimer ce que je désirais, et même de me l'avouer, si bien que c'était sorti de manière un peu brusque.

Leif a eu un sourire.

— Tu veux que je vienne au lit avec toi ?

— *Oui* ! Si ça ne te dérange pas ?

Les dents de Leif sont apparues au clair de lune. Son visage était fendu par un grand sourire.

— Dieu merci, a-t-il dit en soulevant les couvertures pour se glisser à côté de moi. Je croyais que tu ne me le demanderais jamais.

Nous sommes restés allongés côte à côte, en silence, raides comme des planches, pendant dix minutes au moins. Le seul point de contact était son épaule contre la mienne, une sensation rassurante de chaleur corporelle à travers les deux couches de tissu.

— Et maintenant ? a fini par demander Leif.

— On pourrait dormir comme ça ? ai-je proposé, même si chaque cellule de mon corps semblait me supplier de faire tout autre chose. Tu veux bien ?

— Bien sûr, a-t-il répondu sur un ton détaché.

Il a poussé un profond soupir, révélant sa propre frustration, avant de rouler sur le côté pour me tourner le dos.

J'ai adopté la même position mais comme le lit était très petit, c'était terriblement inconfortable.

Alors, j'ai cédé à l'inévitable et je me suis pelotonnée contre lui, un bras sur sa hanche.

— Ça va ? ai-je demandé.

Leif a posé la main sur mon bras pour l'attirer encore plus près.

— Ça va *très* bien, a-t-il répondu.

Je n'ai pas bien dormi cette nuit-là. Le désir accélérait ma respiration, mon cœur s'emballait, j'avais des fourmis dans le corps, et rien de tout cela n'était propice au sommeil. Pour ne rien arranger, mon esprit était en ébullition, obsédé par ce qui allait suivre – ce qui allait suivre dans mon lit, dans ma vie et avec Conor. À un moment donné, j'ai dû m'assoupir, parce qu'en me réveillant au matin j'ai découvert, à mon grand regret, que Leif était retourné dans son lit.

Je me suis éclipsée sans un bruit dans la salle de bains pour aller aux toilettes et me brosser les dents. Quand je suis revenue, Leif avait les yeux ouverts. Il posait sur moi un regard encore ensommeillé.

— Tout va bien ? ai-je demandé.

Il m'a souri avec tendresse.

— Mieux que bien, a-t-il dit, le visage radieux.

— Mais tu es retourné dans ton lit. Tu avais du mal à dormir ? Je n'ai pas ronflé, si ?

Leif a roulé sur le dos et s'est calé contre les oreillers pour mieux me regarder.

— C'est difficile pour un garçon, a-t-il dit. De dormir, quand…

J'ai éclaté de rire.

— Quand quoi ? ai-je demandé, même si je savais exactement à quoi il faisait allusion.

— Quand on a très envie de… d'embrasser quelqu'un, a-t-il répondu d'une voix douce.

Mon regard arrimé au sien, je l'ai dévisagé en me mordant la lèvre.

— Je suis désolé, s'est-il repris. Je n'aurais pas dû dire ça.

— Non. Non, ce n'est rien. Je… j'éprouve la même chose. Je n'ai pas bien dormi non plus.

— C'est vrai ?

— Oui.

— S'il te plaît, viens ici.

Il tapotait le lit à côté de lui.

J'ai hoché la tête, un peu nerveuse. J'avais des papillons dans le ventre. Curieusement, quelque chose dans l'approche de Leif me gênait. J'avais l'étrange impression que je m'apprêtais à recevoir mon tout premier baiser, comme si je ne savais pas comment faire.

Les rares garçons avec lesquels j'avais couché, ou que j'avais embrassés, m'avaient fait du rentre-dedans avec la subtilité d'un train de marchandises, et il m'avait suffi d'acquiescer, de ne pas résister. Avec Leif, par contre, je sentais que je devais décider activement de ce que je voulais, et même si c'était très agréable, même si ça me donnait un certain pouvoir et décuplait mon désir, ça ne facilitait pas du tout les choses.

Je me suis approchée pour m'asseoir au bord de son lit, dos à lui. Il a tendu la main et m'a caressé la nuque.

— Tu n'es pas prête, a-t-il dit. C'est trop tôt depuis… Mais ce n'est pas grave.

J'ai haussé les épaules.

— Je crois que je suis prête.

J'ai dégluti péniblement en essayant de rassembler mon courage.

— En fait, je ne sais pas comment m'y prendre.

Tout doucement, Leif a passé sa main dans mon dos et je me suis retournée pour m'étendre près de lui.

— Nous ne sommes pas obligés de faire ce que tu ne… a-t-il commencé.

Mais j'avais déjà roulé sur le côté, posant un doigt sur ses lèvres pour lui intimer le silence.

— Embrasse-moi, maintenant, lui ai-je demandé. Avant que je change d'avis.

À travers mes doigts, je sentais qu'il réprimait un sourire.

Nous avons commencé par un baiser chaste qui s'est enhardi peu à peu, aussi lentement que nous osions nous aventurer du bout des doigts à la découverte du corps de l'autre. Leif me souriait comme le chat du Cheshire dans *Alice au pays des merveilles* et je me suis surprise à lui sourire bêtement en retour.

J'ai découvert que la peau de Leif était plus fraîche que la mienne et qu'elle était fabuleusement souple, comme recouverte de talc. Tout s'est déroulé avec autant de douceur et de respect qu'il y avait d'arrogance et de brutalité dans mes rapports avec Conor. On aurait dit que Leif était un antidote sur mesure conçu pour restaurer ma confiance envers les hommes.

Mon désir montait. Une fois mes réticences vaincues, je me suis allongée sur le dos et j'ai essayé d'attirer Leif sur moi. Contre toute attente, il a hésité.

— Qu'y a-t-il ? ai-je demandé.

— On ne peut pas.

— Pourquoi ?

Je craignais qu'il lâche une bombe du genre : je suis marié, ou malade, ou tout simplement je ne ressens pas ce genre d'attirance envers toi.

— Je n'ai pas… tu sais… a-t-il dit. Je n'ai pas de capote anglaise.

J'ai éclaté de rire. Je n'avais plus entendu parler de capote anglaise depuis qu'Abby m'en avait montré une à l'école, quand j'avais treize ans.

— Pourquoi tu ris ? m'a-t-il demandé.

Il s'est écarté, un peu vexé.

— Ce n'est pas… ai-je bafouillé en hoquetant. C'est ce mot, en fait. Capote anglaise. Excuse-moi.

— Ce n'est pas le bon mot ?

— Disons que c'est ringard. Aujourd'hui on dit capote, tout simplement. Ou préservatif, si tu préfères.

— D'accord, a-t-il dit, encore un peu méfiant. Bon, eh bien, je n'en ai pas, donc…

J'y ai réfléchi pendant un moment. J'avais déjà couché avec Conor et de toute manière, il fallait que je me penche sur la question dès mon retour à Londres. J'ai comparé la retenue courtoise de Leif avec le narcissisme pervers de Conor : allais-je vraiment refuser au premier ce que je n'avais pas refusé au second ? À quel point le désirais-je ? J'avais l'impression écrasante que nos baisers n'étaient pas suffisants.

Je me suis penchée pour toucher Leif sous la ceinture et ce que j'y ai trouvé m'a fait frissonner d'envie.

— Ce n'est rien, lui ai-je dit en l'attirant de nouveau vers moi. S'il te plaît… allez…

Son visage s'est fendu d'un sourire tout en dents.

— Tu en es sûre ? a-t-il demandé.

Mais j'insistais déjà pour passer à l'étape suivante.

Nous avons fait l'amour deux fois ce matin-là. J'ai été comblée et même plus encore, j'ai éprouvé des sensations inédites.

Leif était un amant doux, prévenant et généreux. Après la seconde fois, alors que nous étions allongés l'un à côté de l'autre, je me souviens avoir compris pourquoi on appelait ça « faire l'amour ». Et même s'il se pouvait déjà que je sois en train de tomber amoureuse de Leif, à présent j'avais la certitude que je n'en réchapperais pas.

Soudain, on nous a interrompus en frappant à la porte.

— Merde, s'est exclamé Leif en prenant sa montre sur la table de nuit. Il est onze heures passées.

— Qu'est-ce qui se passe à onze heures ? ai-je demandé en m'étirant comme un chat au soleil tandis que Leif enfilait son short en sautillant.

— Il faut quitter la chambre à onze heures, a-t-il dit. Voilà ce qui se passe.

13.

BECKY

Le lendemain matin, maman et moi avons parcouru l'île dans toute sa longueur sur notre petite C90 jusqu'à Akrotiri, une colonie de l'âge de bronze détruite par un volcan en 1627 avant J.-C. C'était Damon qui m'avait fait cette suggestion, et comme maman et moi avions envie d'une parenthèse sans plage – je n'étais même pas sûre que ma peau claire puisse supporter davantage de soleil, malgré l'indice cinquante que je m'étais généreusement appliqué – et que nous nous sentions toutes les deux coupables pour l'Acropole, nous avons décidé qu'un peu d'histoire ne nous ferait pas de mal.

L'entrée pour deux coûtait vingt-quatre euros, et même à dix heures et demie du matin, la chaleur était insupportable. Sans l'incident de l'Acropole, je crois qu'on se serait fait un plaisir de pousser jusqu'à la plage. Mais en tout état de cause, nous avions payé nos billets, autant y aller.

En fin de compte, notre courage a été récompensé. Parce que c'était étrangement émouvant d'évoluer dans des rues, de visiter des chambres, des cuisines et des salles de bains datant de dix-sept siècles avant J.-C.

Quand nous sommes enfin ressorties, maman a donné son verdict.

— Je ne le referais pas, mais je suis contente qu'on soit venues.

— Je ne réalise pas à quel point c'est vieux. J'ai du mal à me faire à l'idée qu'on créait de si belles poteries il y a plus de trois mille ans. C'est vrai, elles étaient très jolies. Tu te rends compte, les gens faisaient déjà de *l'art* il y a trois mille sept cents ans !

— Ce doit être parce que notre calendrier débute à la naissance du Christ. Nous avons tendance à croire que c'est à ce moment-là que tout a commencé. Mais ce n'est pas du tout le cas, n'est-ce pas ?

— Non. Non, c'est bizarre.

— Est-ce que tout le monde utilise la même date, tu sais, pour marquer le début de notre ère ? Je veux dire, les musulmans, les bouddhistes et les autres ? Ils ne comptent pas leurs années à partir de la naissance du Christ, si ?

— Non, c'est autre chose. J'ai lu un truc là-dessus. Il y a un calendrier sanskrit qui commence trois mille ans avant le Christ. Et je crois que celui des musulmans commence plus tard.

— Ça alors ! Tu es un vrai petit singe savant, tu sais ?

— Pas vraiment, ai-je répondu en riant. C'est juste quelque chose que j'ai lu sur internet.

Harcelées par un groupe de chatons adorables, mais affamés, nous avons mangé des salades un peu banales à Akrotiri. Ensuite, nous avons décrété que la seule solution pour survivre à la chaleur, c'était un bain de mer. Un bref coup d'œil à la carte nous a appris qu'il y avait une plage rouge réputée à dix minutes de là. Aussi fou que ça paraisse, maman s'en souvenait encore vingt ans après, et nous avons décidé d'y aller.

Rouler sous le soleil de midi faisait le même effet qu'avoir le corps tout entier sous un sèche-cheveux géant. Quand nous sommes arrivées, le parking n'était qu'un mirage scintillant de chaleur pure.

Trempées de sueur, nous avons garé la moto et crapahuté sur les rochers jusqu'à ce que la plage nous apparaisse enfin.

Je comprenais pourquoi maman s'en souvenait. Le sable avait une teinte ocre inédite, la mer était limpide comme de l'eau de roche et rehaussée de nuances turquoise. Le contraste entre les deux couleurs juxtaposées me semblait presque excessif. Nous avons loué un parasol, mais il faisait une chaleur torride, même à l'ombre, et nous nous sommes changées en un clin d'œil avant de nous jeter littéralement à l'eau.

Maman m'avait demandé si je m'étais bien amusée, mais dans l'ensemble, elle avait été plutôt discrète au sujet de Baruch. Ça ne m'étonnait pas, car nous n'avions jamais eu le vocabulaire pour discuter de choses intimes. Cependant, j'espérais qu'elle aborderait la question. Ça me donnerait une occasion pour amorcer une discussion sur mon père.

Nous étions assises sur la plage, les pieds dans l'eau, quand sa curiosité a fini par prendre le dessus.

— C'était comment hier ? a-t-elle demandé. Tu ne m'en as pas beaucoup parlé.

— Comme je te l'ai dit. C'était sympa.

— Et c'est tout ? Voyons, a-t-elle ajouté en prenant un galet pour le jeter au loin. Sympa ?

Alors, j'ai entrepris de tout lui raconter en détail. Après tout, il n'y avait pas grand-chose à cacher.

Je lui ai parlé des amis de Baruch et de ce dont nous avions parlé, nous nous sommes aussi interrogées pendant un instant sur le montant du salaire minimum grec. Nous avions épuisé le sujet quand j'ai ajouté :

— Tu sais, Baruch m'a dit qu'avant, son oncle était un vrai don Juan. Il séduisait toutes les dames. Les vacancières, je veux dire.

— Ça ne me surprend pas, a-t-elle répondu.

— C'est-à-dire ?

— Eh bien, s'il ressemblait à ton Baruch, ça n'a pas dû être très difficile pour lui.

— Oh, je vois. D'abord, ce n'est pas *mon* Baruch.

— Vraiment ?

— Non. Bref, j'en suis venue à me demander… Est-ce que mon père était grec ?

J'avais eu cette question sur le bout de la langue pendant tout l'après-midi, mais j'avais trop peur de la poser. Maintenant que c'était fait, j'avais l'impression d'avoir dégoupillé une grenade sur la plage. J'avais envie d'enfouir ma tête dans mes mains au cas où elle exploserait.

Maman a froncé les sourcils et a poussé un profond soupir. Elle a enfoncé ses orteils dans le sable mouillé.

— Pourquoi tu me demandes ça ?

— Ce n'est quand même pas si inhabituel de vouloir savoir de quelle nationalité est… était son père, non ?

— Mais ça ne t'avait jamais intéressée jusqu'à présent, a-t-elle rétorqué.

— Jamais intéressée ? ai-je répété en sentant monter la colère.

— Je veux dire que tu ne m'avais encore jamais posé ce genre de question.

— Ce n'est pas parce que je n'ai jamais osé te le demander que ça ne m'intéresse pas ! Comme je te l'ai dit, ce n'est pas franchement inhabituel comme question.

— Oui, peut-être… a dit maman, de mauvaise humeur. Je n'ai pas envie d'en parler. Ce n'est peut-être pas très inhabituel comme situation non plus.

En cet instant, je me suis rendu compte qu'elle avait toujours procédé comme ça. Dès mon plus jeune âge, elle m'avait fait sentir que ce n'était pas normal d'en parler. Et en m'inculquant l'idée que parler de mon père risquait de créer un malaise, elle avait toujours réussi à m'en détourner.

— Alors, il était grec ? ai-je insisté.

Je serrais les poings pour résister à l'envie de lâcher l'affaire. C'est ce que je faisais toujours face à l'embarras de maman.

— Mon père pourrait être l'oncle de Baruch, par exemple ?

— Quoi ? s'est-elle exclamée, soudain très agacée. Quelle question ridicule ! Tu sais pertinemment qu'il est mort.

— Oui, mais…

— Alors comment veux-tu que ce soit l'oncle de Baruch ?

— L'oncle de Baruch est peut-être mort, ai-je menti en haussant les épaules. Je n'en sais rien. Je ne le lui ai pas demandé.

— Tu ne le lui as pas demandé… a répété maman sur un ton moqueur.

— Mais pourquoi tu ne répondrais pas simplement à ma question ?

Au point où on en était, je me suis dit que ce serait dommage de ne pas tenter le coup.

— Pourquoi tu ne me dis pas d'où il venait ? Qu'y a-t-il de compliqué là-dedans ?

Maman s'est levée.

— Je savais que je n'aurais pas dû t'emmener, a-t-elle dit avec méchanceté en évitant de croiser mon regard.

Sans un mot de plus, elle est partie se promener sur la plage.

Bien sûr, la journée était gâchée. Et évidemment, c'était de ma faute. C'était ma punition pour avoir osé l'interroger sur mon père.

Elle a marché jusqu'au bout de la plage et s'est assise sur un rocher, tournée vers la mer. Elle a mis plus d'une heure avant de revenir et elle s'est plongée dans son roman sans m'adresser un regard.

Je faisais semblant de lire, moi aussi, mais j'étais incapable de me concentrer. J'étais trop animée par ma colère. J'étais trop préoccupée par ce qu'elle avait dit. Elle regrettait de m'avoir emmenée, et je tournais et retournais cette phrase dans ma tête, remuant le couteau dans la plaie. Comment une chose aussi simple pouvait être compliquée au point qu'elle préfère faire un esclandre plutôt que de répondre à ma question ?

Nous avons à peine échangé quelques mots pendant le reste de l'après-midi. Dès notre retour, je me suis empressée de téléphoner à Baruch pour lui annoncer que je pouvais le retrouver plus tôt que prévu.

Il m'a donné rendez-vous à la supérette à huit heures, et je me suis demandé comment j'allais bien pouvoir survivre à une heure supplémentaire en compagnie de ma mère boudeuse et ronchonne. Mais je n'avais pas encore raccroché qu'elle était déjà partie.

Maman n'est pas revenue. Quand l'heure de partir est arrivée, elle ne répondait toujours pas au téléphone. Même si nous avions déjà connu des disputes autrement plus violentes par le passé – surtout pendant mon adolescence –, j'étais particulièrement hérissée.

Mais peut-être suis-je superficielle parce qu'il m'a suffi d'un coup d'œil au visage bronzé de Baruch pour retrouver le moral. Il portait une chemise en jean ouverte au col, avec les manches retroussées, et un jean moulant. Ma prise de bec avec ma mère m'avait tellement perturbée que j'avais oublié ce délicieux détail : j'allais passer la soirée avec Baruch.

Il a fermé le magasin et m'a demandé si j'avais faim. Je lui ai dit la vérité, que j'étais affamée, puis je me suis rappelée de la question de l'argent et j'ai aussitôt proposé de payer.

Mais Baruch était beaucoup trop fier pour envisager un tel concept.

— Je connais un restaurant spécial, m'a-t-il dit. Pas cher du tout. J'aimerais t'y emmener si ça te dit.

— En quoi est-il spécial ?

J'imaginais déjà avec horreur un McDonald's tapi quelque part dans l'île.

— Il est réservé aux Grecs.

— Mais ils me laisseront entrer ?

Baruch s'est mis à rire.

— Bien sûr. Tu es avec moi.

Je rayonnais presque de joie à l'idée d'être *avec lui.* Bientôt, dans un vrombissement de moteur, nous filions sur la route principale en direction de Fira. Juste avant d'atteindre les abords de la ville, il a bifurqué sur un chemin de terre qui descendait en serpentant.

Le restaurant spécial de Baruch était en réalité une maison privée. L'endroit était vraiment très original. La maison était située tout au bout du chemin, et avant d'arriver juste devant, rien n'indiquait sa présence. De là, excepté le fait qu'il y avait quelques voitures garées le long de la route, ainsi que quatre ou cinq scooters, rien ne laissait présager que ça puisse être autre chose qu'une maison familiale tout à fait ordinaire. Pourtant, dès qu'on tournait à l'angle du mur, la terrasse de derrière apparaissait, transformée en restaurant de fortune. Il y avait là un peu plus d'une dizaine de tables en plastique pour une capacité de trente à quarante couverts. La moitié des tables étaient occupées par une clientèle exclusivement grecque, de notre âge pour la plupart.

Le *restaurant* était géré par un couple aux cheveux blancs, visiblement trop vieux pour travailler.

— Je peux parler ? ai-je murmuré une fois que le mari nous eut conduits à notre table.

Baruch m'a répondu en riant :

— Qu'est-ce qui te fait croire que tu ne peux pas parler ?

— Ils vont se rendre compte que je ne suis pas grecque.

— Non, c'est bon, m'a dit Baruch. Ils le savent déjà, crois-moi. Et ça ne fait rien. Tu es ici avec moi.

Sans doute lui avais-je posé cette question uniquement pour avoir le plaisir de l'entendre répéter ces mots.

— Comment se fait-il que ce soit secret ? ai-je demandé. Pourquoi ne veulent-ils pas de touristes ?

— Eh bien, disons que ce n'est pas très légal, tu vois. Avec la crise, tout le monde se retrouve plus ou moins pauvre.

— Même ici ? Même à Santorin ?

Baruch a acquiescé.

— Ça n'a pas l'air pauvre. L'argent du tourisme coule à flots par ici, ai-je objecté.

— Eh bien, ces gens, m'a dit Baruch en désignant la maison d'un mouvement de tête, ils ne travaillent plus. Et l'argent qu'ils touchent de l'État… comment tu appelles ça ?

— Leur retraite ?

— Oui, leur retraite. Elle a diminué de moitié. Plus de la moitié, même. Par contre les factures, l'électricité, les taxes, tout a augmenté. Alors…

— Je vois. Ils ont ouvert un restaurant secret.

Baruch a hoché la tête.

— Leurs enfants sont à Athènes, eux aussi. Comme ça, j'imagine qu'ils peuvent leur envoyer de l'argent.

— C'est une excellente idée. Mais ils se feraient sans doute plus d'argent en ouvrant un restaurant pour les touristes.

— Oui, mais c'est de l'argent liquide, tu comprends ? a dit Baruch en haussant un sourcil. Pas de taxes. S'ils leur piquaient des clients, les autres restaurants se plaindraient. De toute manière, il faut bien que ces gens mangent quelque part. Les gens des hôtels. Du ménage. Les policiers… Alors ici, c'est un endroit spécial pour eux. De la cuisine grecque à des prix grecs.

— Pour les Grecs.

— Oui.

— Dans ce cas, je me sens très honorée de venir ici. Merci.

— De rien, m'a répondu Baruch avec un clin d'œil.

Le restaurant n'avait pas de carte ni de prix affichés. Il y avait un menu prédéfini, entrée, plat, dessert, avec un choix de vin rouge ou blanc. Rien d'autre. En partant, on laissait ce qu'on voulait, comme un cadeau exonéré d'impôts aux propriétaires, mais d'après Baruch, tout le monde savait que le montant raisonnable était de 10 euros par tête. Une bonne affaire !

Avec délicatesse, de peur de le mettre mal à l'aise, j'ai demandé à Baruch quel était le montant du salaire minimum. Je n'aurais pas dû prendre autant de pincettes, parce qu'il n'était pas du tout gêné par la question. Il m'a expliqué qu'il était de six cents euros par mois, tandis que la plupart des retraites ne dépassaient pas les cinq cents euros. Comme il était logé par son oncle, Baruch gagnait encore moins. On lui versait quatre cents euros par mois, m'a-t-il dit.

Je n'ai même pas osé calculer son taux horaire, car d'après ce que j'avais vu, Baruch travaillait douze heures par jour, six jours par semaine. Mais je comprenais un peu mieux pourquoi une piña colada à quinze euros lui semblait hors de prix.

L'entrée est arrivée en deux parties, une assiette de tzatziki et une assiette de salade d'aubergine à l'ail, servie avec une sorte de pain plat coupé en petits triangles.

— Alors, comment c'était, Akrotiri ? a demandé Baruch en entamant le repas. Vous y êtes allées ?

Je lui ai raconté en détail notre visite au musée. Pour faire mon intéressante, sans doute, j'ai parlé des autres calendriers antiques, mais il les connaissait déjà. À son tour, il m'a parlé des nombreux philosophes grecs qui écrivaient de longs discours sur la philosophie quatre siècles avant J.-C.

— Et ta mère ? a demandé Baruch une fois que la conversation s'était tarie d'elle-même. Où est-elle ce soir ?

— Je n'en sais rien. Et je m'en fiche.

Baruch a fait la grimace et je me suis rendu compte que, pour un Grec très attaché à sa famille, ma réponse devait paraître particulièrement rebutante. Je me suis empressée de le rassurer et je lui ai avoué que, même si j'aimais ma mère, nous nous étions disputées.

— Ça nous arrive de temps en temps.

— Tu as envie d'en parler ou pas ?

— Oui, ai-je dit en hochant la tête. Oui, je crois.

Et donc, entre deux bouchées de notre plat de résistance – des spaghettis aux aubergines, haricots et feta, mélange surprenant mais délicieux –, j'ai entrepris de lui raconter toute l'histoire.

À la fin, il m'a regardée d'un drôle d'air. Il avait fini de manger bien avant moi et il m'écoutait, les mains jointes.

— Quoi ? ai-je demandé en mettant les bouchées doubles pour rattraper mon retard.

— Je ne sais pas.

— Tu ne sais pas quoi ? ai-je dit, la bouche pleine.

— Je ne sais pas quoi dire.

J'ai froncé les sourcils et j'ai attendu de pouvoir parler proprement pour lui demander :

— À quel sujet ?

Baruch s'est raclé la gorge.

— Écoute… tu sais que j'ai emmené ma grand-mère chez le docteur hier, n'est-ce pas ?

— Oh, mon Dieu, je suis désolée. Elle va bien ?

Je me sentais égoïste de ne pas avoir pris de ses nouvelles et le rouge m'est monté aux joues.

— Oh oui, elle va bien. Elle aime y aller de temps en temps. Ça la rassure, tu comprends ? Les vieux…

— Bon, tant mieux. Je… je suis contente que tout aille bien.

— Mais nous avons attendu longtemps. C'est toujours comme ça chez le docteur, alors je lui ai raconté ton histoire. Et elle s'est souvenue d'un accident. Je pense que c'est peut-être le même.

— Ah bon ?

Troublée, je me suis penchée en avant.

— Mais c'était il y a des années !

— Je sais, m'a dit Baruch. Ça m'a étonné, moi aussi. Mais Santorin n'est pas si grand. Il ne se passe pas grand-chose. Et ma mère était enceinte de moi, à l'époque. C'est arrivé quelques semaines avant ma naissance. Alors ça l'a aidée à s'en souvenir.

J'étais bouche bée, sous le choc. Je n'en croyais pas mes oreilles.

— C'est quand ? La date de ton anniversaire ? ai-je demandé.

— Dans deux semaines. Le 15.

— Et quelle année ?

— 1994. Le 15 septembre 1994.

— Bon sang, ce n'est pas croyable ! Le *timing* correspond. Je suis née en 1995.

Baruch a compté sur ses doigts, puis il m'a demandé :

— En mai ?

— Le 21 avril, ai-je rectifié. J'avais un peu d'avance.

— Alors, tu vois, m'a dit Baruch. À quoi sert Google quand on a une grand-mère un peu commère ?

— Elle se souvient d'autre chose ?

Je sentais le sang quitter mon visage.

— Son nom ? Sa nationalité ? Ce qui s'est passé exactement ?

Baruch a secoué lentement la tête.

— Ce n'était qu'une histoire sur l'île. Une rumeur. Mais il était anglais, selon elle. Il est tombé d'une falaise près d'Oia.

— Ça alors. C'est incroyable.

— Elle a dit… a commencé Baruch.

Soudain, il s'est interrompu.

— Non. En fait, c'est tout.

— S'il te plaît. Tu allais dire autre chose. Qu'est-ce que tu allais dire ?

— Je ne sais pas, a répondu Baruch, manifestement gêné.

— *S'il te plaît,* ai-je insisté. Ça fait vingt-trois ans que j'attends ça et ma mère refuse de m'en parler.

Baruch s'est gratté l'oreille d'un air résigné.

— Mais bon, ce n'est peut-être pas le même type.

— Les dates coïncident.

Au même moment, le mari est sorti de la maison. Il a jeté un coup d'œil à mon assiette et il a dit quelque chose à Baruch en grec avant de retourner à l'intérieur. Je lui ai trouvé un ton un peu mécontent.

— Tu dois manger, m'a expliqué Baruch. Il croit que tu n'aimes pas.

Tandis que je dévorais le reste de mes pâtes, Baruch m'a dit tout ce qu'il savait. En gros, mon père s'était comporté comme un salopard. Et il avait fallu cinq personnes pour le mettre à la porte d'une taverne locale où il s'était bagarré. Personne n'avait été étonné d'apprendre qu'il s'était planté en voiture. Il avait passé la moitié du temps complètement saoul. Pour les gens du coin, c'était un fauteur de troubles. Au fur et à mesure qu'il me racontait tout ça, j'ai repensé aux réflexions de maman sur l'alcoolisme et ses propos me semblaient tout d'un coup beaucoup plus cohérents.

Et en même temps, la rétrogradation brutale de mon père d'astronaute à pilier de bar me décontenançait.

À la fin du repas, Baruch a insisté pour régler l'addition. Il faisait presque nuit et seul un lampadaire obscurci par la nuée d'insectes que sa lumière attirait éclairait nos pas.

— J'ai droit à un baiser ? a demandé Baruch tandis qu'une chauve-souris nous survolait, sans doute attirée par les insectes. Pour le dîner ?

— Bien sûr, ai-je dit.

Pourtant, même si le baiser était parfaitement agréable, je dois avouer que j'avais l'esprit ailleurs. J'essayais de trouver un nouveau moyen d'aborder avec ma mère le sujet de mon père. Il me fallait trouver une stratégie qui ne provoquerait pas immédiatement une dispute.

Baruch avait passé un bras autour de ma taille et il enfonçait maintenant sa langue dans ma bouche. À ma grande surprise, la sensation m'a déplu. Quand il a glissé une main sous mon T-shirt, j'ai réagi par automatisme.

— Hé ! me suis-je écriée sèchement, interrompant brutalement notre *moment*.

— Je suis désolé, a-t-il répondu, vexé. J'ai cru que je te plaisais.

— Tu me plais. Vraiment.

— Alors, quoi ? a demandé Baruch, qui sortait déjà les clés de sa poche en les faisant tinter.

— Je ne sais pas...

Je devais me ressaisir. Mieux valait mentir.

— Pas ici, ai-je dit en jetant un œil en direction de la maison. Et si quelqu'un arrive ?

— Il y a une chambre... Je ne veux pas être... tu sais... mais il y a une chambre.

— Une chambre ?

— À l'hôtel. Il y a une chambre disponible. En fait, il y en a même deux ce soir. Je pourrais essayer de me procurer une clé. On peut y passer un moment, si tu veux ? Prendre des bières au magasin… ?

— Oh.

J'essayais de m'imaginer la scène et je m'en voulais, parce que j'en étais incapable. Je rêvais de passer la nuit avec Baruch depuis que j'avais posé les yeux sur lui ; et maintenant que l'occasion se présentait, mon désir s'était comme rabougri. Tout ce que je voulais en cet instant, la seule chose que j'avais en tête, c'était retourner dans ma propre chambre pour interroger ma mère sur ce que je venais d'apprendre. Même en cas d'échec, je préférais rester assise tranquillement pour réfléchir à tout ça que la perspective d'un petit coup rapide avec Baruch.

Décidément, le désir est une chose bien complexe ! En tout cas, en ce qui me concerne. Peut-être est-ce parce que les femmes sont multitâches et que des pensées peuvent venir prendre le dessus ? D'après mon expérience, dans l'esprit des hommes, le désir supplante toujours tout le reste. Je doute qu'aucun homme dans l'histoire de l'humanité ait jamais éprouvé des difficultés à se concentrer sur la question du sexe.

— Je ne peux pas ce soir, ai-je répondu en optant pour un mensonge, une fois de plus. Je dois retourner voir ma mère. À cause de la dispute.

— D'accord, a dit Baruch en remontant sur la moto un peu trop vigoureusement.

— J'aimerais beaucoup, ai-je lancé par-dessus le bruit du moteur. Mais pas ce soir. Je suis désolée.

— C'est bon, a-t-il dit. Ça ne fait rien.

Mais je voyais bien, à son regard fuyant et la vitesse à laquelle nous avions démarré, que ça n'allait pas si bien que ça.

Il n'était que vingt-trois heures quand il m'a déposée, mais maman était déjà au lit.

Je lui ai demandé à voix basse si elle dormait, et elle m'a répondu par un léger ronflement. Du bluff, je l'aurais parié.

Après m'être préparée, j'ai fait une nouvelle tentative, mais elle n'a toujours pas répondu. La conversation allait devoir attendre le lendemain matin.

Assise sur mon lit, j'ai pensé à Baruch. Qu'est-ce qui ne tournait pas rond chez moi ? Pourquoi mon désir s'était évaporé au moment précis où il avait essayé de me séduire ? Je suis restée là à osciller entre mon regret de ne pas avoir accepté son offre et l'idée, rassurante, que de toute façon cela aurait été impossible.

Ce n'est qu'en soulevant le drap pour me glisser dans mon lit que j'ai découvert le message de maman. Il était écrit au dos d'un prospectus pour des balades en bateau autour de l'île : *Je suis désolée d'avoir fait ma mauvaise tête aujourd'hui. Pose-moi la question demain matin et je t'en parlerai. Je t'aime à la folie. Ta p'tite maman.*

J'ai failli envisager d'appeler Baruch. Parce qu'à présent, j'étais absolument certaine que je n'arriverais pas à fermer l'œil. Mais m'en servir comme simple distraction contre l'insomnie m'aurait donné l'impression… de me servir de lui, justement.

14.

LAURA

À peine avions-nous ouvert la porte que Lena nous a informés, serpillière à la main, que nous devions absolument partir tout de suite. Les prochains clients arrivaient à midi. Dix minutes plus tard, nous avions retrouvé le scooter de Leif sans trop savoir quoi faire ensuite.

— Alors… a dit Leif avec un grand sourire.

Ce matin, rien n'aurait pu entamer notre bonne humeur.

— Alors… ai-je répété en prenant le casque qu'il me tendait.

— Tu es prête à affronter Conor ? Ou tu préfères manger quelque chose d'abord ?

— Manger, ai-je répondu sans la moindre hésitation.

Ces douze dernières heures avaient été vraiment magiques, et je ne supportais pas l'idée que ce moment touche à sa fin.

— Mais j'ai vraiment besoin de me changer, ai-je rajouté. Ce T-shirt commence à sentir mauvais.

Leif a hoché la tête d'un air pensif.

— On pourrait pique-niquer sur la plage, a-t-il dit. Comme ça, on n'a pas besoin de changer de *vêtementes.*

Sa prononciation m'a fait rire.

— Oui. C'est d'accord. Nous pourrons changer de *vêtementes* ce soir.

Il ne fallait pas me le proposer deux fois.

Nous avons rejoint la périphérie d'Oia, nous arrêtant au premier magasin en bordure de route. Je me sentais déjà trop proche. Je flottais dans une bulle de bonheur et le manque de sommeil me donnait l'agréable impression de planer. Je savais par instinct que Conor, si je le voyais et *quand* je le verrais, ne manquerait pas de faire éclater cette bulle.

Mais notre visite au magasin s'est déroulée sans encombre et, à midi, nous étions de retour sur notre plage. À la lumière du jour, elle était complètement différente, mais pas moins belle. Et cerise sur le gâteau, nous étions seuls.

Nous avons mangé du fromage et du pain, et les tomates les plus sucrées que j'aie jamais goûtées, avant de batifoler dans l'eau. Plus tard, nous nous sommes installés à l'ombre, au bout de la plage, là où la paroi rocheuse plongeait dans la mer, et nous avons poussé un soupir de soulagement en voyant que le couple qui venait d'apparaître en haut du sentier faisait demi-tour pour rebrousser chemin.

La conversation allait bon train et, tandis que je parlais d'Abby et de mon ancienne école, que Leif me racontait ses études et la vie en Norvège, ce même sentiment d'appartenance m'a envahie – cette impression d'être au bon endroit au bon moment qui, d'une certaine manière, englobait toute ma journée.

Je crois bien que je n'en avais encore jamais pris conscience, mais cet après-midi-là, j'ai compris que j'étais une personne plutôt nerveuse et que mon état d'esprit naturel était une sorte d'empressement fébrile. Je m'étais rarement sentie parfaitement bien dans ma peau, à l'aise avec mon environnement. J'étais constamment en état d'alerte, à l'affût de la moindre menace, du moindre danger, et les événements comme les gens m'avaient souvent donné raison, sans doute parce que mon jugement n'était pas infaillible. Je devais cette attitude, en grande partie, à mon éducation, jamais vraiment détendue ni même heureuse. Et ça n'avait rien arrangé que ma mère m'ait gardée auprès d'elle le plus longtemps possible. Mais pour m'en rendre compte, j'avais besoin de sortir de moi, de cette relaxation extrême, presque enfantine. Et de la compagnie de quelqu'un en qui j'avais pleinement confiance.

Nous avons nagé. Nous avons ramassé des pierres bariolées et nous nous sommes aventurés des deux côtés de la plage. Assis côte à côte, nous avons regardé les petits poissons nous grignoter les orteils. Je crois que nous nous sentions comme deux innocents qui explorent le monde ensemble.

À deux ou trois reprises, on s'est dit qu'il fallait rentrer. Il devenait urgent de retrouver mon passeport, et il était grand temps de quitter la plage pour régler cette question. Pourtant, chaque fois, on ne bougeait pas.

— On va se baigner une dernière fois, disait l'un de nous.

Et la baignade se changeait en joute taquine, en câlin ou en baiser, ce qui entraînait une autre sieste sur le sable.

Il était plus de dix-huit heures quand nous avons enfin décidé de lever le camp. Nous avons fourré nos affaires mouillées dans le sac à dos de Leif et, main dans la main, nous avons traversé *notre* plage pour la dernière fois.

Sur le chemin du retour, nous sommes passés devant *Chez Lena* et je me suis demandé qui occupait la chambre maintenant. J'espérais que le séjour serait aussi merveilleux pour eux qu'il l'avait été pour nous. Un peu plus loin, c'était la taverne où nous avions dîné. Leif a ralenti et s'est garé au bord de la route.

— Il faut qu'on parle, a-t-il annoncé sur un ton solennel. Il faut qu'on décide quoi dire à Conor.

J'ai hoché la tête. J'y pensais aussi, mais comme parler de Conor signifiait parler de tout le reste, cette seule pensée me donnait la nausée. Pourtant, je savais que Leif avait raison.

Le bar était désert. Les trois mêmes personnes étaient là, mais seul le serveur s'est levé pour nous accueillir. Le cuisinier et le gérant étaient trop absorbés dans leur partie de backgammon.

— Alors, on lui dit quoi ? a demandé Leif.

J'ai siroté mon verre. Mon cerveau refusait de penser à Conor, à mon passeport et tout le reste.

Ce que je voulais, c'était me perdre dans les yeux bleus de Leif.

— Je lui demande de me rendre mes affaires. S'il est là.

— S'il est là, a répété Leif. À quelle date est ton vol retour ?

La question m'a frappée comme une brique. J'avais refusé de penser au retour, parce que l'idée que ce moment puisse avoir une fin était insupportable.

— Le 5. C'est après-demain, n'est-ce pas ?

Leif a hoché la tête.

— Alors, c'est très urgent maintenant. Nous devons régler ça aujourd'hui. S'il n'est pas là, je crois qu'on devrait aller voir la police.

— La police ?

— Ils pourraient aller prendre son passeport à l'hôtel. Et le lui rendre quand nous aurons récupéré le tien.

La proposition de Leif était sensée, mais tout de même, l'idée d'impliquer la police m'atterrait.

— Tu crois qu'il y a des policiers à Santorin ? ai-je demandé. Je n'en ai jamais vu un seul.

— Moi aussi.

— Moi non plus, ai-je corrigé.

Je lui ai pris la main par-dessus la table. Même la séparation que nous imposait ce meuble me paraissait insoutenable, alors prendre l'avion pour rentrer chez moi… !

— Humm, a répondu Leif en riant. Je crois que je ne me ferai jamais à cette différence entre aussi et non plus.

— Peu importe. Moi aussi, ce n'est pas mal non plus.

— Et nous ? a demandé Leif sans relever mon jeu de mots, peut-être parce qu'il ne l'avait pas compris. Est-ce qu'on parle de nous à Conor ?

Mon cœur s'est emballé en l'entendant admettre qu'il existait un « nous ».

— Non, ai-je dit en lui serrant la main. Non, ça ne le regarde pas.

Je ne voulais pas que notre magie soit ternie par l'opinion que Conor pourrait en avoir.

— Non, a dit Leif. D'accord.

— Comment... ?

Mais j'étais trop terrifiée pour terminer ma question. Revoir Leif après notre départ de Grèce risquait d'être impossible.

— Comment on se voit ensuite ? a-t-il demandé, sur la même longueur d'onde, comme toujours.

J'ai hoché la tête en me mordant la lèvre.

— On s'écrit, a dit Leif. On se téléphone. Et on se rend visite, j'imagine.

— Tu crois ?

— Je ne crois pas. Je le *sais.* Je te montrerai la Norvège et tu me montreras l'Angleterre.

Pendant une seconde, je me suis demandé comment concilier ça avec ma mère, mais j'ai vite balayé cette pensée. Ce soir, tout ce qui compliquait mon avenir avec Leif – et soyons francs, il était déjà bien assez complexe – me donnait mal à la tête. On aurait dit ce genre de migraine qui se focalise sur un œil. Le seul moyen de la chasser, c'était de me fermer aux pensées nocives.

— Ça me plaît ici, ai-je dit, tournée vers le soleil qui déclinait à l'horizon et préparait délicatement le ciel aux illuminations du crépuscule.

— Je sais, a répondu Leif en prenant ma main entre les siennes. Moi aussi, j'aime beaucoup. Mais il faut vraiment régler ça.

Nous sommes retournés lentement au scooter, où nous avons pris le temps de contempler le paysage maritime. À présent, le soleil était une énorme boule rougeoyante.

Nous l'avons regardé, debout l'un à côté de l'autre.

— Il est trop rapide, ai-je observé. On le voit presque bouger.

— Tu crois qu'il fera *pschitt* en touchant la mer ? a demandé Leif.

— Ça se pourrait bien. Si c'est le cas, ça risque de faire bouillir beaucoup de poissons.

— Miam, a dit Leif. De la soupe de poisson.

Nous nous sommes embrassés. À la fin du baiser, il manquait déjà un morceau de soleil à l'endroit où sa base commençait à glisser derrière l'horizon.

Alors que nous approchions d'Oia, une palette étonnante de pourpres et de rouges s'est mise à zébrer le ciel à l'horizontale. Ce qui est formidable avec Santorin, c'est sa capacité constante à se surpasser. Chaque fois qu'on pense avoir vu le panorama le plus incroyable possible, un autre attend au tournant, encore plus splendide.

En arrivant aux abords de la ville, j'ai tendu le doigt vers le coucher de soleil. Je ne voulais pas que Leif rate ça.

— Tu as vu ? me suis-je exclamée.

— Oui. C'est beau.

Nous atteignions l'intersection suivante quand Leif a ralenti et s'est arrêté.

— C'est par ici, ai-je dit en lui montrant le chemin, croyant bêtement qu'il était perdu.

— Je sais. Je me demande juste… Tu penses que nous avons le temps de repartir vers le nord ? Je crois que j'aimerais une photo de ça. Une photo de toi dans cette journée.

— Vas-y, ai-je dit. Mais fais vite.

La journée était presque terminée et je trouvais dommage de rater ses derniers moments les plus éclatants.

Leif a fait demi-tour et nous avons contourné Oia en faisant vrombir le scooter, pour continuer en direction du nord.

En approchant de la pointe à l'extrême nord de l'île, il s'est arrêté à un croisement. Sur notre gauche s'éloignait un chemin plein d'ornières.

— Je crois que je vais laisser la moto ici. La route est trop mauvaise. Viens. Nous devons marcher vite.

Alors que je tendais ma main vers la sienne, un buggy de plage s'est arrêté à côté de nous sur la route principale, dans un crissement de pneus.

— Te voilà, toi ! s'est écriée une voix.

J'ai fait volte-face pour découvrir Mike derrière le volant.

— Conor te cherche partout.

— Euh, salut Mike ! ai-je dit pour indiquer à Leif de qui il s'agissait. Non, figure-toi. Il ne me cherche pas partout, parce que ça fait des *jours* que je ne l'ai pas vu.

— Il se fait du souci pour toi, m'a dit Mike.

À ces mots, j'ai éclaté d'un rire amer.

— Il a une drôle de façon de le montrer.

— Ouais, ben c'est vrai, a-t-il insisté.

— Et il s'est fait du souci pour Candy, Anthea ou machin-chose aussi ?

Les muscles autour de la bouche de Mike ont tressauté, comme s'il avait subitement une rage de dents.

— Eh bien, en tout cas, je vois que tu as trouvé comment passer le temps, a-t-il rétorqué en désignant Leif d'un mouvement de tête.

— Voici Leif. Mon ami.

Leif s'est avancé et lui a tendu la main. Mais Mike l'a royalement ignoré pour se tourner vers la route.

— Je dois le voir, Mike. Il a mon passeport. Tu sais où il est ?

— C'est vrai ? a-t-il demandé sans véritable intérêt. Il a ton passeport, c'est ça ? Bah, aux dernières nouvelles, il était à votre hôtel.

— Quand ?

Il a haussé les épaules.

— Y a une heure. Peut-être deux.

— Si tu le vois, peux-tu lui demander de rester là-bas ? Dis-lui que j'arrive.

— Oui, a répondu Mike en hochant la tête. Ah ça oui, je vais lui dire, ne t'en fais pas !

— Merci.

— De toute façon, je ferais mieux d'y aller. Je dois ramener ce buggy et il faut que je prenne un bateau de nuit. Si je le rate encore une fois, je peux dire adieu à ma bonne femme.

Après son départ, nous sommes restés pendant un moment sans rien dire.

— Tu veux repartir tout de suite ? a demandé Leif au bout de quelques secondes.

— Non. Prenons cette photo d'abord, on rentrera ensuite.

De savoir que Conor était à l'hôtel me terrifiait. J'étais encore plus réticente à l'idée d'y retourner. Et puis, si le fait de ne pas avoir mon passeport m'obligeait à rester avec Leif, je n'y voyais que du positif.

Nous sommes passés à côté de deux maisons en construction. Le rez-de-chaussée était terminé, mais il manquait encore les fenêtres et les portes. Des baguettes en acier dépassaient du toit et Leif m'a expliqué qu'elles permettraient, plus tard, de construire un autre étage.

— Ils ne paient aucune taxe tant que ce n'est pas fini, m'a-t-il dit. C'est pour ça qu'il y a toujours un autre étage en chantier.

Le bord de la falaise était plus éloigné qu'il n'y paraissait et nous avons vite regretté d'avoir continué à pied, d'autant plus qu'après les deux bâtiments en chantier, le chemin de gravier s'améliorait sensiblement.

Nous avons marché en silence tout en admirant le couchant somptueux.

— Tu veux que je retourne prendre la moto ? a proposé Leif. Le temps qu'on arrive, je crois que…

— Non, c'est bon, ai-je répondu en lui serrant la main. C'est agréable.

À vrai dire, ce n'était pas simplement agréable, c'était bien plus que ça, mais je craignais trop de formuler à haute voix ce que je ressentais, de peur de gâcher la perfection du moment. Parce que, pour la première fois de ma vie, j'éprouvais un espoir authentique, à l'état pur. Et j'en étais submergée.

Jusqu'à présent, ma vie avait été plutôt difficile. De nos jours, on diagnostiquerait sûrement à ma mère une forme de maladie mentale – elle suivrait peut-être même un traitement –, mais à l'époque, je n'avais jamais sciemment qualifié d'anormales ses sautes d'humeur, ses règles en perpétuel changement et ses crises de colère imprévisibles. J'estimais avoir eu une éducation sévère, mais pas abusive. Comme je n'avais jamais rien connu d'autre, ça me paraissait tolérable. Mais dans de telles circonstances, les perspectives de bonheur étaient rares et clairsemées. Jusqu'à ces dernières vingt-quatre heures, je n'avais jamais réussi à me représenter une échappatoire d'aucune sorte, à imaginer une forme de futur désirable.

Et pourtant j'étais là, main dans la main avec l'homme le plus adorable de la terre – un homme protecteur, beau, tendre et sexy qui, pour une raison que je ne m'expliquais pas, semblait apprécier ma pauvre petite personne.

Soudain, j'avais tant de choses à attendre avec impatience, tant de choses à espérer, que j'avais envie de le hurler au monde entier. J'avais envie de sauter de joie. Mais je me retenais. Je me suis contentée de lui serrer la main en clignant des paupières pour chasser mes larmes.

Une centaine de mètres plus loin, Leif a dit :

— Tu dois vraiment rentrer le cinq ?

On aurait dit qu'il essayait de paraître détendu à cette perspective, mais une certaine urgence dans sa voix le trahissait.

— Je crois, oui.

— Tu crois ?

— J'ai des trucs à faire.

— Ton travail ?

— Eh bien, je ne reprends pas le boulot avant le neuf, ai-je avoué. Mais avec mes vols et tout ça… Je ne sais pas comment en changer. Ni combien ça coûtera.

— Je pourrais t'aider peut-être, m'a dit Leif.

— Et toi ? Quand est prévu ton vol ?

— C'est un bateau, m'a précisé Leif. Demain.

— Demain ! me suis-je écriée, sonnée par la nouvelle. À quelle heure ?

— Le matin. À dix heures. Mais je crois que je n'ai pas envie de prendre ce bateau.

— C'est vrai ?

— Oui. Je crois que j'ai envie de rester plus longtemps.

— Vraiment ?

— Je suis amoureux de toi, a dit Leif. Alors, oui. Vraiment.

J'ai cessé de marcher et j'ai pris ses mains dans les miennes. En levant les yeux vers lui dans la lueur du crépuscule, j'ai cru pendant un instant que j'allais me mettre à pleurer. Personne ne m'avait encore jamais dit ça. Enfin, pas de manière crédible, en tout cas.

— Alors, si je restais… a poursuivi Leif, tu pourrais ?

— Je ne sais pas.

Résistant au désir de sautiller de joie, je me suis remise à marcher.

— Je crois que je pourrais, un peu. Si c'est possible de changer mon vol.

— Un peu ? a répété Leif.

— Un bout de temps.

— Est-ce qu'un bout de temps, c'est plus qu'un peu ? a demandé Leif.

— Oui, je crois bien.

— Alors, c'est super, a-t-il dit en se tournant vers moi, un immense sourire aux lèvres.

Il a jeté un œil à sa montre et m'a demandé si je voulais faire demi-tour.

— Non, j'ai peur, ai-je avoué. J'ai peur d'y retourner. J'ai peur de Conor. J'ai peur que ce moment se termine. Alors, tout ce qui retarde le départ, ça me va.

— Tu sais, tu n'as pas à avoir peur de Conor. Je ne le laisserai pas te faire du mal, d'accord ? Je ne laisserai personne te faire du mal.

— Merci.

Mais malgré moi, je me demandais si le frêle Leif, aussi courageux qu'il soit, était vraiment de taille contre la force de Conor.

— Waouh, a lâché Leif.

Nous avions atteint le bout du chemin, où les broussailles succédaient aux gravillons. Dieu seul sait où menait l'ancienne route, car ce qu'il y avait là auparavant était désormais au fond de la mer. Le bord de la falaise s'était effrité jusqu'au chemin.

Main dans la main pour plus de sûreté, nous nous sommes approchés du bord et nous avons regardé la mer qui s'écrasait sur les rochers en contrebas, avant de reculer à bonne distance pour que Leif puisse prendre ses photos. J'ai posé pour deux ou trois clichés devant le coucher de soleil, puis il a pris ma place. Enfin, nous avons posé l'appareil sur un rocher et nous avons réglé le retardateur pour nous prendre tous les deux dans une pose un peu drôle. Je me rappelle m'être demandé si ce serait la photo que nous aurions sur le manteau de la cheminée, la photo qui se fanerait lentement au fur et à mesure que nous vieillirions ensemble. C'était la pensée la plus heureuse que j'aie jamais eue, et en cet instant, ça me semblait possible. Tout avait l'air métamorphosé.

À présent, le soleil s'était presque couché. Il n'en restait plus qu'un mince arc de cercle, mais le ciel était complètement débridé, toutes les couleurs se mêlant les unes aux autres. Chaque teinte possible et imaginable marbrait le ciel à l'horizon avant d'aller se fondre dans l'indigo de la nuit.

— Ça me fait penser aux fjords de chez moi, a observé Leif en levant la main, comme pour embrasser l'intégralité du littoral.

— C'est beau. J'adore le rivage quand il est comme ça.

— Dans ce cas, nous habiterons en surplomb d'un fjord, m'a dit Leif. Une maison au bord de l'eau, ça te plairait peut-être.

Je lui ai dit que je ne savais pas vraiment ce que signifiait le mot *fjord*, et il m'a expliqué que c'était là où la mer s'enfonçait profondément, parfois sur des centaines de kilomètres, dans les terres dentelées de Norvège. D'après lui, cela créait de vastes lacs d'eau salée ouverts sur la mer.

Mon cœur s'est mis à palpiter quand il a dit « nous habiterons », mais c'était presque trop pour moi. C'était presque trop d'espoir à supporter et j'ai préféré y apporter une touche de légèreté.

— Humm, je n'en suis pas sûre. Tu m'as dit qu'il faisait froid. Tu as dit qu'il pleuvait tout le temps.

Moi, je suis plutôt lézard, tu sais. Je ne suis pas certaine que tes fjords soient pour moi.

— Alors, nous vivrons où tu voudras.

Il m'a donné un petit coup de hanche et je me suis laissé aller contre lui, ma tête sur son torse. Son bras m'a attirée et il m'a serrée contre son cœur.

— J'aimerais rester ici éternellement, lui ai-je dit, tandis qu'il me berçait avec tendresse.

— D'accord, nous habiterons juste ici, s'est esclaffé Leif. Nous vivrons avec vue sur les fjords de Santorin.

Et j'avais beau savoir que c'était impossible, j'avais beau savoir que c'était une illusion, j'ai désigné une maison au loin.

— Là-bas. Je veux vivre *là-bas.*

— Alors, c'est là que nous vivrons.

— Bon, ai-je dit en m'efforçant de revenir à la réalité. Il commence à faire nuit.

— Oui, a répondu Leif tristement.

— On doit y aller.

Nous avons tourné les talons et j'ai jeté un coup d'œil plein de regrets par-dessus mon épaule, mais le soleil avait disparu depuis longtemps et les couleurs s'estompaient déjà. Envahie par une forte mélancolie, j'ai songé avec une profonde tristesse au fait que je ne pourrais jamais revivre cette journée.

Un éclat de lumière a attiré mon attention. Il brillait dans le paysage broussailleux. Alors que je tournais la tête, Leif m'a serré la main. J'ignore comment ou pourquoi, mais nous avons tous les deux pressenti que cette voiture qui s'avançait dans notre direction sur le chemin de gravier n'était pas n'importe quelle voiture.

À présent, il faisait presque noir et seule la lueur vague du couchant éclairait encore les environs. La voiture progressait à vive allure sur la route cahoteuse, alors que les phares rebondissaient comme des projecteurs militaires. Il en résultait une atmosphère sinistre, peut-être à cause des connotations négatives qu'évoquaient les projecteurs.

— Mike ?

— C'est une voiture, pas un buggy, a répondu Leif.

On entendait le moteur qui vrombissait chaque fois que la voiture accélérait après un virage.

— Des jeunes dans une voiture volée, peut-être ?

— Je ne sais pas, a dit Leif d'un ton grave. Mais ça ne me plaît pas.

— Ils vont très vite… ai-je observé.

La voiture avait déjà dépassé les maisons en construction, et on entendait le bruit du gravier projeté par les pneus.

— On doit se cacher ? ai-je demandé en jetant un œil sur le paysage aride.

L'arbre le plus proche était à une trentaine ou une quarantaine de mètres, et encore, il était trop chétif pour nous offrir une cachette.

— Non. Je ne pense pas. Mais j'ai peur que la voiture…

— … ne s'arrête pas ?! me suis-je exclamée en même temps que Leif disait :

— … tombe dans la mer !

Elle était à moins de cent mètres et elle ne ralentissait toujours pas. Je me suis ruée au milieu du chemin et j'ai commencé à agiter les bras. Une seconde plus tard, Leif m'avait rejointe, bondissant à droite et à gauche pour tenter de se placer dans le rayon des phares.

La voiture fonçait toujours sur nous. Comme le chauffeur ne semblait pas nous voir, pas plus que le bord de la falaise, nous nous sommes mis à crier :

— Arrêtez ! Arrêtez ! *Stop !*

Enfin, le conducteur nous a aperçus. La voiture a fait une embardée et les roues se sont bloquées, l'entraînant sur les vingt derniers mètres.

Leif m'a brusquement écartée du chemin et j'ai vu avec horreur la voiture glisser vers le bord.

On entend toujours dire que les accidents se déroulent au ralenti, vous savez ? Eh bien, c'est vrai. Ça s'est passé exactement comme ça. J'ai retenu ma respiration en voyant la voiture déraper jusqu'à la falaise. J'ai plissé les yeux alors qu'elle continuait sa glissade, incapable de regarder ce qui allait arriver.

Au moment où elle est passée à côté de nous – plus très vite, à ce stade –, j'ai reconnu la voiture de location de Conor ; et derrière le volant, Conor en personne.

Le véhicule s'est enfin arrêté à l'extrême limite de la falaise. Ce sont le dernier buisson et le dernier rocher qui ont interrompu sa course. Malgré ma colère envers Conor, je me suis précipitée en haletant vers la portière, au comble du soulagement.

— Conor ! ai-je dit tout simplement quand il est sorti de la voiture en titubant.

J'ai tout de suite remarqué qu'il était saoul.

— Oh, bon Dieu ! s'est-il exclamé en se frottant le nez et en reniflant, tourné vers le vide juste devant le capot, avant de reporter son regard sur moi. Putain, mais qu'est-ce que tu fous ici ?

Leif est venu se camper à côté de moi comme pour me protéger.

— Tu as failli plonger dans la mer, a-t-il dit. On a cru que tu ne t'arrêterais pas à temps, ça nous a fait peur.

— Et d'où tu sors, toi, bordel ? a demandé Conor en faisant rouler ses épaules, prêt à se mesurer à Leif. T'es le nouveau type dont Mike m'a parlé ?

— Je m'appelle Leif, a-t-il dit en tendant la main.

Dans un geste grossier, Conor a repoussé la main de Leif avant de regarder derrière lui en direction de la voiture, comme s'il avait oublié quelque chose à l'intérieur.

J'ai suivi son regard et j'ai vu l'habitacle dégoûtant. Il était jonché de sachets de chips et d'emballages de sandwichs, et il y avait des canettes de bière vides partout où le plafonnier projetait sa lumière chaude.

C'est alors que Conor a frappé Leif. Nous n'avions pas vu venir le coup de poing. Il nous a pris au dépourvu. Mais c'est ce qui s'est passé. Alors même qu'il était encore tourné vers la voiture, il a pivoté brusquement et a écrasé son poing sur la joue de Leif, l'envoyant voler à la renverse.

— Conor ! me suis-je récriée.

Mais il m'avait empoigné la main et m'entraînait déjà vers la portière du côté passager.

— Toi, tu viens avec moi ! a-t-il dit sur un ton menaçant. Espèce de petite salope.

— Mais… ! *Conor* ! ai-je protesté en me débattant pour me libérer de sa poigne tout en essayant de voir si Leif allait bien – il se relevait péniblement. Que… qu'est-ce que… tu fais ? ai-je ajouté dans un souffle tandis qu'il me forçait à contourner la voiture par l'arrière. *Conor* ! Lâche… Lâche-moi !

Cette fois, je criais. Il tirait sur la poignée de la portière quand, impuissante, je l'ai giflé au visage mais c'était aussi efficace qu'une pauvre mouche qui heurte un éléphant. J'ai réussi à sauter et à décocher un coup de pied dans la portière qu'il était en train d'ouvrir, la refermant du même coup. En réaction, il m'a donné une secousse, comme un parent qui tire le bras d'un enfant turbulent au moment de traverser la route, avec une telle violence que j'ai cru qu'il m'avait déboîté l'épaule. J'ai perdu l'équilibre, mais il m'a redressée en rouvrant la portière. Au désespoir, j'ai donné un autre coup de pied, touchant son tibia cette fois. Pendant un moment, je me suis sentie fière, parce qu'il s'est interrompu en grognant, plié en deux. Quand il s'est relevé, sa bouche esquissait un affreux rictus.

— Espèce de sale pute ! a-t-il grondé.

Il a lâché la poignée pour refermer sa main gauche dans mes cheveux. Au moment où sa paume atterrissait sur ma joue, Leif a surgi derrière lui.

— Laisse-la tranquille, a-t-il dit.

Avec son accent scandinave, son ordre ressemblait presque à une question.

Contre toute attente, Conor s'est immobilisé. Il me regardait droit dans les yeux. Ses narines ont frémi quand il a pris une vive inspiration avant de se tourner vers Leif avec un sourire mauvais.

— Mais t'es qui, toi… putain ?

— Je m'appelle Leif, a-t-il répété d'une voix parfaitement, absolument et follement raisonnable. Je suis amoureux de Laura. Elle ne veut plus de toi.

Alors, tu peux rentrer chez toi, maintenant. C'est fini.

À ces mots, un sourire a barré le visage de Conor. Il trouvait ça sincèrement comique et son ricanement m'a glacé le sang.

— Oh, tu es amoureux, c'est ça ? a-t-il dit sur un ton moqueur, brandissant mon poignet comme pour désigner l'objet de leur discussion. Tu es amoureux de… de *ça*… Bah, dis donc, ça change *vraiment* tout, pas vrai ?

Leif a hoché la tête.

— Personne n'a envie de se battre, Conor, a-t-il dit. On peut discuter entre adultes, n'est-ce pas ?

À présent, il s'avançait vers Conor. Il faisait preuve d'une témérité étonnante, comme s'il était convaincu que des millénaires de civilisation humaine étaient capables de surmonter cette incompréhension futile. Il a levé les mains, tel un négociateur devant un homme armé.

— Bon, on garde son calme, d'accord ?

— Tu sais quoi ? a répondu Conor. *J'adorerais* papoter de tout ça avec toi.

Il m'a poussée sur le côté, si fort que je suis tombée par terre.

— Va-t'en, Conor, ai-je dit en me relevant péniblement. S'il te plaît. Va-t'en.

Une fois de plus, Conor a répondu par un grand éclat de rire.

— Bon, Leif, c'est bien ça ? a-t-il demandé en faisant un pas en avant pour s'arrêter juste devant lui. C'est quoi ce foutu nom, d'abord ?

Il parlait sur le ton de la conversation, presque jovial.

— C’est mon nom.

Conor m’a regardé, affichant un sourire si éclatant que ses dents ont brillé au clair de lune. Puis, dans le même mouvement que la première fois, il s’est retourné vers Leif et, d’un brusque coup de tête, il lui a écrasé le nez, l’envoyant rouler au sol.

— C’est vrai ? a-t-il demandé.

Il a posé les pieds de part et d’autre de Leif, étendu par terre, qui se tenait le nez pour empêcher le sang de couler.

Conor s’est penché et l’a empoigné par le col de son T-shirt. Puis, de nouveau, il s’est tourné vers moi.

— C’est *vrai* ? a-t-il crié.

— Qu’est-ce qui est vrai ? ai-je demandé d’une petite voix, la gorge nouée par les larmes.

— Que vous êtes un couple, tous les deux ? Avec ce débile ?

— Non, ai-je répondu en espérant sauver Leif.

Malgré tout, Conor l’a frappé sur le côté du visage.

— Si, a affirmé Leif avec courage, ou par bêtise peut-être. Si, c’est vrai.

Conor a fait la grimace, comme si les paroles de Leif lui faisaient mal aux dents.

— Qu’est-ce qui te fait croire que je te parle, à toi ?

Il lui a donné un autre coup de poing, projetant sa tête sur le côté.

Ensuite, il m’a regardée et, dans un calme glaçant, il m’a demandé :

— Je te pose encore la question. C’est vrai ?

— Oui, ai-je dit pour essayer une autre stratégie. Oui, je l'aime. S'il te plaît, laisse-le et va-t'en avant qu'on appelle la police.

— La police ? a dit Conor avec une grimace épouvantable.

Il a balayé l'horizon du regard, comme pour souligner notre isolement total, et il a répété dans un claquement de lèvres :

— La police. Bien sûr. Fais-toi plaisir.

Se retournant de nouveau vers Leif, il a levé le poing. Aussitôt, je me suis ruée sur lui. J'ai jeté mes bras autour de son cou et j'ai pesé de tout mon poids. Malheureusement, ça ne l'a même pas ralenti. Il lui a assené un autre coup. Cette fois, j'ai senti l'impact, répercuté dans mon corps à travers celui de Conor.

J'ai commencé à battre des jambes pour le frapper mais Conor a continué comme si de rien n'était, ou plus exactement, comme si c'était très amusant, comme un père un peu bonhomme qui jouerait au géant à l'anniversaire d'un enfant, les bambins suspendus à son cou.

Il faut croire que frapper Leif à terre ne le satisfaisait pas, car il l'a hissé sur ses pieds. Alors qu'il levait bras en arrière pour lui coller son poing dans la figure, je m'y suis accrochée pour lui faire perdre l'équilibre.

Il a titubé en relâchant Leif, avant de retrouver une position stable et de m'envoyer voler par une gifle puissante du revers de la main.

Pendant un moment, j'ai perdu connaissance. Je m'étais cogné la tête par terre. Quand j'ai relevé les yeux, Conor tenait Leif par le col, comme pour mieux voir son visage dans la lumière de la lune.

Leif faisait peine à voir et des larmes de colère me sont montées aux yeux. Il avait le visage tuméfié. Du sang coulait de son nez et il avait la joue fendue.

— Je n'ai pas peur de toi, a dit Leif en dévoilant ses dents couvertes de sang.

À ma grande surprise, Leif a écrasé son poing sur l'œil de Conor, mais il avait beau mesurer vingt-cinq centimètres de plus que lui, son coup n'a pas eu plus d'effet que mes propres gifles. Il y avait quelque chose de bestial dans le déchaînement de Conor. Comme de combattre un rhinocéros.

— Laisse-le ! ai-je lancé d'une voix déchirante. Je vais venir avec toi, Conor. Excuse-moi. Tout ce que tu voudras, pourvu que tu *arrêtes* !

Mais Conor semblait réaliser un programme funeste, en pilote automatique. D'un geste brusque, il s'est contenté de redresser Leif comme si c'était une poupée de chiffon avant de lui asséner un autre coup de poing soigneusement calculé.

Je pleurais sans retenue, à gros sanglots, ce qui me rendait encore plus inutile. Tandis que Conor continuait de faire pleuvoir des coups, réguliers et espacés, au ventre et au visage de Leif, j'ai cherché à tâtons une arme que je pourrais utiliser pour le frapper.

— Conor… *s'il te plaît…* l'ai-je supplié en pleurnichant. Je t'en prie. Tu vas le tuer si tu continues.

À ce moment-là, Leif a glissé des mains de Conor et s'est effondré lourdement sur le sol. Conor s'est dressé au-dessus de lui. Pendant une minute, j'ai cru que c'était terminé. Je me suis dit qu'en voyant Leif à terre, il serait satisfait. *Reste là,* ai-je pensé. *Ne te lève pas.*

Mais Leif s'était tourné sur le côté pour se mettre à quatre pattes. Il commençait à s'éloigner en rampant. C'est alors que Conor a commencé à lui donner des coups de pied, reculant de quelques pas pour prendre de l'élan avant d'expédier la pointe de sa chaussure contre le ventre, les fesses ou le dos de Leif, avec toute la précision et l'énergie d'un tireur de penalty.

Je me suis précipitée vers eux pour abattre mes poings dans le dos de Conor, sans succès.

— Arrête, suppliais-je. S'il te plaît… S'il te plaît… *arrête !*

Une fois de plus, Conor m'a écartée d'une bourrade si violente que j'ai chancelé avant de heurter la voiture.

Leif était toujours à quatre pattes. Il essayait désespérément de s'échapper, mais Conor est revenu vers lui en courant et a recommencé à lui labourer les côtes.

Leif s'est roulé en boule.

— C'est bon, a-t-il dit en pleurant. C'est bon. Tu as gagné.

Mais Conor riait de plus belle.

— J'ai gagné, c'est vrai ? a-t-il demandé, la bouche tordue par le mépris.

Leif, qui avait levé les bras pour se protéger la tête, a acquiescé faiblement.

— Tu as gagné, a-t-il répété. C'est fini.

Conor a reniflé.

— Je viens à peine de commencer, l'ami, a-t-il déclaré.

Aussitôt, il s'est penché pour agripper le T-shirt de Leif et le hisser de nouveau sur ses pieds.

— Tu vas le tuer, Conor !

— Oui, a-t-il répondu en me souriant. C'est un peu le but.

En cet instant, j'ai compris que c'était vrai. Jusqu'à présent, ce n'étaient que des mots, mais je prenais conscience que Conor allait vraiment tuer Leif. Juste ici. Maintenant. Pile sous mes yeux. Et rien n'y ferait, ni combattre, ni implorer ni même le laisser gagner. Si je ne faisais rien, Leif disparaîtrait. Le seul homme dont j'avais vraiment été amoureuse cesserait simplement d'exister.

Une bouffée d'adrénaline a déferlé dans mes veines et j'ai arrêté de pleurer. C'était comme si mon cerveau avait basculé dans une autre dimension pour devenir d'une clarté ultra-précise et d'une vitesse redoutable. J'ai de nouveau scruté les environs à la recherche d'une arme et j'ai reporté mon attention sur la voiture.

Avec en fond sonore les coups de Conor, réguliers comme un métronome, j'ai rapidement inspecté l'habitacle, mais il n'y avait rien d'utile. J'ai envisagé de lui foncer dessus en voiture, mais il avait pris les clés. D'une main tremblante, j'ai essayé de fouiller le coffre dans l'espoir de trouver une clé en croix ou un cric. C'était verrouillé.

Je me suis relevée et j'ai examiné méthodiquement la scène. Je n'avais aucune force de mon côté. Je n'avais pas d'arme non plus. Mais si je me débrouillais bien, je pouvais tirer profit de l'élan, de la vitesse et de la surprise.

15.

BECKY

Contre toute attente, la perspective des révélations promises par maman ne m'a pas empêchée de dormir. Mes rêves agités mettaient en scène Baruch, des voitures et des accidents de moto, mais ça faisait des jours que je n'avais pas dormi aussi longtemps, d'un sommeil aussi réparateur.

Il était neuf heures et demie quand j'ai enfin émergé. L'air était déjà chaud, sans un souffle de vent.

Comme tous les matins, j'ai contemplé l'horizon d'un bleu saisissant. Je doutais qu'il soit possible de se lasser du panorama d'Oia, ni même de s'y habituer. Je pense sincèrement qu'on pourrait passer toute sa vie ici sans jamais cesser de se dire *Waouh !* tous les matins.

J'y ai réfléchi pendant un moment, dans ce flou qui entoure les premiers moments de l'éveil. Après avoir décidé d'interroger Baruch à ce sujet, j'ai fermé la porte à clé et j'ai pris la direction du restaurant de l'hôtel.

Maman était assise au fond de la salle. Elle sirotait du thé en feuilletant un numéro du *Mirror*.

— Bonjour ! ai-je dit en arrivant à sa table.

D'abord, elle a paru étonnée, puis elle a souri et replié le journal avant de poser les mains dessus, dans un geste serein et élégant.

— Bonjour. C'est une belle journée, n'est-ce pas ? Le 1er septembre !

— C'est vrai, ai-je dit en me rappelant que je n'avais toujours pas emballé le cadeau acheté en Angleterre. Des nouvelles du reste du monde ?

Pendant une seconde, elle a semblé perplexe, puis elle a baissé les yeux sur le journal.

— Oh. Dans la presse ? Je ne sais pas trop. Il date d'il y a trois jours, alors… Je l'ai trouvé sur la table, c'est tout. Tu as bien dormi ?

Je lui ai répondu que oui, puis je suis allée faire un tour au buffet, pour en revenir avec des toasts, des tomates grillées et un œuf au plat un peu caoutchouteux. Entre-temps, la serveuse avait rempli ma tasse de café.

J'ai mangé pendant un moment sans rien dire.

— J'ai trouvé… ai-je fini par dire quand le silence est devenu trop gênant.

Mais maman a pris la parole, elle aussi, au même moment.

— Tu as trouvé mon petit mot ? a-t-elle demandé.

— Oui. Oui, je l'ai trouvé.

— Je suis vraiment désolée, a dit maman avec un regret sincère. Je… je ne sais pas… C'est un sujet tellement délicat. Pour toi. Pour moi. Pour tout le monde, en réalité. Mais maintenant, je devrais pouvoir y arriver. Alors, excuse-moi pour hier.

J'ai hoché la tête et je lui ai adressé un petit sourire en continuant mon repas. J'espérais qu'elle enchaînerait en me disant ce qu'elle avait sur le cœur. Mais au lieu de ça, elle a demandé :

— Tu t'es bien amusée hier soir ? Avec Baruch ?

J'ai acquiescé et, après avoir avalé, j'ai répondu :

— Oui. C'était super. Il m'a emmenée dans un restaurant fréquenté uniquement par des Grecs. La cuisine était excellente et ça ne coûtait que dix euros par personne.

— Dix euros ? Dis donc ! On devrait peut-être y aller ce soir ?

J'ai secoué la tête.

— C'est uniquement pour les Grecs, malheureusement. Pour moi, ça allait parce que j'étais avec lui, mais sans ça, je crois que je n'y serais même pas rentrée.

Maman a fait la grimace.

— C'est un peu injuste.

— Je crois que ce qui est injuste, c'est que les Grecs ne gagnent pas assez d'argent pour manger dans les restaurants normaux.

— Tu as raison. Oui, bien sûr. Alors, tu as passé une bonne soirée. C'est bien.

— Oui, c'était agréable, lui ai-je dit.

Je n'avais pas vraiment envie de parler de ma soirée avec Baruch. Je voulais qu'elle arrête de tourner autour du pot.

— Tu m'as dit que tu avais quelque chose à me raconter, ai-je ajouté pour l'inviter à continuer. Dans ton message ?

Maman a hoché la tête en clignant rapidement des paupières. Elle s'est éclairci la voix avant de jeter un regard circulaire, comme pour s'assurer que personne ne nous écoutait. Machinalement, je l'ai imitée, mais nous n'avions attiré l'attention de personne.

— Je ne sais pas par où commencer, a-t-elle fini par avouer. Je ne sais pas exactement ce que tu veux savoir.

J'ai laissé échapper un profond soupir. Puis j'ai bu mon café en cherchant mes mots.

— Je ne sais pas, franchement… ai-je dit. Tu n'as qu'à…

— Il était norvégien, a-t-elle lâché tout à trac, avec un débit rapide, comme si les mots étaient un train qu'elle risquait de rater. C'est ce que tu voulais savoir, n'est-ce pas ? Sa nationalité ? Eh bien, il était norvégien. Il était grand, mince et blond, comme toi. Il était d'une douceur et d'une gentillesse incroyables. Et il était norvégien.

J'ai posé mes couverts pour pouvoir me triturer les ongles. Je regardais maman droit dans les yeux tout en m'efforçant d'articuler les deux versions – la sienne et celle de Baruch. Elle soutenait mon regard sans ciller. Ses yeux étaient un peu brillants, comme si elle était sur le point de pleurer.

Je n'ai pas mis longtemps à me rendre compte que les deux histoires ne pouvaient pas fusionner. Le Norvégien blond et gentil de maman ne pouvait pas être l'Anglais de Baruch, l'ivrogne et le voyou.

Il n'y avait rien d'autre à dire. Et quand j'ai essayé de déterminer qui avait le plus intérêt à me mentir, une seule réponse s'est imposée à moi.

— C'est mieux ? a demandé maman, soucieuse. Enfin, ça t'aide ?

Elle avait l'air sincère, mais en même temps, elle avait toujours été bonne actrice.

J'avais le souffle court et je me suis rendu compte que je commençais à éprouver de la colère. Je regrettais d'avoir cette conversation dans un lieu public, parce qu'en fait j'étais *très* en colère.

Je lui en voulais pour toutes les fois où elle s'était fermée, dans le passé, dès que j'essayais d'aborder le sujet. Ça n'avait jamais été facile pour moi de parler de mon père. Il m'avait toujours fallu plusieurs jours avant de réussir à formuler une question adéquate, et quelques autres encore avant de trouver le courage nécessaire pour la poser. Et systématiquement, maman s'empressait de clore la discussion par une repartie sèche et laconique, souvent méchante.

Je lui en voulais aussi, je m'en rendais compte à présent, du fossé qu'elle avait creusé entre nous. Même si je l'aimais, même si pendant la majeure partie de ma vie elle avait représenté l'intégralité de mon univers, je comprenais ce matin que, comme avec Brian, elle était toujours restée très secrète avec moi.

Et maintenant, voilà qu'une troisième vague de colère déferlait de nulle part, une colère que j'avais si bien réussi à refouler qu'elle avait presque échappé à ma conscience. Pourtant, en cet instant, je la laissais m'atteindre et je comprenais que j'étais furieuse de ne pas avoir de père – folle de rage d'avoir été la seule parmi mes camarades de classe à ne *pas* en avoir. Oui, malgré tous mes jeux, tous mes pères fictifs, astronaute ou pompier, j'étais dans une colère noire pour ça aussi.

Norvégien, ai-je pensé tout à coup en me remémorant que mon père imaginaire avait été, pendant une brève période, le président de la Norvège. Était-ce de là que maman tirait son mensonge ? Avait-elle essayé de trouver un pays au hasard pour choisir le premier qui lui passait par la tête, en se souvenant de mon père président imaginaire ? J'étais déjà atterrée qu'elle puisse encore me mentir, mais qu'elle ait opté pour un mensonge aussi minable et simpliste, c'était proprement humiliant.

— Becky ? a fait maman, les sourcils froncés.

Elle s'est penchée en avant pour essayer de me prendre la main, mais je l'ai retirée avant qu'elle la touche. C'est à ce moment-là que je me suis rendu compte que j'étais en train de pleurer.

Je ne sanglotais pas. Je ne pleurnichais même pas. Assise là, en face de ma mère, je me sentais froide, glaciale, et je la détestais, je la *haïssais* pour la première fois de ma vie. Et bien malgré moi, je pleurais en silence.

J'ai tiré une serviette du distributeur sur la table et je me suis tamponné les joues, mais les larmes ne cessaient d'affluer – je ne pouvais rien faire pour les arrêter. J'avais l'impression que cette fois, quelque chose s'était brisé, que quelque chose avait craqué en moi, tout au fond de moi.

— Qu'y a-t-il, ma chérie ? a demandé maman.

— J'en ai assez de tout ça, ai-je dit à voix basse. Je n'en peux plus.

Devant sa mine perplexe, j'ai continué :

— J'en ai assez de tes mensonges. De tes prétextes. De tes… je ne sais pas… de tes *atermoiements* perpétuels, je crois que c'est le mot.

— Mais je…

— Avant, je croyais que tu me protégeais, ai-je ajouté en lui coupant la parole.

— C'était vrai. Dans un sens, c'est toujours le cas.

— Sauf que c'est faux. C'est *toi* que tu protèges, n'est-ce pas ? Et ce n'est pas juste, maman.

— Mais tu voulais savoir et…

— Ce n'est pas juste, maman, ai-je répété. J'ai vingt-trois ans. J'ai *vingt-trois ans* et parmi mes connaissances, je suis la seule personne sans père. Et toi, tu n'es même pas fichue de trouver le cran de me dire honnêtement qui il était ?

Ma voix était montée dans les aigus à la fin de ma phrase.

— On devrait peut-être poursuivre cette conversation en bas ? a proposé maman en désignant l'extérieur d'un mouvement de tête.

— Poursuivre *quelle* conversation ? ai-je demandé sur un ton sarcastique. Ce n'est pas une conversation, maman. C'est du foutage de gueule. Rien d'autre que les dernières conneries en date que tu as décidé de me refourguer.

Maman a plaqué une main sur sa bouche. Pendant un moment, elle m'a regardée dans les yeux en écrasant, de son petit doigt, une larme qui venait de se former au coin de son œil gauche.

— Je ne sais pas ce que tu attends de moi, a-t-elle fini par dire.

Je me suis laissé gagner par un rire plein d'amertume.

— Si, tu le sais très bien. Tu sais parfaitement ce que je veux. Seulement, tu n'es pas prête à me le donner.

— Mais je te l'ai dit, a insisté maman. Je sais que je... Écoute, je sais que je l'ai évité jusqu'à présent. Et c'était peut-être une erreur. Enfin, tu sais, c'est compliqué quand on est parent. Ta gamine est trop jeune pour comprendre, puis trop jeune pour avoir besoin de savoir. Et soudain, tu n'es plus une enfant, mais j'ai l'impression qu'il est déjà trop tard. Ce n'est jamais le bon moment pour ce genre de choses, et pourtant ça y est, je viens de te le dire.

— *Norvégien ?* ai-je dit avec dédain.

— Oui, a répondu maman, hochant la tête en signe de bonne foi.

— Était-il... je ne sais pas... était-il président, à tout hasard ?

Elle s'est renfrognée en demandant :

— Pardon ?

— Il était président ? Le président de la Norvège, peut-être ?

— Non ! Non, bien sûr que non. Enfin, c'est ridicule. Il était étudiant. Et il s'appelait Leif.

À ces mots, j'ai tressailli. J'en suis restée bouche bée. *Mon Dieu*, me suis-je dit. *Je ne te connais pas du tout.*

— Quoi ? a fait maman, un peu exaspérée maintenant.

J'ai repoussé ma chaise pour me lever, mais elle s'est penchée par-dessus la table et, doucement, elle m'a pris le poignet. Sans trop savoir pourquoi – le contact avec sa peau ou des années d'obéissance puérile – je me suis rassise, non sans croiser furieusement les bras sur ma poitrine.

— Qu'est-ce qui ne va pas ? a demandé maman. Parle-moi.

— Je n'en reviens pas. Je n'en reviens pas que tu aies fait ça.

— Fait quoi ?

— Inventé un nom. Enfin, quoi, il ne t'a fallu que vingt-trois ans pour le trouver. Est-ce que Leif est un prénom qui existe en Norvège ? Est-ce que tu le sais, seulement ?

— Bien sûr. Je n'invente rien, ma chérie. Il était norvégien. Rien à voir avec ton président imaginaire, mais il était norvégien. Et il s'appelait Leif. Je ne te mens pas.

— Non. Parce que mentir à sa propre fille, ce serait trop odieux, n'est-ce pas ?

— C'est la pure vérité.

— Anglais, maman ! me suis-je écriée. Il était *anglais* !

Son visage s'est assombri.

— Quoi ? a-t-elle articulé.

— Il était anglais, ai-je répété.

Je me sentais fière, droite dans mes bottes et, étrangement, plutôt contente de moi.

— Et il n'était pas *doux*. C'était un pochtron qui se bagarrait dans les bars. Bon sang, la grand-mère de Baruch s'en souvient très bien. Elle se souvient qu'il a fallu cinq types pour le maîtriser et elle se souvient aussi qu'il est sorti de la route et qu'il est tombé du haut d'une falaise, ici à Oia. Elle se souvient même de la date, bon Dieu, à une semaine près. Alors, tu mens. Tu me mens *toujours*, après toutes ces années.

J'ai planté mon regard dans le sien jusqu'à ce qu'elle le détourne. Elle a poussé un profond soupir avant de passer une main sur ses yeux. Ses lèvres bougeaient mais aucun son ne sortait et je me suis dit : *Va te faire foutre. Ça suffit ! Vingt-trois ans de conneries, ça suffit.*

Je me suis de nouveau levée. Cette fois, je me sentais particulièrement calme. J'avais l'impression que ma relation avec ma mère arrivait à son terme, et je voulais savourer ce moment, tout comme on prend plaisir à pousser une dent malade avec sa langue. J'avais envie de ressentir la douleur. J'avais envie de remuer le couteau dans la plaie.

Je me suis penchée en avant, agrippant la table à deux mains, et j'ai attendu qu'elle croise mon regard. J'allais lui dire que je la détestais. J'allais lui dire que notre gentille petite relation, une relation basée sur le même mécanisme, où elle mentait et où je faisais semblant de ne pas m'en rendre compte, était bien finie. Mais je voulais d'abord qu'elle me regarde dans les yeux.

— C'était Conor.

Comme ses paroles n'avaient aucun sens, j'ai secoué légèrement la tête tout en la foudroyant du regard.

— C'était Conor, a-t-elle répété en continuant d'une voix plus forte. Et il n'était pas du tout anglais. Il était irlandais.

— Génial ! ai-je dit, avant d'ajouter : Et ce Conor, c'est qui ?

— Conor ?

Soudain, mes émotions m'ont submergée. C'était trop. J'ai tourné les talons, manquant renverser ma chaise, et je suis sortie en trombe du restaurant. Maman s'est précipitée derrière moi, trottinant dans les marches pour me rejoindre.

— Va-t'en ! lui ai-je dit en arrivant à la chambre. Je vais juste récupérer des affaires, puis je partirai pour la journée. Mais en attendant, s'il te plaît, fous-moi la paix.

Bien sûr, une fois que j'ai ouvert la porte pour entrer, maman m'a suivie.

— Écoute, je t'ai menti, a-t-elle dit sur le seuil de ma chambre. C'est vrai.

— Je le sais très bien ! ai-je rétorqué d'une voix que je ne cherchais plus à contenir maintenant que nous étions en privé. Je l'avais compris toute seule !

— Becky, s'il te plaît, assieds-toi, a dit maman. Et d'abord, qu'est-ce que tu cherches là-dedans ?

J'étais en train de fouiller ma valise et, pour tout dire, je ne savais même plus ce que je cherchais. Ce n'était rien de plus qu'une excuse pour éviter d'affronter ma mère.

— Becky, a-t-elle dit en s'asseyant sur mon lit pour me toucher le bras. Becky !

— Quoi ?

J'ai laissé tomber les vêtements que j'avais dans les mains et je me suis tournée vers elle.

— Tu voudrais que je m'asseye à côté de toi, Mère, pour me raconter un autre conte de fées ? C'est ce que tu as prévu pour aujourd'hui ?

— Il y avait un autre homme, m'a dit maman. Il s'appelait Conor. C'était un boxeur irlandais. Pas anglais. Irlandais. Mais ce n'était pas ton père.

— Parce que mon père était un Norvégien du nom de Leif ? ai-je répliqué avec sarcasme.

— Oui. C'est ce que j'essaie de te dire. Et c'est la vérité.

Pendant une seconde, je me suis immobilisée. Un conflit faisait rage en moi, un conflit entre l'envie d'en savoir plus et l'envie de ne plus rien entendre de cette bouche mensongère et détestable. Finalement, c'est la seconde option qui l'a emporté.

— Tu peux me laisser seule, s'il te plaît ? Je suis une adulte, c'est ma chambre, et je te demande de partir. Alors *va-t'en*, d'accord ?

Maman s'est mordu la lèvre, puis elle s'est levée en secouant la tête et elle a quitté la pièce, refermant délicatement la porte derrière elle.

Je suis restée allongée sur mon lit pendant près d'une heure. Je regardais fixement le plafond, d'abord trop en colère pour réfléchir correctement. Alors que je me calmais peu à peu, j'ai commencé à analyser, tant bien que mal, le peu d'informations que j'avais pu glaner. Mais si elle m'avait dit la vérité, ses révélations engendraient bien plus de questions qu'elles ne m'apportaient de réponses. Ce Conor était-il la même personne que l'ivrogne anglais de Baruch ? Celui qui était tombé du haut de la falaise ? Comment ma mère connaissait-elle Conor, et Leif, d'ailleurs ? Et si mon père était Leif, et non Conor, comment se faisait-il qu'il soit mort, lui aussi ? Avaient-ils eu cet accident de voiture ensemble ?

Je n'étais toujours pas certaine d'y croire, mais je regrettais de ne pas avoir été plus posée. Je regrettais de ne pas avoir laissé maman me donner plus d'explications.

J'étais étendue là, à me demander comment reprendre la discussion sans perdre la face, par un moyen qui n'exigerait pas que je lui présente des excuses, quand maman a frappé doucement à la porte.

— Becky ? a-t-elle demandé. Je peux entrer ?

Comme ma fierté me dissuadait de répondre, je me suis contentée d'attendre qu'elle ouvre. Je savais par expérience que c'était ce qu'elle ferait.

Quelques secondes plus tard, la porte a grincé et le visage de maman est apparu. Elle avait les yeux rouges. Elle aussi avait pleuré.

— Tu dors ? a-t-elle demandé.

— Pas vraiment !

— Je peux te parler ?

Je n'ai pas accepté, mais je n'ai pas non plus dit non. Elle s'est donc faufilée à l'intérieur et s'est assise au bord du lit.

— Tu as raison d'être fâchée, m'a-t-elle dit d'une petite voix.

— Je sais.

— Je t'ai menti.

— Ça aussi, je le sais.

En entendant le son de ma propre voix, j'ai eu honte tout à coup. Rien de tel qu'une dispute avec sa mère pour être rétrogradée au statut d'enfant boudeur, mais du haut de mes vingt-trois ans, j'avais au moins l'avantage d'en être consciente.

— Alors, tu as envie que je t'en parle ou pas ? a demandé maman.

J'ai haussé les épaules en essayant de trouver des paroles encourageantes sans lui donner complètement l'impression que je lui pardonnais.

— Très bien, a dit maman, sur le point de se lever. Peut-être plus tard, dans ce cas.

— Oui, ai-je dit en lui prenant le bras pour l'empêcher de partir. Mais uniquement si c'est la vérité, maman. Je crois que je ne supporterai pas d'autres mensonges. Et notre relation non plus.

— La vérité, a répété maman en se rasseyant. Évidemment.

Pendant un moment, elle a gigoté sur le lit, puis elle s'est lancée :

— Bon, alors... Je ne suis pas partie avec tante Abby. Je t'ai dit que j'étais venue avec elle, mais ce n'est pas vrai. C'est avec Conor que je suis partie. Je n'en suis pas fière, et j'imagine que c'est pour ça que... Enfin bref, je suis partie avec Conor. Je l'avais rencontré quelques semaines plus tôt, et j'ai bêtement cru que j'étais amoureuse de lui. Bien sûr, ce n'était pas du tout le cas. J'avais un petit coup de cœur pour lui, rien de plus, je crois qu'on peut dire ça. Il pouvait être très charmant quand il voulait. Et je ne savais absolument pas à quoi ressemblait l'amour. Quoi qu'il en soit, en arrivant ici, je me suis rendu compte qu'il n'était pas très sympa. En fait, il était franchement affreux.

— Tu es en train de me dire que tu es venue en Grèce avec un gars que tu connaissais à peine ? ai-je demandé.

Maman a hoché la tête.

— J'étais idiote. Et immature. Je manquais d'expérience. Et j'avais désespérément besoin de prendre mes distances avec ta grand-mère. Au début, il avait l'air gentil. Il était généreux – il a payé tout le voyage – et j'avais toujours rêvé de venir ici.

Et puis, j'aimais cette idée… l'idée d'avoir un petit ami. Alors je crois que j'ai réussi à me convaincre. Honnêtement, je ne sais pas. Je ne me l'explique pas. Parfois, on fait des choses qui ne suivent aucune logique. Il arrive qu'on se trompe. Et je m'étais trompée à son sujet.

— D'accord… ai-je dit lentement.

— Il buvait beaucoup, a continué maman. C'était un alcoolique, je pense. C'était la première fois que je rencontrais quelqu'un qui avait un vrai problème avec ça. Et quand il buvait, il devenait horrible. Une fois, il m'a *forcée*. Et il m'a frappée aussi, deux fois.

À ce moment-là, je me suis redressée pour m'adosser contre la tête de lit, ramenant mes genoux sur ma poitrine.

— Il t'a frappée ? ai-je dit. Mais c'est horrible.

Maman a hoché tristement la tête.

— Je sais. Il *était* horrible. Bref, un soir, il m'a frappée au visage. On était dans une taverne et je suis tombée. Il avait bu. Il était complètement bourré, alors… Enfin, bien sûr, ce n'est pas une excuse. Je ne sais même pas pourquoi je… En tout cas, il m'a frappée et je suis tombée. Je me suis entaillé le coude et j'avais un bleu sur la joue. Et ce Norvégien, eh bien… on peut dire qu'il m'a sauvée, vraiment. Il était adorable, Becky. Tellement attentionné et doux. Tout le contraire de Conor.

— Alors tu as couché avec lui aussi ?

On aurait dit que je l'avais blessée.

— Excuse-moi, je ne voulais pas dire ça. Enfin, c'est…

— Présenté comme ça, c'est vrai que ça paraît un peu brutal. C'est arrivé tout doucement. Il…

eh bien, il s'est occupé de moi, en quelque sorte. Conor avait pris mon passeport et mon argent, et Leif m'a aidée à le récupérer. Et il m'a offert le plus bel anniversaire de ma vie. C'était un moment vraiment difficile pour moi, mais Leif a tout arrangé.

— Et ce Leif était mon père ?

Maman a hoché la tête.

— Tu as été conçue le jour de mon anniversaire. Enfin, le lendemain matin.

— Mais comment tu le sais ? Enfin, tu en es sûre ? Comment peux-tu savoir que ce n'était pas ce Conor ?

Elle a haussé les épaules.

— Je l'ignorais. Au début. Mais quand tu es née, tu ressemblais tellement à Leif. Blonde aux yeux bleus. Des membres élancés. Conor était plus… disons qu'il avait un gabarit de bouledogue. Il était petit, trapu et roux. Alors que Leif était une vraie gazelle, tu vois. Dès que je t'ai vue, je n'ai plus eu le moindre doute.

— Et ce Conor ? D'où venait-il ? Je veux dire, tu l'avais rencontré comment ?

— À une soirée, a dit maman sur un ton évasif. Une grande fête en plein air, à Northampton. J'y suis allée avec tante Abby. Elle sortait avec un type qui connaissait le DJ là-bas, et ils m'ont embarquée avec eux. C'est là que j'ai rencontré Conor. J'étais saoule. Et autre chose aussi. Mon jugement n'était pas très net, il faut croire.

— Tu étais *défoncée* ? ai-je demandé en écarquillant les yeux. C'est ce que tu me dis ? Tu étais défoncée ?

— Pas tant que ça.

— Pas tant que ça ?

— Écoute…

Maman a soupiré en levant les yeux au ciel.

— D'accord, peu importe. Tante Abby m'avait fait prendre un cachet, tu vois ? Parce que la musique ne me plaisait pas.

J'ai porté une main à ma bouche et j'ai dévisagé ma mère, abasourdie.

— Est-ce que tu me parles d'une rave-party, là ?

Elle a hoché la tête presque imperceptiblement.

— Et le cachet… c'était donc de l'ecstasy ?

Une fois de plus, elle a acquiescé mollement.

Je n'en revenais pas. C'était de loin l'histoire la plus choquante que ma mère m'ait jamais racontée. Mais c'était justement parce qu'elle était choquante qu'elle me semblait aussi plus plausible. Malgré moi, j'avais du mal à ne pas la croire.

— Ma mère a pris un ecsta dans une rave ? Et elle a rencontré un alcoolique appelé Conor ? Et elle est partie avec lui en Grèce ? ai-je dit pour résumer.

Maman a opiné.

— Et ce Leif t'a sauvée.

— Oui, c'est à peu près ça.

— Alors tu as couché avec lui ?

— Non. Ce n'est pas pour ça que j'ai couché avec lui… J'ai couché avec lui parce que j'étais tombée amoureuse. Parce qu'il était magnifique, à l'intérieur comme à l'extérieur. Parce que c'était la plus belle chose qui me soit jamais arrivée. Parce que c'était la *seule* belle chose qui me soit jamais arrivée.

— D'accord. Excuse-moi. Ce n'est pas ce que je voulais dire.

— Ce n'est rien. Je sais bien de quoi ça a l'air. C'est pour ça que…

— Mais qui est tombé de la falaise ? C'était Leif ? Ou Conor ? Ou les deux ?

Elle a détourné le regard en direction de la porte. J'ai laissé passer un moment avant d'insister.

— Maman ?

Quand elle s'est tournée de nouveau vers moi, j'ai vu qu'elle pleurait. Ses épaules étaient secouées comme si elle avait le hoquet.

— Maman, ai-je dit à voix basse tout en glissant vers elle pour passer un bras sur ses épaules. Je sais que c'est très… en fait, je n'imagine même pas à quel point ça a dû être terrible. Mais je dois savoir ce qui est arrivé à ces gens. Qui est tombé de la falaise ?

— Conor, a-t-elle répondu dans un souffle, à travers ses larmes. C'est *Conor* qui est tombé de la falaise.

Cette révélation a entraîné un nouvel afflux de larmes, qui nous a contraintes à faire une pause. Ça me convenait très bien. Moi aussi je me sentais émotive et à fleur de peau, presque étourdie en pensant à ce qui allait suivre. Je n'étais pas mécontente d'avoir quelques minutes pour me calmer.

Une fois que maman eut réparé les dégâts causés par ses larmes et qu'elle nous eut préparé une bonne tasse de thé, nous sommes sorties sur la terrasse pour continuer notre conversation sur les chaises longues.

— Je ne sais plus où j'en étais, a dit maman en buvant son thé à petites gorgées.

Elle m'a décoché un coup d'œil en coin avant de se détourner pour admirer la vue.

— Conor est tombé de la falaise.

Tout de suite, je me suis rendu compte de la brutalité de ces mots.

— Excuse-moi, ai-je ajouté. Mais tu en étais là.

— Oui.

Sa voix était étrange, presque guillerette, comme si elle me racontait une histoire pour enfants. On aurait dit qu'elle avait cherché à trouver un timbre approprié, mais qu'elle n'avait pas fait le bon choix.

— Oui, c'est ça !

— Il conduisait bourré ? ai-je demandé. C'est pour ça qu'il s'est fracassé ?

Maman a hoché la tête.

— Oui, en quelque sorte.

— Mais Leif n'était pas avec lui ?

— Mon Dieu, non ! s'est exclamée maman, comme si cette éventualité l'indignait. Qu'est-ce que Leif aurait fait avec lui ?

J'ai haussé les épaules.

— Je n'en sais rien. Attends, tu veux bien ? Je dois…

Je me suis levée d'un bond et je me suis précipitée à l'intérieur pour aller chercher mes cigarettes et mon briquet. Je supposais que maman ne me sermonnerait pas, pour une fois, et j'avais raison.

À mon retour, je me suis assise et j'ai allumé ma cigarette.

— Alors, qu'est-il arrivé à Leif, maman ? Qu'est-il arrivé à mon père ?

Maman a poussé un profond soupir.

— J'étais si inquiète de t'en parler. C'est pour ça… je crois que c'est pour ça que j'ai mis si longtemps.

— Tu étais inquiète de me parler de quoi ?

— Le problème, c'est que… Je ne sais pas. J'ignore comment tu vas réagir, et ça m'angoisse.

— Dis-le-moi, maman. Au point où on en est, tu peux bien me le dire.

— Oui. Oui, je crois qu'il vaudrait mieux.

J'ai tiré une bouffée avant de cracher la fumée.

— Alors, Leif. Allez, maman. Que s'est-il passé ?

Comme elle gardait le silence, je me suis tournée pour la dévisager.

— Je l'ai perdu, a-t-elle fini par dire. Je crois qu'on peut dire ça. Je l'ai perdu.

— Perdu à cause de… ?

— À cause… des circonstances, voilà tout.

Un frisson m'a parcouru. Je commençais à peine à comprendre que c'était là son plus gros mensonge.

— Il n'est pas mort, c'est ça ? ai-je dit sur un ton hésitant.

Ces mots, si nouveaux, me faisaient un drôle d'effet.

Lentement, maman a secoué la tête.

— Ça veut dire non ?

— Je n'en sais rien. C'est la vérité.

— Comment ça, tu n'en sais rien ?

Je réprimais déjà la crise de colère que je sentais poindre à l'horizon.

— C'est simple : soit il est mort, soit il ne l'est pas.

— J'ai perdu sa trace, ma chérie. Voilà ce qui s'est passé.

Je me suis pincé l'arête du nez entre l'index et le pouce.

— Tu as perdu sa trace, ai-je répété d'une voix monocorde.

— Il… Tout est parti en vrille, tu comprends ? Après l'accident. Conor était mort. Il y a eu toutes sortes de choses à régler. J'ai dû parler à la police. Le bateau de Leif partait la veille de mon propre départ. Il vivait en Norvège. Moi, j'habitais à Londres…

— Tu n'avais pas son adresse ? C'est ce que tu me dis ? Je n'ai pas de père parce que tu n'as pas pris la peine de noter son adresse ?

— Non, je l'ai fait, m'a dit maman en essuyant une larme qui coulait sur sa joue. Je l'ai notée. Bien sûr. Mais la compagnie aérienne a perdu ma valise. J'avais un changement à Athènes, et elle était censée me suivre. Mais elle n'était pas dans l'avion. Ils ne l'ont jamais retrouvée. Et son adresse… la feuille avec son adresse… eh bien, elle était à l'intérieur.

— Tu te fous de moi.

Ma voix chevrotait. J'hésitais entre la fureur et les larmes.

Maman a secoué la tête.

— Je suis désolée.

— Alors il est vivant ?

— Quelque part, sans doute, oui.

— Est-ce que tu as *essayé* de le retrouver au moins ? ai-je demandé d'une voix vibrante de colère.

— Tu le sais bien, ma chérie. Pourquoi crois-tu que nous sommes allées à Bergen ?

— Alors il habite à Bergen ? Tu en es sûre ?

Je m'imaginais déjà effectuer des recherches sur internet et sur les listes électorales norvégiennes.

— Oui. Enfin, à l'époque. Il y a vingt ans… Il a sûrement déménagé depuis.

— Et internet ? Tu l'as cherché sur Google ?

— Je ne peux pas, a dit maman.

— Bien sûr que si. Enfin, peut-être pas *toi*, mais moi, oui. Entre Facebook, LinkedIn et Twitter, et…

— Je suis désolée, m'a-t-elle interrompue. S'il te plaît, ne sois pas fâchée.

— Non. Je cherche juste un moyen de…

— Je ne connais pas son nom, a dit maman. Excuse-moi. Mais je n'ai jamais connu son nom de famille.

— Oh, mon Dieu, maman ! me suis-je écriée.

J'ai réussi à recueillir d'autres bribes d'information avant qu'elle n'aille se reposer dans son lit. Mais elle ne semblait pas savoir grand-chose de plus et, de mon côté, le cœur n'y était plus.

Cette histoire me donnait une impression de trahison et je me sentais franchement déprimée. Pendant quelques secondes, ce que j'avais tant désiré, l'objet de mes rêves secrets d'enfance, m'avait paru possible. Mais je touchais à peine cet espoir du doigt qu'une fois de plus, maman me l'arrachait des mains. Sans nom de famille, elle avait raison, c'était quasiment mission impossible.

Comme j'avais besoin d'espace pour réfléchir ou peut-être autre chose – l'espace nécessaire pour être malheureuse, me morfondre et m'apitoyer –, j'ai pris mes affaires de plage, la clé du scooter, et j'ai laissé dormir maman.

J'ai roulé pendant un moment dans les collines autour d'Oia tout en me demandant si l'accident de Conor avait eu lieu ici ou là. Arrivée devant un panneau indiquant une plage, je me suis arrêtée.

J'ai loué un transat, je suis allée nager deux ou trois fois, j'ai même commandé un sandwich et une bière dans un bar en bord de mer. Mais j'ai fait tout ça machinalement, sans le moindre plaisir. Je me sentais engourdie, coupée du reste du monde, comme si je m'étais endormie pour me réveiller dans une bulle. Cette sensation ressemblait étrangement au chagrin d'une rupture amoureuse, à la tristesse qui m'était tombée dessus quand Brian nous avait quittées, aussi.

J'ai pensé au couple que formaient ma mère et Brian. Si ce Leif avait été le grand amour de maman, je comprenais mieux cette histoire en demi-teinte.

À dix-sept heures, alors que je m'apprêtais à rentrer, j'ai reçu un texto de Baruch. Il me demandait si j'étais libre pour le dîner.

Maman serait contrariée et j'ai hésité pendant un moment, mais je me suis rappelé qu'elle avait perdu l'adresse de mon père. Je ferais ce qui me chantait, et ma colère le justifiait amplement. Je lui ai donc envoyé *Oui.*

Sa réponse ne s'est pas fait attendre.

Quand je suis revenue à l'hôtel, maman lisait un roman sur sa chaise longue.

— Salut, toi ! m'a-t-elle lancé sur un ton faussement jovial. Tu t'es bien amusée ?

Je lui ai répondu que ça allait, et que j'étais juste allée à la plage.

— Moi, je suis allée faire des emplettes. Je me suis dit qu'on pourrait pique-niquer ce soir, ça changerait. J'ai trouvé des tomates mûres magnifiques et…

— J'ai dit à Baruch que je mangerais avec lui, l'ai-je interrompue sans la laisser continuer. Ça ne te dérange pas ?

— Oh… non, d'accord.

Maman n'avait pas l'air ravie, mais elle faisait bonne figure.

— Non, ça ne me dérange pas du tout.

— Ça va aller ? Tu en es sûre ?

Elle a hoché la tête.

— Je suis à fond dans ma lecture, a-t-elle dit en me montrant la couverture de son livre. Ça ira. Ça… tu sais… ça m'occupe l'esprit.

— Mais on mangera ensemble demain, si tu veux ? On passera la journée toutes les deux pour ton anniversaire. Ce sera chouette.

— Avec plaisir, ma puce. D'accord. Tu demanderas des adresses à ton Baruch.

Nous avons bouquiné pendant une heure environ, l'une à côté de l'autre, mais je crois que l'atmosphère encore tendue a fini par devenir trop pesante pour maman, parce qu'elle est partie se baigner.

Baruch discutait avec Damon devant la supérette quand je suis arrivée et nous avons bavardé tous les trois en fumant des cigarettes, jusqu'à ce que Baruch dise quelque chose en grec à Damon, le faisant déguerpir instantanément.

— C'est comme un petit frère, m'a-t-il expliqué. Si tu ne lui demandes pas de filer le camp, il ne s'en va jamais.

— *Ficher* le camp, l'ai-je corrigé. Mais « filer le camp », c'est mignon.

— *Ficher le camp*, a répété Baruch. Bon… À Fira ?

— D'accord.

Je ne m'étais jamais arrêtée dans la ville principale de Santorin, et comme j'étais encore obsédée par ce que je venais d'apprendre, le choix de la destination m'était un peu égal.

— Mais à condition que tu me laisses te payer le restau, ai-je ajouté.

Baruch a grimacé.

— Ça ne se fait pas en Grèce.

— Alors, c'est une chance que je ne sois pas grecque, ai-je rétorqué. Allez, ce sera sympa.

La route qui longeait la côte était très agréable. Baruch conduisait à vitesse raisonnable, ralentissant de temps à autre pour me montrer quelque chose, mais j'étais toujours perturbée. Je revenais sans cesse à mon père et j'avais du mal à profiter du moment.

Nous nous sommes garés avant de nous aventurer à pied dans les ruelles de Fira. Baruch s'est rendu compte que je n'étais pas dans mon assiette. J'avais dû placer des *oh* et des *ah* au mauvais moment, car je dois avouer que mon attention était très limitée. Il m'a demandé ce qui n'allait pas.

Et j'ai entrepris de tout lui raconter. J'avais appris que mon père n'était pas mort, tout compte fait, qu'il n'était pas tombé d'une falaise à Oia. Le mystérieux Leif s'était évanoui dans la nature. Maman pensait que son nom de famille commençait par la lettre *V*, ou peut-être même *V-i-l*, et qu'il avait vécu à Bergen ; mais c'était à peu près tout ce que nous savions.

Le seul détail que j'ai sciemment passé sous silence, c'est le fait que Conor avait aussi été l'amant de ma mère, même si ça n'avait pas duré. J'avais du mal à me faire à cette idée, et j'ai décidé qu'il n'y avait aucune raison de la rendre publique.

En arrivant au restaurant que Baruch avait choisi, *Le Volcano Blue*, une taverne surplombant la caldeira, mon récit morose touchait à sa fin. Je m'étais lancée dans une sorte de monologue et je craignais de paraître égocentrique.

Baruch s'est contenté d'un *humm, humm* laconique avant de me poser LA question.

— Est-ce que tu la crois ?

J'ai éclaté de rire, et ce rire – le premier de la journée – m'a fait beaucoup de bien. Une vraie libération.

— Eh bien, c'est tout le problème, n'est-ce pas ? Elle m'a donné tant de versions.

— C'est cette histoire de valise que je trouve bizarre. Je n'ai jamais entendu dire qu'une compagnie avait perdu des bagages.

— Vraiment ? Oh, mais ça arrive souvent. J'ai entendu beaucoup de cas de ce genre, surtout quand il y a des changements entre deux vols.

— Bien sûr, mais on finit par *retrouver* la valise, a objecté Baruch. On la livre toujours à son propriétaire, non ?

— À moins qu'elle ait oublié de marquer son adresse dessus. Maman est une vraie tête de linotte.

— Tête de linotte ? a demandé Baruch.

— Tête en l'air, désorganisée. Concrètement, ce n'est pas si grave. Mais c'est bien le genre à oublier d'attacher une étiquette à sa valise. Je t'avoue que je n'ai même pas pensé à en mettre une sur la mienne, à l'aller.

— Tête de linotte, a répété Baruch, comme pour s'essayer à cette prononciation. Ça me plaît. *Linotte.*

Dans le restaurant, un serveur qui connaissait Baruch est venu nous accueillir. Il nous a conduits jusqu'à la seule table encore disponible, près de la balustrade, avec une vue imprenable sur la baie.

— Beau point de vue, hein ? a demandé Baruch quand nous nous sommes assis.

— Oui.

Je lui ai demandé ce que cela faisait de contempler un tel spectacle jour après jour, année après année. S'en lassait-on ? Naturellement, sa réponse était prévisible. Il m'a dit que certains jours il était saisi par la beauté, et d'autres non. C'était parfaitement compréhensible. D'ailleurs, ce soir, j'étais moi-même tellement préoccupée que je n'y avais même pas prêté attention avant que Baruch m'en parle.

L'autre détail que je n'avais pas remarqué, c'était que Baruch avait choisi, comble de l'horreur, un restaurant de fruits de mer.

— Des fruits de mer, ai-je dit en étudiant le menu, atterrée.

Allais-je pouvoir feindre de savoir décortiquer une crevette sans hurler ?

— Oui, j'adore les fruits de mer, a dit Baruch. Et toi ?

— Mouais, ai-je menti. Ça dépend lesquels. Pas tous.

J'ai réussi à passer ma commande sans trop d'embarras, par une pirouette, prétextant que j'avais mangé des fruits de mer au déjeuner et que j'avais envie d'essayer autre chose. J'ai opté pour des croquettes à la tomate et de la feta frite.

C'est très bizarre, parce que je ne suis absolument pas du genre à mentir sur ces choses-là. Mais son aplomb me donnait l'impression que mes propres phobies alimentaires étaient un peu puériles. Je voulais me comporter comme une adulte. Je voulais l'impressionner. Je crois qu'au fond, j'essayais encore de le séduire.

J'ai cru que j'étais sauvée jusqu'à ce qu'il me tende une gamba décortiquée au bout de sa fourchette.

— Goûte. C'est délicieux. Ils la cuisinent avec de l'ouzo.

J'ai regardé ses beaux yeux bleus, puis la crevette, et j'ai pensé : *Si tu l'as fait à Bergen pour maman, tu peux le faire ici.* J'ai donc souri en prenant sa fourchette. La texture ne m'emballait pas et j'ai essayé de réprimer un haut-le-cœur. Mais le goût n'était pas aussi infâme que dans mes souvenirs. En fait, c'était même assez savoureux.

Tout en mangeant, nous avons réfléchi à un moyen de retrouver le fameux Leif Vil-machin-chose. À un moment donné, j'ai sorti mon téléphone pour chercher des noms de famille norvégiens sur Google, et j'ai même convaincu Baruch d'appeler sa grand-mère. Mais Google, pour une fois, n'a rien donné, et sa grand-mère ne se souvenait de rien d'autre que d'un accident de voiture au pied d'une falaise.

Soudain, une lassitude inattendue m'a submergée, une lassitude profonde envers notre conversation et envers moi-même. J'étais incapable de penser à autre chose, et ça me frustrait terriblement. Pour changer, j'ai essayé de m'intéresser à Baruch. Il était drôle, plein de dérision, et avec sa chemise à rayures roses et blanches et son éternel jean serré, il était plus sexy que jamais. De toute évidence, il jouait la carte du charme et il faisait tout son possible pour me séduire. *Si seulement je pouvais me concentrer sur lui à la place,* ai-je pensé.

Nous sommes revenus à Oia vers vingt-deux heures trente. Baruch a coupé le moteur, et je me suis surprise à lui demander s'il restait des chambres libres à l'hôtel. Est-ce que je passais pour une dévergondée ? Peut-être. Mais rien n'arrive par hasard et, honnêtement, je crois que j'avais désespérément besoin de sensations physiques pour m'ancrer dans la réalité, pour me connecter à mon corps. J'avais très envie, pendant un moment, de mettre mes pensées à distance.

Nous avons pris des bières au magasin, et un autre ami de Baruch, à la réception, lui a donné une clé. La chambre, le numéro 12, était éloignée de celle de maman, et je m'en réjouissais.

Nous avons bu nos canettes sur la petite terrasse avant de migrer à l'intérieur pour nous embrasser. C'était agréable. Rien de révolutionnaire. Rien de transcendant. Mais c'était plaisant. Une sensation *très* plaisante.

Baruch était attentionné, respectueux et amusant quand il le fallait. Après les baisers et les caresses, nous sommes passés au lit et, à partir de là, les choses ont suivi leur cours naturel. Au terme d'un véritable marathon, il m'a aussi donné un orgasme, ce qui m'a fait l'effet d'un bonus inattendu. Parce qu'en cet instant, rien qu'un moment, j'ai réussi à oublier tout le reste pour me concentrer sur ce lit, dans cette chambre, à Santorin, en Grèce, sur la planète Terre. Et étant donné l'état de mes nerfs, ce n'était pas un mince exploit.

Après, j'ai connu l'une de mes sempiternelles crises de doute – je m'en voulais, même. Mais Baruch a roulé sur le côté et m'a enlacé, et je me suis dit : *Non. Tout va bien. Pas de mal. Pas de culpabilité. Pas de honte.* C'était la devise de l'une de mes copines de fac, et ça ne m'avait jamais semblé plus approprié.

Le lendemain matin, Baruch m'a réveillée juste avant de s'éclipser. Je n'avais même pas eu le temps d'émettre mon premier bâillement. La supérette, comme il me l'a rappelé, ouvrait à sept heures et demie.

Allongée dans le lit, tout en essayant de trouver l'énergie nécessaire pour me lever, j'ai fait le point sur mes sentiments et j'ai décidé qu'en dépit de mes doutes, ma nuit de passion avec Baruch m'avait fait un bien fou. J'étais mille fois moins tourmentée que la veille, encore enveloppée dans la bulle bienfaisante de nos ébats. Je me sentais bien, alanguie et un peu engourdie, là où quelques heures plus tôt encore, j'avais l'impression d'être exclusivement formée d'angles droits.

Quand je suis entrée dans le magasin pour lui rendre la clé de la chambre, Baruch a levé les yeux vers moi et il m'a souri. Je me suis rendu compte que, malgré mes efforts pour contrôler mes émotions, je l'appréciais vraiment. Il y avait quelque chose de délicieusement simple chez lui, chez nous deux et dans cette situation.

Comme il n'y avait aucun client, je me suis assise sur le comptoir, à côté de la caisse, et nous avons bavardé librement.

— J'ai encore essayé de chercher ce nom, m'a-t-il dit au bout d'un moment en désignant son ordinateur portable d'un mouvement de tête. Tu as bien dit *V-i-l*, c'est ça ?

— C'est ce qu'a dit maman.

— Je n'ai rien trouvé, m'a confirmé Baruch en attrapant son ordinateur.

Je me suis fait une place à côté de lui pour regarder et il m'a prise par la taille, m'attirant sur ses genoux. Il atteignait le clavier en m'entourant de ses bras.

— Tu vois ? m'a-t-il dit après avoir affiché la liste à l'écran.

Je l'ai examinée, lisant à haute voix quelques noms au hasard. J'ai prononcé Johansen, Olsen, Pedersen et Simonsen avant de souligner l'évidence :

— La plupart d'entre eux se terminent par *-sen.*

— Vilsen ? a proposé Baruch en ouvrant un nouvel onglet.

— Villonsen ? Vildersen ? Vilolsen ?

Mais nos essais n'ont rien donné.

— C'est peut-être une autre terminaison, a dit Baruch en me montrant Spillum, Storstrand et Tennfjord à l'écran.

— Tu peux chercher ces trois-là ? ai-je demandé en désignant Vang, Vinter et Vollan. Au moins, ils commencent par un V.

— Eh, eh, eh ! Mais qu'est-ce qui se passe ici ?

J'ai sauté des genoux de Baruch, renversant presque l'ordinateur sur le comptoir, et j'ai fait volte-face pour découvrir Damon, appuyé dans l'encadrement de la porte avec un sourire narquois.

— Rien, ai-je répondu.

Je devais être rouge écarlate.

— C'est bon, tu peux lui dire… a fait Baruch.

Pendant une terrible minute, j'ai cru qu'il voulait que je dise à Damon que nous avions couché ensemble. Mais il a poursuivi :

— Il travaille dans un hôtel. Il voit passer un million de noms différents. N'est-ce pas, Damon ?

Le jeune homme s'est approché d'un présentoir pour prendre un paquet de chewing-gums avant de rejoindre la caisse, déposant son achat sur le comptoir avec une pièce d'un euro.

— Me dire quoi ?

— Des noms norvégiens qui commencent par *V-i-l*, a expliqué Baruch. Tu vas voir. On l'appelle Monsieur Google, m'a-t-il précisé.

Damon faisait une drôle de tête.

— Quoi ?

— Des noms norvégiens qui commencent par *V-i-l*, a répété Baruch plus lentement.

Son ami a haussé les épaules.

— Comment veux-tu que je le sache ? Et pourquoi ?

— Becky essaie…

— … de gagner un prix, ai-je complété. C'est un quiz. Et c'est la seule réponse qu'on n'arrive pas à trouver.

— Google ? a suggéré Damon.

— On a essayé, a répondu Baruch. Mais on ne trouve rien.

— Vous pourriez demander aux gens de mon hôtel. On a quelques Scandinaves en ce moment. Je ne suis pas sûr qu'ils soient norvégiens, mais vous pouvez toujours essayer. Bon, je dois y aller. Je suis en retard.

Sur ce, Monsieur Google, qui ne méritait pas franchement son surnom, a récupéré son paquet de chewing-gums et a disparu.

— Je ferais mieux d'aller retrouver maman, ai-je dit à Baruch. C'est son anniversaire aujourd'hui.

— D'accord. Mais tu devrais faire ce qu'il dit. Il a peut-être des Norvégiens dans son hôtel. Je parie qu'ils connaissent les différents noms de là-bas.

J'ai hoché la tête.

— Sans doute. J'essaierai peut-être plus tard.

— Ce n'est pas loin. Là-haut, Les Balcons Bleus. Il bosse à la réception.

— Bon, d'accord. On se voit ce soir ?

Baruch m'a répondu par un grand sourire.

— On se voit quand tu veux.

— Mais bon, c'est l'anniversaire de maman, alors ce sera un peu tard.

— Je vérifierai les chambres disponibles, m'a-t-il dit avec un clin d'œil.

Je me suis dirigée vers la porte, mais j'ai hésité un instant.

— J'imagine que tu ne vends pas de papier cadeau, si ?

— Du papier cadeau ?

— Tu sais, du joli papier. Pour emballer un cadeau.

— Oh, non… a dit Baruch en jetant un coup d'œil autour de lui. Je crois qu'il me reste le papier d'emballage marron d'une livraison…

J'ai froncé le nez.

— Par là-bas, a-t-il dit en tendant le doigt. À la boutique souvenir. Je crois qu'ils en vendent.

J'ai agité la main avant de sortir en direction du magasin qu'il m'avait indiqué. Ce n'est qu'en arrivant à l'endroit où le Raidillon de la Mort descendait jusqu'au petit port que j'ai remarqué pour la première fois le nom de l'hôtel où maman avait séjourné à l'époque. *Les Balcons Bleus.*

Pour une raison quelconque, je sentais mon cœur battre un peu plus vite. J'ai essayé de me persuader que j'étais ridicule, mais j'avais l'impression que l'univers m'adressait un signe. Alors, j'ai traversé la rue et, pour la première fois, j'ai pénétré dans le hall d'entrée climatisé.

Damon était déjà à son poste, derrière le bureau de la réception, et je me suis avancée sur le sol en marbre pour m'y accouder. Il a levé les yeux avec un sourire grivois.

— Salut, beauté, a-t-il dit. Tu t'ennuies avec le vieux Baruch ? Il ne sait pas satisfaire les dames. Contrairement à moi.

J'ai levé les yeux au ciel.

— Pitié, dis-moi que je rêve ! me suis-je esclaffée. Et d'abord, tu as quel âge ? Quatorze ans ? Quinze ?

— Seize ans, a dit Damon. Ce n'est pas trop jeune. Tu verras.

— Oui, c'est ça. Bon, tu m'as dit que tu pouvais me présenter des Norvégiens ?

Damon a poussé un soupir mélodramatique.

— Tant pis, a-t-il dit.

Puis il a désigné un groupe à l'autre bout du hall d'entrée, sur la droite, près de la porte. Il y avait trois hommes et deux femmes, en tenue de randonnée. Ils étaient tous blonds, sauf un.

— Essaie d'aller les voir, m'a-t-il dit. Ils sont peut-être suédois ou un truc comme ça. Mais il y a des chances qu'ils puissent te répondre.

En approchant, j'ai entendu les bribes d'une langue aux accents clairement scandinaves.

Un frisson m'a parcouru. J'ai d'abord cru que c'était à cause de l'air conditionné réglé à pleine puissance, mais alors que j'étais à moins de deux mètres du groupe, le plus grand des trois hommes a tourné la tête vers la réception et je me suis immobilisée.

Il n'avait jeté qu'un bref coup d'œil dans ma direction avant de se retourner pour poursuivre la conversation avec ses amis, mais brusquement, j'avais la gorge sèche et mon cœur battait la chamade.

J'ai glissé vers une chaise contre le mur. Mes jambes étaient toutes flageolantes. J'ai essayé de me raisonner : c'était de la folie. Mon cerveau me jouait des tours, et ma vue aussi. Pourtant, au bout d'une minute, quand il a de nouveau tourné la tête vers moi, j'ai compris que je ne me trompais pas.

16.

LAURA

Elle est dans un aéroport. Elle tire sa valise dans le couloir interminable qui conduit à sa porte d'embarquement, ou du moins elle l'espère. En retard pour son vol, elle alterne entre les petites foulées et la marche rapide. Ses talons ne lui permettent rien de plus, et malgré la cadence de ses pas, elle sent son cœur cogner dans ses oreilles et la sueur perler sur son front.

On appelle son nom dans les haut-parleurs. *« Dernier appel d'embarquement pour Laura Ryan. Laura Ryan ! Veuillez rejoindre la porte 115 immédiatement ! »*

Elle monte sur le tapis roulant en pensant que ce sera plus rapide, et pourtant elle a l'impression que ça la ralentit. Quand elle court, il lui semble qu'elle marche au pas. Et quand elle s'arrête, bien qu'elle avance toujours, c'est encore plus lent – comme si elle piétinait dans la mélasse. Elle regarde le numéro de la porte devant laquelle elle passe – la porte 18 – et elle se dit : *Mon Dieu, je n'arriverai jamais à temps !* Alors, elle se penche pour se déchausser et elle se hâte, la poignée de sa maudite valise dans une main et ses chaussures dans l'autre. Elle court et court encore, jusqu'à en perdre haleine, et bientôt les numéros de porte commencent à augmenter. Trente-deux… cinquante-quatre…

Quand elle arrive enfin devant la sienne, il n'y a aucune file d'attente. Tout le monde a déjà embarqué.

L'hôtesse lève les yeux à son approche et déclare :

— J'espère que vous êtes Laura Ryan ? Nous vous attendions.

Elle sort la carte d'embarquement de sa poche et l'hôtesse l'insère dans la machine. Mais au lieu de biper avec une lumière verte, la machine la déchiquette en bandelettes qui flottent jusqu'au sol avant d'être emportées dans le couloir par lequel elle vient d'arriver.

— Je suis désolée, dit la dame. Apparemment, ce n'était pas votre carte d'embarquement.

En proie au doute et à la panique, elle inspecte ses autres poches – on dirait qu'elle en a des centaines – et trouve enfin une nouvelle feuille.

— Oh, la voilà ! dit-elle en tendant le papier.

Cette fois, satisfaite, la machine gazouille.

— Vous devez faire vite, dit la femme. Sinon, vous allez rater votre vol.

Elle détale dans la passerelle, mais elle se heurte à la porte close de l'avion. Lâchant sa valise, elle frappe avec ses deux poings jusqu'à ce que la porte s'ouvre enfin.

— Laura Ryan ? fait le steward. Vous êtes très en retard !

À peine a-t-elle attaché sa ceinture que l'avion commence à reculer, s'éloignant de la porte d'embarquement. Elle essuie la sueur sur son front et se tourne vers l'homme à côté d'elle.

— C'était moins une ! lui dit-elle. J'ai bien cru que j'allais le rater.

— Vous leur avez donné le mauvais papier.

— Oui. Oui, c'est vrai, répond-elle en se demandant comment il peut bien le savoir.

Tandis que l'avion change de direction et se met à prendre de la vitesse en bringuebalant sur le tarmac, l'homme ajoute :

— Et maintenant, il a disparu à jamais.

D'abord, ses paroles l'étonnent, puis une vague de panique déferle sur elle et elle entreprend de fouiller frénétiquement ses nombreuses poches. Mais l'homme a raison. La feuille en question – elle ne sait pas exactement ce dont il s'agissait, mais une chose est sûre, c'était le papier le plus important du monde – a bel et bien disparu.

Et tandis qu'elle imagine les bandelettes emportées dans les couloirs venteux de l'aéroport, elle se rend compte qu'elle va vomir.

***

J'étais assise, le regard dans le vague, quand Becky est arrivée. Il y avait des nuages à l'horizon, à l'ouest, c'était la première masse nuageuse véritable qu'on voyait depuis notre arrivée. Allaient-ils voiler ou, au contraire, rehausser la beauté du couchant ce soir ? Je me demandais à quelle fréquence il pleuvait à Santorin.

J'étais debout depuis près de deux heures, mais comme souvent, l'ombre de mon cauchemar restait suspendue au-dessus de moi. Comme ma nausée s'attardait, je n'avais pas encore pris le petit déjeuner.

Elle est arrivée en dévalant les marches si vite que j'ai eu peur qu'elle se casse la figure. Malgré l'effort, son visage était blême et ses traits semblaient torturés.

La première pensée qui m'a traversé la tête, c'était que Baruch lui avait fait du mal. Je me suis levée d'un bond pour la prendre dans mes bras, mais ce n'était pas ce qu'elle voulait.

— Tu dois venir, maman, m'a-t-elle dit en me prenant la main pour m'entraîner. Viens vite.

— Pourquoi ? Que se passe-t-il ?

— S'il te plaît ! m'a suppliée Becky en tirant de nouveau sur ma main. Dépêche-toi.

Je l'ai suivie assez loin pour constater que ce qu'elle souhaitait me montrer ne se trouvait pas dans l'escalier, et je me suis dégagée.

— Mes chaussures. Attends ! J'ai besoin de mes chaussures.

Toutes sortes d'images défilaient dans mon esprit tandis que j'enfilais mes tennis. Si Baruch ne lui avait rien fait, alors peut-être s'était-il blessé. Quel que soit le problème, il mettait Becky dans tous ses états. Elle serrait ses poings tremblants le long de son corps, comme un bambin capricieux, tout en me poussant à accélérer le mouvement.

Alors que je remontais les marches à petites foulées, je me suis souvenue de ma course, dans le rêve, et je me suis demandé s'il n'était pas prémonitoire. Malgré mon allure, je n'avançais pas aussi vite que ma fille.

— Bon sang ! me suis-je exclamée en arrivant au sommet et alors qu'elle m'entraînait sans ménagement dans la rue. Becky ! Dis-moi ce qui se passe, ai-je insisté.

— Il est ici, m'a-t-elle dit. Le Norvégien. Mon père. Il est *ici* !

Je suis restée pétrifiée et j'ai vivement retiré ma main.

— Arrête et explique-moi de quoi tu parles.

À présent, son insistance me contrariait. Parce que si personne n'était en train de mourir, il n'y avait pas d'urgence.

— Il est dans un hôtel. Là-bas. Je viens juste de le voir. Allez !

J'ai secoué la tête en reprenant ma progression. Becky était repartie au pas de course avant de rebrousser chemin pour me presser. Des passants commençaient à nous regarder.

— C'est exactement pour ça que je savais qu'il ne fallait pas t'en parler. Je savais que ça te rendrait folle.

— Je ne suis pas folle, maman. Fais-moi confiance. Il est ici !

— Mais non, Becky. Je ne sais pas ce qui te fait croire que tu as vu…

Elle s'était arrêtée devant un hôtel. Même si le hall d'entrée avait été rénové et que le nom et le logo avaient changé, c'était celui où j'avais séjourné il y a de si nombreuses années. Soudain, j'ai commencé à trouver du sens dans la folie de Becky. Évidemment, c'était moi qui lui avais donné tous les éléments. Je lui avais raconté qu'elle avait été conçue à Santorin. J'avais menti pendant vingt ans à mon enfant en lui faisant croire que son père était mort. Et maintenant, elle savait que ce n'était pas vrai, et je le lui avais avoué ici, à moins de cent mètres de l'endroit où je l'avais rencontré. Comment aurait-elle pu réagir autrement que par la folie ?

— Là-dedans, me disait-elle. Va voir. Le grand blond.

Je lui ai pris le bras en m'efforçant de la calmer.

— Becky. Écoute-moi.

Peut-être faisait-elle une crise de nerfs. Si c'était le cas, je me demandais comment réagir. Y avait-il seulement des services psychiatriques à Santorin ?

— Je te demande juste d'aller *voir*, maman ! Il me ressemble trait pour trait. C'est impressionnant.

— Becky, tout est ma faute, mais…

— Va *voir* ! a-t-elle répété.

Comme à ce stade elle pleurait presque de frustration, j'ai fini par accepter.

— Je vais y aller et je jetterai un œil, lui ai-je dit sur un ton posé. Mais toi, tu vas t'asseoir sur le muret et te calmer, d'accord ? Parce que c'est impossible que ce soit lui, je t'assure.

Les portes ont coulissé et quelqu'un est sorti. Becky a regardé furtivement à l'intérieur.

— Il est là, a-t-elle soufflé. Regarde !

Mais le temps que je tourne la tête, les portes s'étaient refermées et je n'ai aperçu que le reflet de la boutique souvenir d'en face.

— Vas-y ! m'a dit Becky, au bord de l'hystérie. Avant qu'il disparaisse.

Et comme satisfaire son besoin me semblait le seul moyen de régler la question, j'ai levé les yeux au ciel, je lui ai lâché le bras et je me suis approchée de la porte. Au moment où elle s'ouvrait, je me suis retournée vers elle.

— Tu veux venir avec moi ?

En guise de réponse, elle s'est contentée de secouer la tête.

Je me suis avancée dans le hall. Récemment rénové, il était bien plus vaste que lors de ma dernière visite. Le sol était en marbre imposant et ce devait être insupportable de travailler toute la journée avec cette climatisation. J'avais l'impression de débarquer au cercle polaire.

J'ai balayé les lieux du regard, les différents groupes présents, avant de repérer cet homme qui devait être celui dont Becky m'avait parlé. Je comprenais ce qu'elle avait cru voir en lui, mais j'ai su immédiatement, même de dos, que ce n'était pas Leif. Évidemment. Comment aurait-il pu en être autrement ?

Mon cœur s'est serré. Je crois même qu'il m'a fallu ravaler quelques larmes. J'avais eu beau persuader Becky que ça ne pouvait pas être lui, je me rendais compte qu'au fond, je l'avais peut-être espéré. Toutes les fois où j'avais imaginé ma vie avec Leif, ces rêves auxquels je m'étais accrochée pendant des années avant d'y renoncer à contrecœur, avaient refait surface l'espace d'un instant.

J'ai expiré lentement et je me suis mordu la lèvre. J'apercevais Becky de l'autre côté de la vitre. Assise sur le muret d'en face, elle fumait et se rongeait les ongles tour à tour. Je me demandais quelle serait sa réaction quand je lui apprendrais la nouvelle.

J'ai failli ressortir tout de suite, mais la curiosité a pris le dessus. Intriguée par cet homme que Becky avait pris pour son père, je voulais voir son visage. J'étais curieuse de savoir quelle image elle se faisait de lui. Je me suis donc éloignée au fond de la salle et je me suis retournée pour jeter un coup d'œil. Il était grand et blond aux yeux bleus. Sur ce point, elle avait vu juste. Il aurait pu être norvégien, même si j'avais plutôt l'impression qu'il était de type allemand. Mais la ressemblance s'arrêtait là. Ses épaules étaient bien plus carrées que les siennes, et il avait le nez incroyablement pointu alors que celui de Leif se terminait par une sorte de petite boule. Une fois de plus j'ai soupiré, puis je me suis dirigée vers la sortie. Alors que je m'approchais de la porte, un homme s'est écrié :

— Jens !

Quelque chose dans son timbre de voix m'a arrêtée net. La porte s'est ouverte et refermée, avant de se rouvrir devant moi. Je voyais Becky de l'autre côté de la rue, mais elle ne me regardait pas. Elle utilisait son mégot pour allumer une nouvelle cigarette. Pardessus le bruit de la porte automatique qui s'ouvrait et se refermait avec acharnement, j'ai tendu l'oreille pour écouter les voix dans mon dos. Mes larmes se sont mises à couler. Des larmes d'espoir mêlées à une terreur indicible devant la certitude presque inévitable que je me trompais. J'étais à coup sûr aussi folle que ma fille.

La gorge serrée, j'ai pivoté pour regarder derrière moi.

Le blond que j'avais vu, vraisemblablement le dénommé Jens, était tourné vers moi, tandis que l'homme dont la voix m'avait interpellée me présentait son dos. Il lui donnait une tape sur le bras et parlait avec animation, sur un ton jovial. Mes genoux se sont mis à trembler et j'ai dû faire un pas de côté pour me ressaisir en posant la main sur une colonne.

Jens avait dû s'en rendre compte, parce qu'il a froncé les sourcils. En réaction, son interlocuteur s'est tourné pour voir ce qu'il regardait. Et ce qu'il a vu en se retournant, c'était moi.

D'abord, sa mine s'est fermée, comme si l'image que lui offraient ses rétines ne s'imprimait pas. Puis il a ouvert la bouche pour parler, avant de la refermer sans avoir prononcé un mot. Enfin, sans détourner le regard un seul instant, il a tapoté le bras de son ami d'un air absent et il a traversé le hall d'entrée pour me rejoindre.

— C'est toi ? a-t-il simplement demandé.

Malgré mes tentatives, j'étais incapable de lui répondre. Au lieu de quoi, j'ai plaqué une main sur mes lèvres tremblantes et, une fois de plus, je me suis mise à pleurer.

Il s'est approché et, timidement au début, il m'a prise dans ses bras.

— Laura, a-t-il dit. Oh, *Laura*.

Jens et une amie blonde sont venus lui poser une question en norvégien, sans doute pour savoir si tout allait bien. La réponse de Leif leur a cloué le bec et ils ont reculé en s'excusant, esquissant un sourire gêné.

Pendant une minute environ, j'ai pleuré dans ses bras. Entre deux sanglots, j'essayais de m'imprégner de la sensation d'être contre lui, de son odeur chaude et musquée dont je me souvenais encore, des années après.

Il m'a conduite vers une causeuse, dans un coin du hall, où nous nous sommes assis côte à côte. Quand j'ai enfin retrouvé l'usage de la parole, j'ai demandé d'une voix éraillée :

— Comment peux-tu être ici, Leif ?

— Moi ?

Il a haussé les épaules.

— On vient souvent ici, a-t-il dit sur un ton détaché. Cela fait une dizaine de fois peut-être depuis… tu sais… Et toi ? Comment se fait-il que *toi*, tu sois ici ?

Son intonation était distante, presque professionnelle, légèrement cassante. Ce n'étaient pas les retrouvailles dont j'avais si souvent rêvé.

— Je suis venue pour fêter mes cinquante ans. En souvenir du bon vieux temps, pour ainsi dire.

Leif a hoché la tête.

— En souvenir du bon vieux temps, a-t-il répété en me caressant le dos d'un geste machinal.

C'était amical, dénué de passion. D'ailleurs, même le terme amical serait un peu excessif. *Vaguement* amical, disons.

— Tu séjournes ici ? a-t-il demandé. Aux Balcons Bleus ?

— C'était ce que je voulais, ai-je répondu en secouant la tête. Mais je ne l'ai pas retrouvé quand on a réservé. Ça a changé de nom, alors…

— Oui, a confirmé Leif. Oui, ça a changé de nom.

Pendant un instant, j'ai pensé que c'était ridicule de discuter du nom de l'hôtel. Mais tout le reste, tout ce que j'avais envie de lui dire, me semblait trop compliqué, trop énorme pour être exprimé par des mots. Et je ne trouvais aucun moyen de passer de ce sujet à un autre.

Au fond, ce que j'aurais voulu savoir, c'était si les visites fréquentes de Leif à Santorin avaient un quelconque rapport avec moi. Mais une telle question me semblait absurde et égocentrique. Et puis, sa façon de parler, son air impassible, me mettaient en garde. C'était quelque chose dans son expression, dans sa phrase : « On vient souvent ici. »

« On » ? me demandais-je à présent. *Qui est ce « on » ?*

Après tout, ça faisait vingt-quatre ans. Comment pouvais-je croire que l'adorable Leif resterait célibataire ? Comment pouvais-je croire que j'étais encore la raison de sa présence ici, après tant d'années ? Nous avions passé quelques jours ensemble, suivis par vingt-quatre années de séparation.

— Et toi ? a demandé Leif, comme s'il me renvoyait ma question. Tu es ici toute seule ?

— Non. Non, je suis avec… quelqu'un.

Je suis ici avec ta fille, ai-je pensé. Ces mots paraissaient simples, mais comme tout le reste, c'était insuffisant pour exprimer ce qui devait l'être.

— Avec un homme ? a demandé Leif.

— Oh, non ! ai-je répondu en jetant un œil dehors pour essayer d'apercevoir Becky.

Mais il n'y avait plus personne sur le muret.

— Non, je suis… je suis avec une femme. Une amie.

Leif a hoché la tête.

— C'est bien, a-t-il dit.

— C'est bien ?

— Ce n'est pas agréable de voyager seul.

— Non, c'est vrai.

— Au fait, je crois que je ne me trompe pas si je te souhaite un joyeux anniversaire, n'est-ce pas ? a demandé Leif.

J'ai acquiescé en silence. Je jouais négligemment avec mes ongles, avec un bouton de mon haut, tout et n'importe quoi pour m'éviter de le regarder droit dans les yeux. J'étais terrifiée par ce que je risquais d'y trouver. À moins qu'il soit plus honnête de dire que j'étais terrifiée par ce que je n'y trouverais pas.

— Eh oui, ai-je enfin répondu. Cinquante ans aujourd'hui. *Cinquante ans !* Quand est-ce arrivé ?

— C'est difficile de parler, m'a dit Leif après un long moment de silence. Ça fait si longtemps.

— Oui, tu as raison. Tu veux aller rejoindre tes amis, peut-être ?

C'était de la folie de lui suggérer une chose pareille. Quasiment sans interruption depuis la dernière fois que j'avais vu Leif, j'avais prié pour vivre ce moment, et maintenant qu'il arrivait enfin, j'étais complètement démunie. On aurait dit que je manquais de force, d'intelligence ou de courage pour bien m'y prendre. Après lui avoir proposé ni plus ni moins de mettre un terme à notre conversation, j'étais terrifiée que Leif accepte. Et en même temps, j'espérais qu'il me libérerait ainsi de la tension insoutenable de ce moment. Parce que c'était proprement insupportable. J'avais du mal à respirer.

Mais ce qui s'est passé, c'est que Leif a éclaté de rire.

— Non, a-t-il dit. Non, je n'ai pas envie d'aller rejoindre mes amis. Et toi, tu voudrais que je le fasse ?

J'ai secoué légèrement la tête et, enhardie par son rire, j'ai levé les yeux vers son visage.

Il avait pris un peu de poids avec les années, mais il avait toujours la même physionomie. Son visage était plus rond, et au coin des yeux il avait des pattes d'oie qui ne s'y trouvaient pas auparavant. La teinte glacée de ses yeux bleus m'a paru nouvelle, elle aussi, et je me suis demandé si le chagrin ou la déception avaient pu en altérer les nuances. Son nez était un peu décentré et j'ai tendu la main pour l'effleurer du bout des doigts.

— Conor, a confirmé Leif. J'ai dû le faire redresser à l'hôpital. Mais il n'est jamais redevenu aussi droit. Comme ça, je pense toujours à toi. Chaque fois que je me regarde dans le miroir.

— Moi aussi, je pense toujours à toi. Je n'ai jamais cessé.

Il m'a semblé que les yeux de Leif prenaient un ton encore plus froid, et j'ai pensé : *Oh, Seigneur, c'est de la colère ! C'est la colère qui leur donne cette couleur.*

— Tu ne m'as pas écrit, a-t-il dit, confirmant mes soupçons. Tu ne m'as jamais appelé. Pas une seule fois.

Dans les premiers temps, j'avais souvent imaginé Leif assis près du téléphone à attendre que je le contacte. Mais au fil des ans, j'avais oublié la colère qu'il avait pu ressentir, à force de me morfondre sur ma petite personne – angoissée par cette perte et par le fait que ma fille, à cause des caprices du destin, avait grandi sans père. Mais bien sûr, Leif n'avait jamais su que j'avais perdu ma valise. Avait-il attendu mon appel ? Et pendant combien de temps ? Qu'avait-il ressenti ? Était-il devenu fou de colère ?

Il avait tourné la tête et regardait vers la rue. Alors, j'ai tendu la main et, avec tendresse, je lui ai touché le bras.

— Leif, ai-je dit doucement. Ce n'était pas ma faute. Je sais… Je comprends ce que tu as dû penser, mais je ne pouvais *pas* te téléphoner. Je ne pouvais *pas* t'écrire.

Quand il a reniflé en se séchant les yeux du revers de la manche, je me suis rendu compte qu'ils s'étaient embués.

— Pas ici, a-t-il dit en se redressant. Nous devons nous expliquer, mais pas ici.

Il s'est levé et je lui ai emboîté le pas.

— Viens, a-t-il dit en se dirigeant vers les portes coulissantes.

Devant l'hôtel, j'ai cherché Becky du regard, à droite et à gauche, mais elle n'était nulle part. J'ai voulu prendre mon téléphone dans ma poche pour l'appeler, ou au moins lui envoyer un message, mais je ne l'avais pas emporté. De toute façon, tant que je n'aurais pas parlé à Leif, je ne pouvais pas les présenter l'un à l'autre. Je l'ai donc suivi dans le Raidillon de la Mort.

Il s'est arrêté devant la chambre numéro 23. Il occupait déjà cette chambre des années plus tôt et j'ai cru qu'il allait faire un commentaire à ce sujet, qu'il voulait me la montrer. Mais il s'est contenté de déverrouiller la porte avant de reculer en désignant les transats.

— Nous serons mieux ici, je crois, a-t-il dit.

Je me suis demandé s'il y avait des vêtements féminins étalés sur le lit. Je me suis demandé si la femme élégante que j'avais vue dans le hall d'accueil était sa petite amie, ou même sa femme. J'ai baissé les yeux sur ses mains, mais il ne portait pas d'alliance.

Nous avons rapproché deux chaises longues et nous nous sommes assis.

— Tu as la même chambre, ai-je observé.

— Oui. Toujours. Je réserve très tôt et ils me la gardent.

— Pourquoi ? Je veux dire, pourquoi veux-tu toujours la même ?

— Parce que… a commencé Leif.

Mais il s'est interrompu en poussant un profond soupir.

— Tu sais quoi ? Si on parlait de toi un peu ? Dis-moi pourquoi tu ne m'as pas appelé. Pourquoi tu ne *pouvais* pas m'appeler ?

J'ai posé une main devant mes yeux pendant un moment avant de la faire glisser sur mon visage.

— Je suis vraiment désolée, Leif.

— Désolée, a-t-il répété. Oui. Mais pourquoi ?

— Ils ont perdu ma valise, ai-je répondu en haussant les épaules. Ils l'ont perdue entre mes vols de retour. Avec tout ce qu'elle contenait. Il y avait ton bout de papier. Le bout de papier avec ton adresse. Et sans ça…

Leif a fait une drôle de grimace. Il s'est tourné pour contempler la mer pendant un moment. Quand il s'est enfin retourné vers moi, son expression n'avait pas du tout changé. On aurait dit que la lumière du soleil l'éblouissait, le contraignant à plisser les paupières.

— C'est vrai ?

J'ai hoché la tête.

— Je… je ne… Écoute… ai-je bredouillé. Je ne veux surtout pas que tu t'imagines que je n'ai pas essayé. J'ai tout fait. J'ai appelé l'ambassade, et tout le bataclan. Ils n'ont rien pu faire pour moi.

— Pour ta valise ?

— Non, j'ai harcelé la compagnie aérienne pour ça. Pendant plus d'un an. J'ai écrit à Aegean, à la British Airways et à l'aéroport d'Athènes… J'ai téléphoné à l'ambassade de Norvège aussi. Ils ne pouvaient pas m'aider. Ou ils ne voulaient pas. Je leur demandais de me donner ton nom. J'ai aussi écrit à l'Université de Bergen. J'y suis même allée avec… J'y suis allée. J'ai essayé de toutes mes forces de te retrouver, Leif. J'en rêvais. Il m'arrive *encore* de rêver que je trouve, ou que je perds, ce fichu bout de papier. J'ai tout essayé, je te le jure. Mais je ne trouvais aucun moyen.

Un rire amer lui a échappé et il a dit :

— Et l'annuaire ?

— Pardon ?

— L'annuaire. J'y suis. À Bergen.

— Mais je ne connais pas ton nom. Je n'ai jamais connu ton nom de famille.

Leif a posé la tête dans ses mains et, pendant un moment, il a respiré lentement, bruyamment.

— Moi non plus, a-t-il fini par admettre. Je ne connaissais pas le tien.

— C'est Ryan.

Aussitôt, il s'est écrié :

— Bien sûr. Bien sûr, je le savais. Quelque part…

Du doigt, il a désigné sa tête.

— J'ai téléphoné à l'hôtel, tu sais ? Je me suis dit qu'ils l'avaient peut-être.

— Moi aussi. Mais il avait fermé.

— Oui, mais quand il a rouvert l'année suivante. Ils ont retrouvé les documents et ils m'ont dit que tu t'appelais O'Leary.

— C'est le nom de Conor.

— Oui. Oui, je sais. Tu avais été enregistrée à l'hôtel sous le nom de Madame O'Leary.

— Alors toi aussi, tu as essayé de me retrouver ?

— Oui, m'a dit Leif. Pendant des années.

— Et ton nom, c'est quoi ? Ton nom de famille ?

— Vilhjálmsson.

Je lui ai demandé de me l'épeler, puis je lui ai expliqué :

— Je savais que c'était *Vil*-quelque chose. J'ai interrogé les bibliothécaires. Il y avait ce système qui permettait de leur poser des questions. N'importe laquelle. Alors, je leur ai demandé les noms de famille norvégiens qui commençaient par *V-i-l*. Et j'ai fait la recherche en ligne quand c'est devenu possible, en 2000 ou 2001, avec Google. Mais je n'ai jamais pu trouver ton nom.

— Il est islandais, m'a dit Leif. Pas norvégien. Mes parents étaient d'Islande.

— Seigneur ! ai-je soupiré en secouant la tête. Pourquoi je ne le savais pas ?

— Nous n'avons pas parlé de ça. Nous étions plutôt occupés. Avec Conor.

— Oui, c'est vrai.

— Mais tu pensais toujours à moi ? m'a demandé Leif, presque étonné.

— Je n'ai jamais cessé. Sincèrement, Leif. Je n'ai jamais cessé. Je n'ai pensé à rien d'autre pendant ma vie entière.

Une fois de plus, Leif a enfoui sa tête dans ses mains, et j'ai posé une main dans son dos. Quelques larmes coulaient sur mes joues. *C'est trop tard*, me disais-je. *Je ne sais pas ce que j'espérais, mais c'est clairement trop tard.* Je crois que c'est à ce moment-là, avec la preuve physique de nos corps transformés, que j'ai pris conscience du temps qui avait passé. Nous avions eu des vies radicalement différentes. Nous étions devenus des personnes radicalement différentes.

Au bout d'une minute, je suis entrée dans la chambre pour me passer de l'eau sur la figure. Je m'attendais à avoir des yeux rouges cernés de noir, mais en regardant dans le miroir, je me suis rappelé que je ne m'étais pas maquillée ce matin. C'était aussi bien comme ça.

Je me suis lavé et séché le visage, et après avoir jeté un œil par-dessus mon épaule, j'ai inspecté le placard de la salle de bains. Mais il n'y avait que des affaires d'homme. Et une seule brosse à dents. Cette impression a été confirmée quand j'ai retraversé la chambre. Seul l'un des deux lits simples avait été occupé.

Quand je suis ressortie sous le soleil, Leif était debout, tourné vers la mer.

— Tu t'es marié ? ai-je demandé de but en blanc avant que mon courage me fasse défaut.

— Oui. Et toi ?

J'ai hoché la tête.

— Mais ça n'a pas marché. Enfin si, pendant un moment…

— Même chose pour moi, a dit Leif.

Il ne s'était toujours pas retourné pour me regarder.

— Cinq ans.

— Huit, ai-je dit. J'ai tenu huit ans.

— Alors, tu gagnes.

Je ne savais pas s'il essayait de détendre l'atmosphère ou d'être sarcastique.

— Pourquoi est-ce que… ? ai-je commencé.

Mais je me suis interrompue. Je ne me sentais pas en droit de lui poser cette question.

— Pourquoi ça n'a pas marché ?

— Oui.

Il s'est tourné vers moi. Ses yeux étaient rouges.

— Je voulais des enfants, m'a-t-il dit. Aslaug n'en voulait pas. Ça nous a causé beaucoup de problèmes. Et…

— Et ?

Leif a haussé les épaules.

— C'est à peu près tout, en fait. Et toi ?

— Moi quoi ?

J'avais peur qu'il me demande si j'avais eu des enfants. Parce que je ne trouvais toujours pas le moyen de lui dire ce que je devais lui dire.

— Ton mariage ? Pourquoi n'a-t-il pas duré ?

— Oh. Je ne sais pas vraiment. Pourquoi les mariages ne durent pas ?

— Tu ne sais pas ?

J'ai haussé les épaules.

— Il était charmant. Il s'appelait Brian, et il était gentil, drôle et bel homme. Alors…

— Alors ?

— Je ne… je crois que je ne l'aimais pas comme il l'aurait fallu. J'étais toujours… je ne sais pas…

— Ça ne fait rien. Tu n'es pas obligée. J'étais curieux, c'est tout.

— Je le comparais constamment avec toi. Je crois que c'est la vérité, pour être honnête. Il y avait toujours une part de moi qui pensait encore à *toi.* Ça rendait les choses… compliquées.

Leif a eu un sourire triste.

— Je ne suis pas si spécial, tu sais ?

— Non. Eh bien, moi non plus.

— Mais nous… a dit Leif en faisant un geste entre lui et moi. Nous deux, c'était magique, n'est-ce pas ? À l'époque ?

J'ai hoché la tête en me mordant la lèvre inférieure. J'ai ouvert la bouche pour parler, mais j'étais incapable d'émettre le moindre son. *Oui,* ai-je pensé. *C'était magique.*

Nous sommes retournés à nos transats et Leif a pris mes mains dans les siennes.

— Alors, dis-moi, Laura. Dis-moi la vérité. Est-ce que tu vois quelqu'un maintenant ?

J'ai secoué la tête.

— Il n'y a eu personne d'autre. Personne avant Brian, et personne depuis. Même Brian, vraiment, ce n'était pas… tu sais… Et toi ?

Leif m'a fait signe que non.

— Pas depuis Aslaug. Souvent, je me dis que j'aurais dû rester avec elle.

— Ah bon ?

— Eh bien, au final, je n'ai pas eu d'enfants. Alors en quelque sorte, notre séparation n'a servi à rien.

— Oui, oui, je vois.

J'essayais de formuler une phrase contenant le nom de Becky, mais je ne trouvais pas les mots justes.

— J'ai toujours gardé espoir, tu sais, a dit Leif. Chaque année où je viens ici. Je me disais que ça pouvait toujours arriver. Qu'un jour je me retournerais et que je te verrais. Pourquoi n'es-tu jamais revenue ?

— Je ne pouvais pas me le permettre. Et j'avais peur aussi. Au début, en tout cas. Et j'avais un en… Les seules vacances que j'ai prises, ça a été à Bergen. Et ensuite, j'étais mariée, alors… Je n'allais tout de même pas venir ici avec Brian.

— Non, a dit Leif. Et maintenant ?

— Pardon ?

— Pourquoi es-tu venue maintenant ?

— Oh, je ne sais pas vraiment. J'ai hérité d'un peu d'argent. Et j'ai perdu mon boulot, alors j'avais le temps. Et puis j'ai rompu avec Brian, bien sûr. Je voulais peut-être me rappeler qui j'étais avant de le rencontrer. Quelque chose de ce genre, en tout cas.

— Et tu es vraiment venue à Bergen. C'était en quelle année ?

— En 2000, peut-être ? 2001 ? Il m'a fallu des années pour économiser.

— Je vois.

— Où étais-tu ?

Il a secoué la tête.

— Je travaillais sur les plateformes pétrolières. À vrai dire, je n'étais jamais vraiment quelque part. Toujours en mer.

J'ai soupiré. Le fait qu'il ne se soit pas trouvé à Bergen me procurait un vague réconfort. Parce que je m'étais toujours figuré que je l'avais raté. Je nous imaginais en train de marcher, à quelques mètres de distance, dans des rues parallèles. Il se présentait souvent à mon esprit l'image de Becky et moi quittant un café pour que Leif, quelques minutes après, s'installe sur mon siège encore chaud. Mais il n'était pas du tout en ville. Et ça me semblait mieux comme ça.

Nous sommes restés assis une dizaine de minutes, sans rien dire, les yeux dans les yeux.

De temps en temps, Leif poussait un soupir en secouant la tête, comme si l'absurdité de la situation l'amusait. Quant à moi, je pleurais par intermittence. Le choc m'avait engourdi le cerveau, je crois, et à part pleurer et sécher mes larmes, je ne voyais pas quoi faire d'autre.

Le moment m'est tombé dessus sans que je m'en rende compte. Soudain, c'est arrivé. Je me suis dégagée de la main de Leif et je me suis levée.

— Je dois aller voir quelqu'un, ai-je dit avec la ferme résolution d'aller chercher Becky pour lui présenter son père. Tu peux attendre ?

Leif m'a semblé perplexe.

— Fais-moi confiance, ai-je repris. Ne bouge pas. Quoi que tu fasses, ne t'éloigne pas.

— Je reste ici.

Pourtant, alors que je partais, il s'est levé d'un bond et m'a attrapé la main.

— J'ai peur, a-t-il dit. J'ai peur que tu disparaisses encore et que tu ne reviennes jamais.

— Alors, viens, ai-je répondu après un bref instant de réflexion. Ça revient au même. Viens avec moi.

Nous avons remonté les marches jusqu'au niveau de la rue, et nous avons traversé le hall d'entrée glacial avant de poursuivre vers la supérette. Baruch était en train de scanner les achats d'une femme.

— Becky ? lui ai-je demandé tout simplement.

Baruch a haussé les épaules. Puis il a aperçu Leif derrière moi et il a eu l'air profondément choqué.

— C'est... ? a-t-il demandé.

J'ai hoché la tête.

— À plus tard, ai-je dit.

Quand nous sommes arrivés devant la porte de la chambre, elle était ouverte.

— Becky ?

— Je suis dans la salle de bains, a-t-elle lancé.

17.

BECKY

J'ai fumé quelques cigarettes sur le muret devant l'hôtel. Mes mains tremblaient – elles tremblaient *vraiment.* J'étais tellement fébrile que, chaque fois que je tirais une bouffée, la cigarette venait heurter mes lèvres. Mon cœur aussi battait la chamade, et mon esprit avait beau tourner à plein régime, il était incapable de produire la moindre pensée cohérente. Ma tête me faisait l'effet d'une machine à laver sur le cycle essorage, créant un flou de couleurs indéfinissable.

Après avoir écrasé mon troisième mégot, j'ai décidé qu'il était temps de voir ce qu'il se passait. Mais alors que j'approchais de l'entrée, une vague d'appréhension m'a submergée et je n'ai pas trouvé le courage. Alors, je me suis tournée vers la ville.

Que je me sois trompée ou non, le stress de la révélation me semblait soudain insupportable.

J'avais toujours la tête en vrac et même ma vue semblait détraquée. J'étais frappée d'une telle incapacité à fonctionner normalement que je me suis cognée à un ou deux passants dans la rue. Même mon système de navigation interne avait tiré sa révérence.

Enfin, j'ai baissé les bras. Je suis passée devant la supérette au pas de course et j'ai dévalé les marches jusqu'à notre chambre. Assise sur la terrasse, j'ai fumé pendant un moment avant d'opter pour une douche fraîche. J'espérais que cela me calmerait les nerfs, puisque visiblement les cigarettes ne suffisaient pas.

Dès l'instant où maman est entrée dans la chambre, j'ai su que j'avais vu juste. Ses yeux étaient rouges d'avoir pleuré, mais elle irradiait d'une aura toute particulière, comme si elle avait rencontré Jésus ou Bouddha – je ne sais pas si c'est une image assez éloquente. Elle bougeait avec indolence et son visage était détendu. Même sa voix était plus douce que d'habitude.

— Viens, m'a-t-elle dit en me prenant la main pour m'emmener en plein soleil.

Le Bouddha en question était là, face à la mer.

— Leif. Je te présente Becky.

Il s'est tourné vers moi et pendant un moment de flottement, nous nous sommes regardés dans les yeux – à la recherche d'une ressemblance, j'imagine. Pas dans les yeux, mais au-delà, dans nos âmes.

Leif a plissé les yeux. Il avait l'air déboussolé.

— Bonjour Becky.

— Bonjour… *papa* ? ai-je avancé sur un ton dubitatif.

Ce n'est qu'en le voyant blêmir que j'ai compris que maman ne l'avait pas averti – elle ne lui avait pas expliqué qui j'étais. Soudain, j'étais gênée, un peu écœurée en me mettant à la place de Leif. Et j'en ai voulu à ma mère.

Nous nous sommes dévisagés pendant quelques secondes encore. J'avais vraiment l'impression de regarder dans un miroir, mais un miroir déformant à la fête foraine. Mieux, je vais vous dire à quoi ça ressemblait. Vous connaissez ces applications, sur vos téléphones, qui vous montrent quel serait votre visage si vous étiez du sexe opposé ? Eh bien, c'était ça. C'était exactement ça. C'était moi que je regardais, sous la forme d'un homme de cinquante ans.

Leif s'est tourné vers maman.

— Laura ? a-t-il dit.

Elle a répondu par un léger hochement de tête, en clignant lentement des paupières. Ses yeux étaient humides et elle avait toujours cette drôle d'expression sereine sur le visage. J'ai presque envisagé de la gifler pour la faire redescendre sur terre.

— *Herregud !* s'est exclamé Leif, comme on aurait dit « Bon Dieu ! », « Seigneur ! » ou peut-être même « Putain de merde ! ». Je… j'ai besoin de m'asseoir, a-t-il ajouté, la voix tremblante, en se laissant tomber sur une chaise longue.

Je suis restée debout, à scruter attentivement son visage. Si je cherchais encore les similitudes – elles étaient nombreuses –, j'étais surtout avide de percevoir chez lui des signes de joie devant la découverte de cette fille dont il ignorait l'existence. Mais je ne trouvais rien de tel. Au contraire, on aurait dit qu'il avait la nausée.

— Tu as vingt-trois ans ? a-t-il demandé, comme pour essayer de confirmer que cette chose impossible qui semblait prendre forme sous ses yeux était réelle.

J'ai hoché la tête.

— Fabriquée à Oia, ai-je dit avec un sourire forcé, en haussant les épaules dans un détachement feint.

— Oui, a-t-il répondu d'un ton faiblard. Oui, bien sûr. S'il te plaît… viens t'asseoir avec moi.

Il désignait un deuxième transat et je l'ai rejoint pour m'asseoir en face de lui.

— Excuse-moi, a-t-il dit. Je suis sous le choc.

— Je sais. Tu parles d'un choc.

— Je… euh, je vais faire du thé ! a lancé maman de cette même voix ridiculement guillerette. Quelqu'un veut du thé ? Oui, je vais préparer une bonne tasse de thé.

Alors qu'elle disparaissait à l'intérieur, j'ai regretté de ne pas avoir eu cette idée la première. Parce que l'atmosphère était incroyablement tendue, là dehors. On aurait dit que mes poumons étaient privés d'oxygène et j'avais un mal fou à respirer.

— Je crois… a commencé Leif. Je trouve que tu es… euh… C'est très difficile, n'est-ce pas ?

— Oui, très, ai-je confirmé.

— Mais on se ressemble beaucoup, tu es d'accord ?

— C'est vrai.

— Tes mains, a dit Leif en les désignant de la tête. Elles sont longues, comme les miennes. Les doigts.

J'ai acquiescé en tendant une main pour comparer.

— Ma prof de musique voulait me mettre au piano, ai-je dit en regardant ma main tremblante plutôt que celle de Leif. Mais j'avais horreur de ça. Je n'ai jamais été douée pour le solfège.

— Non, a-t-il dit. Non, la musique, c'est très dur.

Puis il a montré ma main et il a demandé :

— Je peux ?

Pendant un instant, j'ai froncé les sourcils, parce que je ne comprenais pas ce qu'il voulait. Puis je me suis rendu compte qu'il voulait me prendre la main et je la lui ai timidement offerte. Il l'a enveloppée dans les siennes. Elles étaient à la même température et sa peau, à peine plus rêche, ressemblait un peu à la mienne.

— Je suis étonné, m'a-t-il dit. Tu es très belle.

À ces mots, je me suis sentie rougir et j'ai dégagé ma main. La situation devenait trop gênante.

— Bien sûr, ta mère aussi est belle. Mais moi…

Il montrait son visage avec un rictus.

— Alors, tu t'appelles Becky ?

J'ai hoché la tête.

— Rebecca, ai-je dit. Mais tout le monde m'appelle Becky. Ou Becks.

— C'est un joli nom.

— Et ton nom de famille ? ai-je demandé. Qu'est-ce que c'est ?

— Vilhjálmsson.

Je n'avais pas vraiment compris, mais je me suis contentée d'acquiescer.

— Je vois.

— C'est islandais. Mes parents étaient islandais. Mais moi, je suis norvégien.

— D'accord.

Il y a eu un moment de silence et j'ai entendu maman s'affairer à l'intérieur, avec les tasses et les cuillères.

— Euh, et qu'est-ce que tu fais ? ai-je demandé, non seulement parce que le silence était insoutenable, mais aussi parce que dans mes fantasmes divers et variés au sujet de mon père, il était toujours une sorte de super-héros.

— Je suis ingénieur. Je travaille sur les plateformes pétrolières. Dans la mer du Nord. Tu sais, les forages ?

— D'accord, ai-je répondu, vaguement déçue.

— Et toi ?

— Moi ? Euh, je viens d'avoir ma licence. J'ai fait des études de sciences humaines. Je vais peut-être m'orienter vers l'enseignement, mais je n'ai pas encore décidé.

— Tu veux devenir prof ?

— Oui. Peut-être. À moins que je commence à chercher du travail. N'importe lequel. Mais il n'y en a pas beaucoup. En ce moment, ce n'est pas la joie. Entre le ralentissement économique, le Brexit et le reste…

Je n'ai même pas terminé ma phrase. Je venais de m'entendre balbutier des âneries au beau milieu de l'un des moments les plus importants de ma vie, et ça ne m'a pas plu du tout.

— Non, a dit Leif. Bien sûr.

Brusquement, sans crier gare, un tourbillon d'émotions s'est abattu sur moi. Un mélange complexe de honte pour cette conversation mortellement gênante, de colère contre Leif de ne pas rendre ce moment magique, et contre maman aussi, de m'avoir abandonnée, de ne pas avoir mieux géré les présentations. Et pour être honnête, je crois que je lui en voulais aussi d'avoir choisi, pour être mon père, quelqu'un d'aussi ordinaire et d'aussi peu écolo. Enfin quoi, *du forage pétrolier ? Sérieusement ?*

Avant même de m'en rendre compte, je me suis levée en disant :

— Je ne peux pas faire ça. Excuse-moi, mais c'est au-delà de mes forces.

Et je me suis précipitée dans l'escalier.

J'étais déjà en train de descendre vers la mer quand maman m'a rattrapée.

— Becky ! hurlait-elle. *Becky !*

Je me suis assise sur une marche.

— Que s'est-il passé ? m'a-t-elle demandé, à bout de souffle.

J'ai haussé les épaules en secouant la tête.

— Parle-moi, a dit maman en s'asseyant à côté de moi, un bras sur mon épaule.

— Ce n'est pas censé se passer comme ça, ai-je répondu d'une voix faible.

— Qu'est-ce qui n'est pas censé se passer comme ça ?

— Rencontrer son père. Pour la première fois.

Je rejouais dans ma tête les images que j'avais créées au fil des ans dans le cinéma de mes pensées, et je les comparais avec la scène réelle et sans éclat qui venait de se produire.

Nous voici, mon père et moi, dans les bras l'un de l'autre, à pleurer en nous étreignant.

Voici qu'il apparaît dans l'encadrement de la porte, un halo divin autour de la tête, et qu'il déclare : « Tu es ma fille et je t'aime ».

Le voici de nouveau, il se gare devant chez nous dans une grosse voiture noire. « Ton père est dehors, il t'attend », dirait maman, et alors que je sortirais en hâte pour le rencontrer, un chauffeur ouvrirait la portière de derrière, révélant mon père, riche, en costume, élégant, souriant…

Au lieu de ça, la réalité avait ressemblé à ce genre de conversation désagréable que l'on a avec le père d'une amie, en attendant qu'elle finisse de se préparer. « Comment ça se passe, les cours ? Comment va ta mère ? » Vous voyez le genre ?

— On dirait qu'il n'y a rien, ai-je dit en sentant mes larmes couler. Je m'attendais à ressentir quelque chose, mais il n'y a rien, maman. J'ai attendu tellement longtemps, et il ne se passe rien, rien du tout, tu comprends ?

Elle m'a prise dans ses bras et s'est mise à me bercer tout doucement.

— Oh, ma chérie. Il faut du temps. Tu dois te laisser le temps.

— Il est tellement ordinaire.

Je laissais libre cours à mes pleurs. Alors même que je prononçais ces mots, je m'en voulais de réagir comme une enfant gâtée.

— Non, pas du tout, a dit maman à voix basse. Reviens et tu verras. Il n'est pas du tout ordinaire.

— Ce n'est pas censé se passer comme ça, ai-je sangloté.

— Et pourquoi pas, ma puce. C'est peut-être censé se passer exactement comme ça, au contraire. Qu'est-ce qu'on en sait ?

J'ai fini par laisser maman me ramener. Au fond, c'était ce que je désirais. J'avais déjà surmonté mes attentes puériles. Mon père n'était pas un super-héros et j'acceptais que, naturellement, ce soit un homme comme un autre.

Quand nous sommes revenues, Leif était à l'intérieur et il coupait des tomates.

— Je me suis dit que je pouvais préparer quelque chose à manger, a-t-il dit à maman. J'espère que ça ne te dérange pas ?

— Pas du tout, a-t-elle répondu en secouant la tête. C'est justement ce que j'allais proposer. D'ailleurs, on a encore tout ce que j'ai acheté hier, alors…

J'étais restée en retrait dans l'embrasure de la porte. Je m'efforçais de ne pas bouder comme une adolescente, mais je devais avoir l'air franchement malheureuse parce qu'en posant les yeux sur moi, Leif a suspendu son geste. Il s'est séché les mains sur un torchon et il s'est approché de moi.

— Si tu veux, je peux partir, a-t-il dit.

J'ai haussé les épaules. En cet instant, c'était le mieux que je puisse faire.

— Bien sûr que non, a répondu maman. On ne veut pas que tu partes. N'est-ce pas ?

— Je suis désolé, a poursuivi Leif. Je ne me débrouille pas très bien. On ne nous apprend pas ça à l'école, tu comprends ?

J'ai pouffé.

— Non. À moi non plus, on ne me l'a pas appris.

— Tu sais, m'a dit Leif, je confondais toujours *moi aussi* et *moi non plus.*

Il s'est tourné vers ma mère.

— Tu t'en souviens, Laura ?

— Oui, a-t-elle répondu en fouillant dans le réfrigérateur pour en sortir une laitue.

Il s'est tourné vers moi.

— Je sais que c'est… a-t-il commencé. Enfin, si tu ne veux pas, tu peux dire non, d'accord ?

— Si je ne veux pas quoi ?

— Un câlin. Je me dis qu'un câlin, ce serait peut-être utile ?

Les yeux me piquaient quand il a ouvert ses bras. Parce que ça ressemblait à l'un des films que je m'étais imaginés. C'était l'un de mes rêves. Quand ses bras se sont refermés autour de moi, les larmes coulaient librement sur mes joues.

Maman nous a regardés pendant une minute, la tête penchée sur le côté, puis elle a posé la salade et, en s'essuyant les mains sur les poches arrière de son short, elle a traversé la pièce pour nous rejoindre.

— Je peux ? a-t-elle demandé en nous enveloppant tous les deux dans ses bras. J'ai attendu ça depuis si longtemps.

Pour la première fois de ma vie, j'avais quelque chose dont j'avais toujours rêvé : non pas un, mais deux parents qui m'étreignaient en même temps. Ça se passait ici, ça se passait maintenant – c'était bien réel, et l'émotion était si forte que j'aurais pu m'évanouir. Mais ce moment n'a pas duré longtemps. Je crois qu'une certaine gêne a eu raison de nous. Alors, nous nous sommes séparés pour nous absorber ensemble, avec énergie, dans la préparation pas franchement stimulante du repas.

Maman a lavé les feuilles de laitue et Leif et moi avons porté la petite table sur la terrasse, où nous avons dressé le couvert. J'ai ouvert les boîtes de houmous et de tzatziki que maman avait achetées et j'ai tranché le pain.

Faire quelque chose d'aussi banal, c'était un sentiment bien étrange. Parce qu'ensemble, en famille, ça devenait extraordinaire. J'avais l'impression de jouer un rôle dans une pièce de théâtre, ou de vivre l'un des scénarios que j'avais passé toute ma vie à construire dans ma tête.

Tout en mangeant, nous avons bavardé presque normalement. Maman et Leif – je ne pouvais me résoudre à l'appeler de nouveau papa – avaient beaucoup de choses à rattraper et je me sentais privilégiée d'être présente, de pouvoir assister à tout ça.

Leif a raconté qu'il avait épousé une prof de fac, une féministe par excellence, et qu'ils s'étaient disputés sur la question des enfants. Bizarrement, elle estimait que c'était dégradant pour les femmes. Il a dit qu'il l'avait emmenée à Santorin une fois, mais que le séjour avait été affreux. Il n'arrêtait pas de penser à maman, et sa femme – elle s'appelait Aslaug – n'avait pas beaucoup apprécié l'île.

Maman et moi avons exprimé en même temps notre surprise. Comment une telle chose était possible ? Mais Leif nous a juré que c'était la vérité.

— Du bleu, du bleu partout, a-t-il dit en essayant d'imiter la voix de son ex-femme. On s'ennuie à mourir, Leif.

À son tour, maman lui a parlé de son propre mariage avec Brian. Mais c'était une version très édulcorée, sans doute par égard pour moi. Je crois qu'à la fin de son récit, Leif n'était pas plus avancé que moi quant aux raisons de leur séparation.

Nous avons aussi parlé de moi. Maman m'a taquinée au sujet de mon « histoire » avec Baruch, et

Leif a confirmé que Santorin était un endroit très romantique et que ça ne l'étonnait pas du tout. Il avait vu Baruch, lui aussi, et il était d'accord pour dire que c'était un « très joli garçon ».

— Attention, ne mets pas son numéro de téléphone dans ta valise, a plaisanté Leif.

Mais sa blague est tombée à plat. Pendant un moment, nous avons mangé en silence. Je crois que nous pensions tous au traumatisme et aux occasions perdues que cette simple erreur avait entraînés.

— Je peux vous demander quelque chose sur Conor ? ai-je dit quelques instants plus tard.

C'était le seul sujet que nous n'avions pas abordé.

— Bien sûr, a répondu maman. Ce que tu voudras.

Mais son regard semblait exprimer tout le contraire.

— C'est au sujet de l'accident, en fait. Est-ce que l'un de vous peut me dire ce qui s'est passé, en gros ?

— Oh, a fait maman. Nous ne sommes pas obligés de parler de ça tout de suite, si ?

— Tu as dit que je pouvais demander ce que je voulais, lui ai-je rappelé.

Comme elle se fermait déjà comme une huître, j'ai reporté mon attention sur Leif.

— Tu l'as vu, toi ?

— Vu quoi ?

— L'accident. L'accident de Conor. Tu étais là quand c'est arrivé ?

— Oh, oui… a dit Leif.

Aussitôt, une ombre a voilé son visage et il a rectifié :

— Je veux dire, non.

Je soupçonnais maman de lui avoir envoyé un regard assassin derrière mon dos.

— Tu crois que je pourrais dire un mot à Leif en privé ? a-t-elle demandé, confirmant mes soupçons.

— Pourquoi, pour accorder vos violons ?

— Non ! s'est exclamée maman. Non, ce n'est pas ça. Qu'est-ce que tu vas imaginer ? C'est juste… juste… Laisse-nous une minute, d'accord ?

Elle s'est levée et a fait signe à Leif de la suivre. Il avait l'air complètement perdu. Je crois qu'il n'avait aucune idée de ce qui se passait.

— Tu es censée la suivre, lui ai-je expliqué. Pour qu'elle te dise quel mensonge me raconter.

À ce moment-là, j'ai failli m'en aller. Je suis restée assise, à imaginer leurs messes basses derrière la porte close et à envisager de les planter là.

Mais je me suis ravisée. J'étais intriguée par ce qu'ils allaient me dire. Et puis, au fond, j'avais le sentiment que Leif n'aurait pas envie de me mentir. J'ignore pourquoi, mais j'en étais pratiquement convaincue. Ça se voyait sur son visage, sans doute.

Quand ils sont enfin revenus, j'ai compris que je ne m'étais pas trompée.

— Bon, Becky, a dit maman sur un ton presque professionnel, nous en avons discuté, Leif et moi, et il y a une autre partie de l'histoire que nous devons te raconter. Mais je voudrais être sûre de pouvoir te faire confiance. Parce que c'est… eh bien… disons que c'est plutôt sensible.

— Me faire confiance ? ai-je répété, indignée. Comment ça, sensible ?

— Ce n'est pas que je ne te fais pas confiance, a-t-elle tempéré. Au contraire. C'est pour ça que je veux te raconter ce… cette histoire. Mais tu ne dois en parler à personne. Sérieusement. Jamais. Si on te dit la vérité, et Leif pense qu'on doit le faire, alors tu dois me le promettre.

— Je n'en parlerai à personne, ai-je répondu. Pas de souci.

— Ni même à Baruch.

— Surtout pas à Baruch, a renchéri Leif d'un ton grave.

— Oui, tu as raison, a repris maman. Surtout pas à Baruch.

— D'accord, ai-je acquiescé solennellement. Pas même à Baruch.

Maman a soupiré, puis en silence elle a échangé un regard avec Leif, comme pour décider à qui revenait l'honneur de se lancer.

— Je ne sais pas par où commencer, a dit maman.

— Par le début, a répondu Leif. Le soir où Conor…

— Non, l'a-t-elle interrompu. Non, il faut remonter plus loin. Sinon, ça n'aura aucun sens. Ça va paraître atroce.

— D'accord. Commence où tu veux.

Maman a entrepris de me raconter son histoire. Elle est revenue sur la rave-party où elle avait rencontré Conor. Elle m'a dit qu'il était venu à Londres pour la retrouver et qu'il avait décidé, malgré ses protestations, d'acheter les billets pour Santorin. Il était saoul à l'aéroport quand elle est arrivée, et elle avait failli changer d'avis.

Apparemment, Leif aussi ignorait certaines parties de l'histoire, parce qu'il a paru surpris de temps à autre. Ou bien, il posait des questions comme :

« Mais pourquoi es-tu montée dans l'avion ? Pourquoi n'es-tu pas rentrée chez toi ? »

Maman faisait de son mieux pour nous répondre, même si parfois elle avait du mal à se faire comprendre.

Quand elle nous a raconté que Conor l'avait *forcée* à Mykonos, à mon tour, je lui ai demandé pourquoi elle n'était pas allée se plaindre à la police. Elle n'a pas non plus réussi à s'expliquer.

À partir du moment où elle rencontrait Leif dans l'histoire, ils ont repris le récit à deux voix, tantôt en parlant de concert, tantôt en alternant. De temps en temps, ils se contredisaient, mais ils réagissaient toujours de bonne grâce. Je trouvais cela plutôt mignon. On aurait dit un vrai couple en désaccord sur des événements passés.

Maman m'a expliqué comment Conor l'avait frappée et comment elle avait croisé Leif dans l'escalier, pour la deuxième fois. Leif a parlé du passeport de maman et de leur recherche éperdue pour retrouver Conor.

L'anniversaire de maman m'a paru follement romantique et j'en ai eu les larmes aux yeux. Et contre toute attente, ils s'étaient retrouvés pour me le raconter, pour s'en souvenir, le jour même de son anniversaire. Puis leur récit a pris un tournant plutôt sombre et j'ai commencé à me sentir vraiment mal.

On aurait dit l'un de ces moments, dans un film d'horreur, où la musique change pour nous faire comprendre qu'il se passe quelque chose de grave. Les protagonistes se garent sur le bas-côté de la route, puis s'engagent sur un chemin obscur en direction de la falaise. Et on a envie de hurler : « Non ! Ne prenez pas ce chemin ! »

Il n'était pas difficile de deviner ce qui allait se passer dès lors que Conor les avait retrouvés sur le chemin au bord de la falaise : une bagarre avait éclaté.

— C'était un boxeur, m'a rappelé maman. Sportif, et costaud. Il était invincible, à vrai dire.

— Et ivre, a ajouté Leif. Il était encore pire quand il était ivre.

— Oui, il avait cette folie de l'alcool, tu vois ? Sa force était décuplée.

— Il a essayé d'emmener ta mère, a expliqué Leif. Il a essayé de la forcer à monter dans la voiture. Alors, je lui ai dit que c'était fini. Je lui ai dit qu'on était amoureux.

— J'aurais pu te tuer quand tu as dit ça, a observé maman avant de se tourner vers moi. Tu te rends compte ? Autant agiter un drapeau rouge devant un taureau. Il venait d'allumer une mèche très courte, et la bombe de l'autre côté, c'était Conor.

— J'ai cru qu'il serait raisonnable. Je me suis dit qu'il fallait le lui dire.

— Raisonnable… a répété maman sur le ton du sarcasme.

— Il a pété un plomb ? ai-je demandé.

— Pire que ça, m'a répondu Leif.

— Oui, bien pire que ça. On aurait dit un tueur dans un film. Froid comme Dexter, tu vois ? Il a empoigné Leif…

— … par le col, a précisé l'intéressé en refermant le poing sur son T-shirt comme pour me faire une démonstration.

— Puis il lui a donné des coups de poing. Encore, et encore. Il ne s'arrêtait plus.

— Il me l'a cassé, a dit Leif en désignant son nez de travers. Et deux dents aussi.

— Tu as perdu deux dents ? a demandé maman.

Leif a hoché la tête.

— Elles étaient comme ça.

En remuant les doigts, il nous a expliqué que ses dents étaient branlantes.

— Elles sont tombées quand je suis rentré chez moi. Ces quatre-là sont reliées.

Il montrait ses quatre dents de devant.

— Tu as un bridge, a dit maman.

— Oui, un bridge.

— Alors, qu'est-ce que vous avez fait ? Comment l'avez-vous arrêté ? Vous ne l'avez quand même pas poussé, dis ? Vous ne l'avez pas poussé de la falaise ?

— Je ne suis vraiment pas certaine que tu aies envie d'entendre ça, ma chérie, m'a dit maman en jetant vers Leif un regard soucieux.

— Tu plaisantes ! Si tu crois que tu peux t'arrêter là, tu es folle !

— Disons que… c'est un peu sinistre, a dit maman. Je ne veux pas que ça te hante.

— Mais non. Allez, dis-moi. Je dois le savoir.

Une fois de plus, maman a lancé à Leif un coup d'œil en coin. Il a haussé les épaules.

— Je crois qu'on devrait terminer l'histoire, Laura. Je peux le faire, si tu veux.

— Non, a dit maman. Non, c'est bon.

Elle a pris une grande inspiration avant de poursuivre :

— J'ai essayé tout ce qui me passait par la tête pour l'arrêter. Je me suis suspendue à son cou. J'ai frappé son dos avec mes poings. Mais rien n'a fait la moindre différence. On aurait dit qu'il ne s'en rendait même pas compte.

— Moi, j'avais abandonné, a avoué Leif. Je savais que je ne pouvais pas le battre. Je n'étais pas du tout courageux. Je pleurais, je le suppliais d'arrêter.

— Tu as été *tellement* courageux, au contraire, lui a dit maman.

Puis elle a repris, des larmes plein la voix.

— Ne l'écoute pas. Il a été très courageux. J'étais persuadée que Conor allait le tuer. Il n'arrêtait pas de le frapper. Comme un punching-ball. Et même quand Leif était à terre, il a continué, avec des coups de pied cette fois. C'était terrible.

— À ce moment, je crois que je suis en train de mourir, explique Leif. Vraiment. Je commence à prier Dieu. Enfin, je n'y crois pas, tu vois ? Mais au cas où, je commence à prier.

***

Leif, qui avait levé les bras pour se protéger la tête, a acquiescé faiblement.

— Tu as gagné, a-t-il répété. C'est fini.

Conor a reniflé.

— Je viens à peine de commencer, l'ami, a-t-il déclaré.

Aussitôt, il s'est penché entre les bras de Leif pour agripper son T-shirt et le hisser de nouveau sur ses pieds.

— Tu vas le tuer, Conor ! a hurlé Laura.

— Oui, a-t-il répondu en lui souriant. C'est un peu le but.

En cet instant, elle a compris que c'était vrai. Jusqu'à présent, ce n'étaient que des mots, mais elle prenait conscience que Conor allait vraiment tuer Leif. Juste ici. Maintenant. Pile sous ses yeux. Et rien n'y ferait, ni combattre, ni implorer ni même le laisser gagner. Si elle ne faisait rien, Leif disparaîtrait. Le seul homme dont elle avait vraiment été amoureuse cesserait simplement d'exister.

Une bouffée d'adrénaline a déferlé dans ses veines et elle a arrêté de pleurer. C'était comme si son cerveau avait basculé dans une autre dimension pour devenir d'une clarté ultra-précise et d'une vitesse redoutable. Elle a regardé autour d'elle à la recherche d'une arme avant de reporter son attention sur la voiture.

Avec en fond sonore les coups de Conor, réguliers comme un métronome, elle a rapidement inspecté l'habitacle, mais il n'y avait rien d'utile. Elle a envisagé de lui foncer dessus en voiture, mais il avait pris les clés. D'une main tremblante, elle a essayé de fouiller le coffre dans l'espoir de trouver une clé en croix ou un cric. C'était verrouillé.

Laura s'est relevée et a examiné méthodiquement la scène. Elle n'avait pas de force. Elle n'avait pas d'arme non plus. Mais si elle se débrouillait bien, elle pourrait tirer profit de l'élan, de la vitesse et de la surprise.

Tandis que Conor redressait Leif par une violente secousse, le hissant pour pouvoir le bourrer de coups de poing avec plus de plaisir, elle s'est élancée. Elle a décrit un arc de cercle, fonçant vers lui de toute la vitesse dont elle était capable.

Le résultat a été plus impressionnant qu'elle n'aurait osé le rêver. Conor a été littéralement projeté dans les airs par-dessus Leif. Pendant un instant, il a semblé atterrir sur ses pieds, mais il a trébuché à la dernière seconde avant de tomber par terre, la tête la première.

Enfin libre, Leif s'est effondré sur le sol. Roulé en boule, il tentait désespérément de se protéger le visage contre la prochaine salve de coups. Quand Laura s'est agenouillée en tendant la main pour le toucher, il s'est recroquevillé et elle a éclaté en sanglots.

Elle a refermé ses bras autour de lui, bien décidée à le protéger à l'aide de son corps. S'il le fallait, ils mourraient ici, ensemble tous les deux. Leif n'avait rien demandé et elle estimait qu'il avait bien assez souffert. Si Conor voulait le tuer, alors il devrait la tuer en premier.

— Je suis désolée, Leif, a-t-elle dit en pleurant, convaincue qu'ils étaient sur le point de mourir. Je t'aime. Je suis tellement, tellement désolée.

Quelques secondes se sont écoulées, peut-être une minute, avant qu'elle ose jeter un œil derrière elle en direction de la voiture.

L'endroit où Conor avait atterri était plongé dans l'ombre de la lune. Elle voyait mal, mais elle discernait la pointe de ses richelieus, légèrement écartés sur le sol.

Leif, qui gémissait de terreur, a fini par risquer un coup d'œil entre ses doigts.

— Où est-il ? a-t-il demandé d'une voix chevrotante. Pourquoi s'est-il arrêté ?

— Je n'en sais rien, a-t-elle murmuré tout en essayant d'y voir quelque chose.

Pendant un moment, elle s'est contentée de serrer Leif encore plus fort dans ses bras. Puis elle s'est dit que Conor était peut-être assommé.

— Je ferais mieux d'aller voir. Reste ici.

Leif a essayé de lui prendre la main pour l'empêcher de partir, mais avec douceur, elle s'est dégagée de ses doigts tremblants pour se rapprocher de Conor, étendu à terre.

Il avait l'air paisible. Du moins, c'est la première pensée qui lui est venue à l'esprit. Il avait l'air paisible, comme s'il dormait et faisait un rêve agréable. C'est à ce moment-là qu'elle a vu la pierre.

— Il s'est cogné la tête, sans doute quand il est tombé, a-t-elle lancé en se retournant.

Accroupi, Leif tentait péniblement de se relever.

— On devrait l'attacher, tu penses ?

— L'attacher ? a répété Leif en la rejoignant lentement.

Son visage était ensanglanté et il boitillait tellement qu'on aurait dit un figurant dans un film de zombies.

— Au cas où il se réveille, a-t-elle expliqué d'une voix dont elle ne maîtrisait pas les tremblements. Et s'il recommençait ?

Leif s'est laissé tomber à genoux à côté d'elle et il a dévisagé son adversaire. Du sang coulait de son nez sur la chemise de Conor.

— Il respire ? a demandé Leif.

— Bien sûr qu'il respire. Il n'est pas *mort*.

Pourtant, alors qu'ils étaient agenouillés côte à côte dans l'air frais de la nuit, un frisson l'a parcourue.

— Qu'est-ce que tu fais ?

Dans un geste étrangement délicat, Leif avait pris la main de Conor.

— Je cherche son pouls, a-t-il dit en appuyant un doigt plein de sang sur son poignet.

Laura s'est crispée. Elle était certaine qu'il allait se réveiller et reprendre là où il s'était interrompu.

Conor a remué à ce moment-là. En même temps, Leif et Laura ont reculé d'un bond. Ses jambes venaient de tressauter, comme s'il avait reçu une décharge électrique.

Après ça, Conor n'a plus bougé. Et au bout d'une minute, Laura et Leif se sont rapprochés. Leif a repris le poignet de Conor et il s'est penché pour écouter son cœur.

— Il est mort, a-t-il annoncé.

À cause de son accent norvégien, on aurait dit qu'il venait de dire une banalité, et non le genre de nouvelle qui bouleverse le cours d'une vie.

— Quoi ? a fait Laura, comme si cette information n'avait aucun sens à ses yeux.

Conor avait un filet de sang à la commissure de ses lèvres, et Leif a répété :

— Il est mort. Son cœur ne bat plus.

***

— Je suis devenue hystérique, a dit maman. J'ai vraiment déraillé pendant un moment.

— C'est vrai, a confirmé Leif. J'ai même cru que j'allais devoir la gifler, tu te rends compte ?

— Ça ne m'étonne pas, ai-je dit. Enfin, c'est vrai, c'est affreux. Et il était mort ? Il était vraiment mort ?

— Oui, il était parti, a dit maman. Sa tête a dû cogner contre la pierre, j'imagine. Il m'a fallu un bout de temps pour le croire, mais ensuite, ça m'a fichu les jetons. Je claquais des dents et mes mains tremblaient. Je ne pouvais rien faire. Je n'arrivais même pas à réfléchir. On est restés un moment dans les bras l'un de l'autre. Leif croyait que j'avais froid, mais j'étais simplement sous le choc. Pourtant, il était blessé, bien plus mal en point que moi. On aurait dit que c'était lui qui avait eu un accident de voiture. Mais bizarrement, il était calme et serein, alors que je pleurais et que je tremblais comme une feuille. Enfin, on est retournés à la moto, mais à mi-chemin, j'ai eu une idée épouvantable.

***

Au début, Leif avait refusé. Il voulait se rendre à la police.

Mais Laura avait peur. Elle était terrorisée. Elle lui a rappelé qu'ils étaient en Grèce, et qui sait comment est la police grecque ?

D'un point de vue physique, ils étaient bien amochés. En les voyant, n'importe quel policier comprendrait qu'ils s'étaient battus.

— Et s'ils pensent qu'on l'a *assassiné* ? a-t-elle gémi. S'ils nous jettent en prison ?

Progressivement, Laura a réussi à le convaincre. Et Leif a fini par céder.

Si Laura était au bord de l'hystérie, Leif en revanche, étrangement serein, se sentait investi du sens des responsabilités. S'il fallait entreprendre une chose pareille, estimait-il, autant la faire bien.

Il avait lu de nombreux romans à suspense et, curieusement, la solution lui est venue avec un naturel déconcertant.

Ils ont traîné Conor jusqu'à la voiture. Il était si lourd que, pendant un moment, Leif a douté que le plan de Laura soit possible. Mais ensemble, ils ont enfin réussi à l'installer sur le siège du conducteur.

Avec un torchon trouvé dans le coffre, Leif a essuyé leurs empreintes sur la voiture, puis il a mis les clés de contact pour démarrer le moteur.

Il y avait des taches de sang par terre. Ils se sont agenouillés pour les effacer, à quatre pattes sur le sol. Pendant qu'ils travaillaient, les larmes de Laura se mêlaient au sang et à la poussière du chemin. Ils ont retiré la pierre ensanglantée que Conor avait heurtée en tombant et ils l'ont jetée dans le précipice.

Enfin, ils ont relâché le frein, fermé la portière et poussé la voiture jusqu'au bord. Ce n'est qu'au tout dernier moment que Leif s'est souvenu du passeport de Laura. Après une ultime fouille macabre des poches de Conor, puis du véhicule, ils ont retrouvé la banane de Laura dans le coffre.

Leif a essayé de simuler une sortie de route. Il trouvait que ce serait plus crédible. Mais sans le pied de Conor sur l'accélérateur, le moteur n'arrêtait pas de caler. Plaquant leurs dos contre le coffre, ils ont donc poussé de toutes leurs forces.

Lorsque les roues de devant ont cédé, le bas de caisse est resté coincé sur les rochers. Pendant quelques instants de panique, ils ont cru qu'ils avaient échoué, une fois de plus. Mais au lieu de pousser, Leif a eu l'idée de soulever l'arrière de la voiture. Comme une bascule, elle s'est inclinée et, dans un mouvement singulier, presque sans un bruit, elle a plongé dans les ténèbres.

Prêts à entendre l'explosion, ils se sont rués vers la moto. Laura craignait que toute la ville débarque au quart de tour. Mais à l'exception d'un craquement lointain en contrebas, il ne s'est rien passé. Il faut croire que ce n'était que dans les films que les voitures explosent.

Sur la route du retour, ils se sont disputés en évoquant la suite des événements. Leif voulait rester, mais Laura insistait sans relâche pour qu'il parte. Physiquement, c'était une loque. Il était la preuve la plus accablante que l'accident de Conor n'était pas ce qu'il semblait être. Laura aussi avait quelques hématomes, mais elle pourrait les camoufler avec du maquillage, alors que Leif, insistait-elle, devait disparaître pour les sauver tous les deux.

***

— Donc tu es parti le lendemain ? ai-je demandé à Leif.

— Non. Je suis parti tout de suite. J'ai rejoint discrètement ma chambre. Olav, mon ami, était là. Il était tellement furieux qu'il voulait tuer Conor. Alors, j'ai dû lui dire la vérité. C'est la seule personne à qui j'ai raconté ça. J'ai pris une douche rapide. Puis il m'a emmené au port. On ne voulait pas que les gens me voient, le matin, alors c'est Olav qui a réglé toutes les démarches pour l'embarquement et il m'a retrouvé sur le bateau. C'est lui qui a ramené la moto, aussi.

— Où as-tu dormi ? a demandé maman.

— Dans les buissons, derrière le port. J'étais épuisé. En arrivant à Oslo, je suis allé à l'hôpital. Ça faisait très mal. J'avais deux côtes cassées, le nez aussi. Et le lendemain, les dents. Mais le pire, c'était mon cœur.

À ce moment du récit, il a pris la main de maman.

— Elle m'a brisé le cœur, a-t-il dit. Cet appel qui n'est jamais venu, tu sais ?

— Parce que tu avais perdu son adresse ?

Maman a hoché la tête.

— Pas moi, la compagnie Aegean. Ou la British Airways.

— Et qu'est-ce qui s'est passé ensuite, maman ? ai-je demandé. Que s'est-il passé avec la police et le reste ?

— Oui, s'il te plaît, raconte. Moi non plus, je ne le sais pas.

***

Pour éviter d'être vus ensemble, il l'a déposée aux abords de la ville. Mais dès qu'elle est passée sous la lumière d'un lampadaire, elle a compris que c'était une erreur. Son T-shirt était taché de sang. Saisie d'une terreur paranoïaque à l'idée que quelqu'un s'en aperçoive et, plus tard, se rappelle l'avoir vue, elle a senti ses jambes se dérober.

Après avoir laissé passer un premier groupe de touristes, elle s'est faufilée dans une ruelle pour enfiler son T-shirt à l'envers, mais ça ne changeait pas grand-chose. Les taches l'avaient imprégné. À force de détours pour esquiver les touristes, il lui a fallu près d'une demi-heure pour retrouver sa chambre.

Une fois à l'intérieur, la porte fermée à clé, elle est allée dans la salle de bains. Son short était couvert de boue, mais le pire, c'était son T-shirt. Elle allait devoir tout laver à la main, et vite. Parce que si la police arrivait, ses vêtements la trahiraient à coup sûr.

Ce n'est qu'en se déshabillant qu'elle s'est rappelé avoir laissé ses affaires dans la chambre de Leif. Elle a remis ses vêtements sales et elle s'est dirigée vers la porte, soulagée d'avoir une excuse pour revoir le visage de Leif une dernière fois avant son départ. Mais en ouvrant la porte, elle a sursauté. Là sur le seuil, le poing levé, prêt à frapper, il y avait Olav.

— Ta valise, a-t-il dit.

— Olav ! Il va bien ?

— Oui. Ça va... Je l'emmène tout de suite au port.

Olav parlait à mi-voix, sur un ton empressé.

— Mais il m'a demandé de te donner ça.

Dans sa main se trouvait un petit morceau de papier plié.

Elle a pris la feuille que lui tendait Olav, puis elle l'a remercié et lui a dit au revoir avant de refermer la porte à double tour.

Pendant un moment, elle a tripoté le bout de papier, mais il était plus urgent de laver ses vêtements. Elle l'a posé sur sa valise et elle est retournée se déshabiller dans la salle de bains.

Elle a réussi à nettoyer son short, mais elle a eu beau frotter, les taches sur son T-shirt ne partaient pas. Elle l'a d'abord fourré au fond de la poubelle, puis elle s'est ravisée et elle l'a caché entre le matelas et le lit, avant de le retirer pour entreprendre de le découper en lambeaux avec un couteau et, morceau par morceau, le faire disparaître dans les toilettes. La manœuvre lui a semblé durer une éternité.

Elle a rangé les vêtements de Conor à leur place dans l'armoire – leur présence la troublait trop. Enfin, le corps engourdi et l'esprit fébrile, elle s'est assise en tailleur sur le lit et elle a déplié la feuille de papier. Il y avait quatre lignes en pattes de mouche, écrites de la main de Leif. Nom, adresse, numéro de téléphone, ainsi que six mots, trois en norvégien, et trois en anglais. Elle en a déduit qu'ils signifiaient la même chose. *Jeg elsker deg. I love you.* Je t'aime.

Toujours en état de choc, elle regardait fixement ces mots. Soudain, la situation lui sembla sans espoir. Même si la police ne venait pas l'arrêter, ce qu'elle partageait avec Leif s'était envolé en fumée. Les événements terribles de la journée et la dissimulation du crime ne laissaient aucune place à l'amour, aucun moment de répit.

En songeant au cadavre de Conor dans l'épave froide de la voiture, elle a eu un haut-le-cœur et elle s'est ruée dans la salle de bains en craignant de vomir. Mais rien n'est venu. Elle n'était pas malade, et ses larmes s'étaient taries. Conor était mort. Leif était parti. Elle avait froid, elle tremblait et elle se sentait plus seule que jamais.

***

— Il ne s'est rien passé cette nuit, ni le lendemain matin, a dit maman. Rien du tout. Je suppose qu'ils ont découvert la voiture très rapidement.

Ça grouillait de touristes. Mais il leur a peut-être fallu du temps pour l'identifier ou retrouver son hôtel. Honnêtement, je n'en sais rien.

« J'ai réfléchi très attentivement à ce que je devais faire. À l'hôtel, les gens savaient qu'on ne s'aimait plus, alors j'ai attendu avant de me manifester. Le soir, je me suis pomponnée et je suis allée demander au type de la réception, sur un ton détaché, si Conor avait réservé une table pour le dîner. Quand il m'a répondu que non, je lui ai demandé s'il l'avait vu.

« Il m'a interrogée sur mon passeport et je lui ai dit que je l'avais retrouvé. J'ai joué la tête de linotte et j'ai battu des cils en m'excusant de l'avoir dérangé. Je lui ai dit qu'il était dans mon sac à main depuis le début, ou quelque chose comme ça.

« La police est arrivée pendant mon repas. J'étais attablée et je les ai tout de suite repérés. Ils ont montré au réceptionniste le permis de conduire de Conor, et il a tendu le doigt vers moi. Les agents ont traversé le restaurant pour me rejoindre. Absolument tout le monde nous regardait.

— Tu devais être terrifiée, non ? ai-je demandé.

Maman a hoché la tête.

— Oui. En fait, j'étais paralysée par le choc et le manque de sommeil. Je m'attendais à ce qu'ils m'accusent de quelque chose, qu'ils m'embarquent directement, alors oui, j'avais la trouille. J'étais pétrifiée.

« L'un des policiers, le plus jeune, m'a appelée Madame O'Leary. Je lui ai dit que non, que je m'appelais Ryan. Je leur ai demandé s'il était arrivé quelque chose à Conor. Je devais éviter de réagir avec exagération, j'en étais bien consciente. Je redoutais d'en faire trop, ou pas assez au contraire, et qu'il flaire le mensonge comme ta grand-mère le faisait toujours chaque fois que je lui mentais.

« Il m'a demandé si c'était mon petit ami, je crois. J'ai répondu de manière évasive. J'ai dit "si on veut" ou un truc du même genre. Je leur ai dit que c'était une aventure de vacances. Et j'ai demandé en quoi ça les intéressait. Je voulais savoir s'il était arrivé quelque chose.

« "Il a eu un accident, m'a dit le plus jeune. Je suis désolé, mais il est mort." Je crois qu'il ne parlait pas assez bien anglais pour me l'annoncer avec subtilité. J'ai commencé à pleurer. Je dois dire que c'était parfait, je n'avais même pas à me forcer. J'ai pleuré de soulagement parce qu'ils ne semblaient pas me soupçonner, et j'ai pleuré pour Conor aussi. Les paroles du policier rendaient soudain la chose très réelle. Je n'arrêtais pas de me dire : *C'est ma faute. Si je ne l'avais pas poussé...* J'étais assise là, au milieu d'un restaurant bondé, et les larmes dévalaient mes joues.

— C'est curieux qu'ils aient fait ça en public, ai-je observé. T'annoncer une chose pareille.

— Oui, je sais. Ils ont fini par me raccompagner jusqu'à ma chambre. Je me préparais à des questions plus difficiles, mais elles ne sont pas venues. Ils ont rangé les affaires de Conor dans sa valise. C'était bizarre. Ils étaient extrêmement polis, en me montrant chaque chose pour me demander s'ils pouvaient tout emporter. Ils m'ont demandé si je souhaitais voir son corps et je me suis remise à pleurer rien qu'en pensant à quel point il devait être abîmé après la chute. Je crois que mes larmes les ont mis mal à l'aise, parce qu'après un bref échange en grec, l'un d'eux m'a annoncé que ce ne serait pas nécessaire.

« Ils m'ont demandé si j'avais des arrangements à prendre, je crois, et je n'ai pas compris immédiatement ce qu'ils voulaient dire. Je ne me rappelle plus vraiment les mots qu'ils ont utilisés. Leur anglais n'était pas très bon et je pleurais beaucoup. Ça reste un peu flou. Mais j'ai fini par comprendre qu'ils parlaient du corps, de son rapatriement et tout ça. Ils m'ont dit qu'ils avaient déjà contacté son frère. J'avais oublié qu'il en avait un. En pensant à son pauvre frère, je me suis remise à sangloter. J'ai demandé si je pouvais partir le lendemain – mon vol était prévu, tu t'en souviens – et contre toute attente, ils m'ont dit que, bien sûr, je pouvais rentrer chez moi. Ils m'ont simplement demandé si l'hôtel avait mon adresse pour qu'ils puissent me contacter. J'ai menti en répondant que oui. C'était une erreur raisonnable que je pouvais me permettre, au vu des circonstances. Ensuite, ils sont partis.

— Comme ça ? ai-je demandé. Sans déclaration ? Sans empreintes ? Rien ?

— Je crois que ce n'étaient pas de très bons policiers, a répondu maman en fronçant le nez. En tout cas, ils n'étaient pas très suspicieux. De leur point de vue, j'imagine que c'était simplement un ivrogne qui avait fait une sortie de route. Ça arrive souvent, peut-être.

— Alors, tu es rentrée chez toi le lendemain ?

— Oui. Je suis rentrée.

— Et ils ne t'ont jamais contactée ? a demandé Leif.

Maman a secoué la tête.

— Jamais. Enfin, ils ont peut-être essayé, mais non. La seule personne qui m'a contactée, c'est le frère de Conor. Il m'a téléphoné une semaine après mon retour. Il avait dû trouver mon numéro sur sa facture de téléphone, je pense. Il voulait que j'assiste aux funérailles. Enfin, il voulait m'inviter, en tout cas. Je crois qu'au fond, il se fichait que j'y aille ou pas.

— Tu y es allée ?

— Non. Pour être honnête, je me sentais terriblement mal. J'en étais malade. Mais j'avais peur de m'emmêler les pinceaux. Qu'on me demande des explications. C'était moins dangereux de faire profil bas, tu comprends ? Il ne m'a pas demandé mon adresse ni rien. Et il ne m'a jamais rappelée. Voilà, l'histoire s'est arrêtée là.

— Mais ça a dû être difficile pour lui, ai-je dit. Son pauvre frère. Il devait être bouleversé.

— Je crois que ça l'a beaucoup embêté. Tu sais, récupérer le corps, tout ça. Honnêtement, j'ai eu le sentiment qu'ils n'étaient pas très proches. Et il n'avait pas l'air étonné. Il m'a même demandé si Conor avait bu. Et quand j'ai répondu oui, il m'a expliqué qu'il parlait de manière générale, pas uniquement le soir de l'accident. Alors, je lui ai dit la vérité. Oui, il avait passé la majeure partie du temps complètement saoul. Sa réponse m'a fait bizarre. Il a dit que c'était à cause du foyer. Ou quelque chose comme ça.

— Le foyer ?

— Oui. Je lui ai demandé ce qu'il voulait dire, et il m'a répondu : « Oh, rien. Des emmerdes qui lui sont arrivées quand il était petit. » C'est la seule phrase dont je me souviens parfaitement. *Des emmerdes qui lui sont arrivées quand il était petit.* C'est ce qu'il a dit. Conor m'avait raconté qu'il avait grandi en maison d'accueil, et d'après le peu que son frère cadet m'avait dit, j'ai compris qu'il avait vécu des choses difficiles.

— Il a peut-être été abusé.

— Peut-être. Je ne peux pas dire que ça ne m'ait jamais traversé l'esprit.

— Et la lettre ? a demandé Leif. Mon adresse ?

— Comme je te l'ai dit, a répondu maman, je l'avais rangée dans la doublure de ma valise. Ça me semblait un peu… comment on dit ? *Compromettant,* c'est ça.

— Comment ça ? ai-je demandé.

— Eh bien, ça me reliait à Leif, tu comprends ? Et ça montrait que je n'étais pas amoureuse de Conor. Ça me donnait un mobile, comme on dit, ça justifiait une bagarre. En tout cas, c'est ce que j'ai pensé. Alors, je l'ai cachée dans la doublure. Il y avait une fente dans le satin, à l'intérieur, et c'est là que je l'ai mise. Sinon, je suppose qu'ils auraient livré ma valise à Leif, en Norvège. Après tout, c'était son adresse.

— Bien sûr. Je n'y avais pas pensé.

— Et tu étais enceinte, a dit Leif. Quand l'as-tu appris ?

— Eh bien, j'avais des… N'hésitez pas à m'arrêter si je vous donne trop de détails, d'accord ? Mais disons que j'avais des saignements. Très régulièrement.

— Des saignements ? a répété Leif.

— Oui, c'est quand on perd un peu de sang, ai-je expliqué devant l'embarras évident de maman. Comme au début des règles, en moins abondant.

— Alors, j'ai cru que c'était normal, vous voyez ? a repris maman. Je me suis dit que mes règles étaient chamboulées, ce qui n'aurait pas été surprenant étant donné les circonstances. Je me croyais tirée d'affaire.

— Tu ne voulais pas de moi ? ai-je demandé, sincèrement vexée.

— Non, ce n'est pas ça, ma chérie, a dit maman. Mais si j'avais été enceinte, ce que j'étais évidemment, sans le savoir… Seigneur, je m'explique mal, non ?

— Je ne sais pas trop. Continue.

— D'accord… Si j'avais compris tout de suite que j'étais enceinte, ou si je n'avais pas cru avoir des preuves du contraire, alors c'est certain, j'aurais pris une pilule pour… tu sais…

— Pour avorter, ai-je dit avec brutalité.

— Mais ce n'était pas toi, à ce moment-là ! a dit maman. Ce n'était que le début d'un bébé. La graine d'un bébé. Potentiellement celui de Conor. Et clairement, je n'en voulais pas.

— Mais tu avais des saignements. Alors tu n'as rien fait. Tant mieux pour moi !

Maman a soupiré.

— Ma chérie, m'a-t-elle dit avec douceur. Essaie de comprendre.

— J'essaie. Je ne fais que ça. Continue.

— Quand j'ai compris la vérité, parce que j'avais eu d'autres saignements à des semaines d'intervalle, j'étais enceinte de plus de huit semaines. Et dès l'instant où je m'en suis rendu compte, ta grand-mère aussi l'a su. Bien sûr, j'étais bizarre depuis mon retour. J'avais des sautes d'humeur à cause de ce qui s'était passé. Je crois que j'étais déprimée. Et j'éclatais en sanglots à tout bout de champ. Mais quand j'ai commencé à avoir des nausées matinales, c'est devenu évident.

— Je me rappelle que tu pleurais quand j'étais petite. C'était à cause de ce qui s'était passé ?

— Par moments. Mais le plus souvent, c'était parce que je n'arrivais pas à entrer en contact avec Leif. À cette époque, je savais que c'était ton père. Alors, j'étais dévastée. Pour nous deux. Cet homme était la seule bonne chose qui me soit jamais arrivée, et il était hors de portée. J'en étais malade. D'autres fois, c'était à cause de Conor. C'était l'horreur de ce soir-là. J'en faisais des cauchemars. Et la bagarre, et ce fichu bout de papier.

— Et grand-mère ? Elle a dû péter un câble.

— Péter un câble ? a demandé Leif.

— Devenir folle. Se fâcher. Ma grand-mère était croyante.

— Oui, elle était *très* croyante, a confirmé maman. Et un peu folle, à vrai dire. Donc oui, elle a pété un sacré câble. Elle m'a giflée à plusieurs reprises, puis elle m'a enfermée dans ma chambre pendant deux jours. Je devais faire pipi dans un vase. Elle n'arrêtait pas de m'envoyer à confesse, aussi. Mais j'inventais n'importe quoi. Je n'allais pas leur dire, à eux, ce qui s'était passé.

— Elle a voulu te faire avorter ?

— Non ! a répondu maman en riant, tant cette idée lui semblait ridicule. Non, tu plaisantes.

Ça aurait été le pire des péchés. Non, elle voulait m'envoyer accoucher dans un horrible endroit en Irlande, comme si on était encore dans les années cinquante. Elle voulait que je mette le bébé à l'adoption dès sa naissance. Je l'ai entendue parler de ça avec le prêtre de la paroisse. C'est pour ça que je me suis enfuie.

— À Margate.

— Oui, à Margate. Ta tante Abby était partie vivre là-bas avec Winston, son petit ami. Ils avaient un appartement miteux en face du central téléphonique, où ils m'ont hébergée pendant un moment. J'y suis restée deux mois, je crois bien. Et puis, lentement, je me suis organisée.

— Est-ce que tu as pensé à l'adoption ? Tu l'as envisagée ?

À l'idée qu'on aurait pu me confier à une famille d'inconnus si ma grand-mère avait eu gain de cause, j'étais atterrée.

— Écoute, a dit maman. Je ne vais pas te mentir. Plus maintenant. Pas maintenant que tu sais tout le reste. Pour être honnête, je dois admettre que si j'avais su que j'étais enceinte, et dans l'hypothèse que ce soit l'enfant de Conor, j'aurais pris une pilule. Et pour tout dire, j'ai gardé l'option de l'adoption dans un coin de ma tête pour avoir une échappatoire. Je n'étais pas sûre d'être capable d'y arriver, tu comprends. Ni financièrement, ni autrement, à vrai dire. J'étais encore très immature. Mais à ta naissance, tu ressemblais tellement à Leif. La question ne se posait plus. J'espérais encore le retrouver, et je n'imaginais pas lui annoncer que j'avais eu son enfant et que je l'avais donné à adopter. Et puis, je *voulais* te garder. Je t'ai aimée presque immédiatement. Je t'aimais comme je n'ai jamais aimé personne d'autre, ma chérie. Tu le sais.

— Et maintenant, tu m'as retrouvé, a dit Leif. Et tu as fait le bon choix, parce que je serais très en colère si tu me disais que je ne peux pas rencontrer l'adorable Becky.

— Oui, a dit maman.

Malgré la tristesse qui s'attardait dans son regard, elle souriait.

— Oui, mieux vaut tard que jamais, j'imagine.

Une idée m'est venue. Je leur ai demandé s'ils voulaient bien me montrer où cela avait eu lieu.

— À moins que ce soit trop macabre ?

— Je ne peux pas dire que j'en aie envie, a répondu maman en haussant les épaules, mais si c'est vraiment ce que tu veux. Qu'en penses-tu, Leif ?

Il a secoué la tête.

— Ça ne me gêne pas. J'y vais chaque fois. Je ne sais pas trop pourquoi. Pour les souvenirs, je suppose. Pour les mauvais comme pour les bons. Et pour Conor aussi. Histoire de lui rendre hommage.

18.

LAURA

Leif aussi avait loué un scooter, et nous avons décidé d'y aller ensemble. Il devait retourner prendre les clés dans sa chambre et nous nous sommes retrouvés sur le parking, au niveau de la rue.

Becky est partie toute seule. Je suis montée derrière Leif, comme autrefois. Pendant tout le trajet, j'ai eu la gorge nouée.

Nous nous sommes garés à côté d'un magasin de climatisation qui avait poussé au milieu de nulle part, puis nous avons pris la direction de la falaise.

La route étroite, qui n'était autrefois qu'un chemin de terre, était couverte de bitume lisse miroitant au soleil. Pourtant, malgré la chaleur, j'avais le corps parcouru de frissons. Les deux maisons en construction avaient désormais des fenêtres et des habitants, même si l'une d'elles avait encore des tiges métalliques dressées vers le ciel, prêtes pour un étage-hypothétique-qui-finirait-peut-être-par-voir-le-jour.

— Elles étaient déjà en construction à l'époque, ai-je expliqué à Becky en passant à côté. Mais il n'y avait pas encore de fenêtres.

— Ta mère voulait habiter dans l'une d'elles, a dit Leif. Tu t'en souviens, Laura ?

J'ai secoué la tête.

— Non, ce n'était pas celles-là. C'était une maison tout en haut de la falaise. On ne la voit qu'en s'approchant du bord.

La journée était chaude, mais une légère brise soufflait, de plus en plus forte au fur et à mesure qu'on avançait. Et le ciel était d'un bleu intense. Après tout, l'ex-femme de Leif a peut-être raison en disant que Santorin est bleu partout, bleu chaque jour. Mais ce qui change, c'est la nature de ce bleu. Certains jours, les jours calmes, quand il fait particulièrement chaud, c'est un bleu layette un peu brumeux. Mais quand le vent souffle, comme cette fois-là, c'est un bleu saphir plus profond, proche du bleu de Klein. Ce jour-là, j'ai trouvé que le bleu était plutôt mélancolique.

Il fallait marcher longtemps pour rejoindre la falaise, c'était plus long que dans mes souvenirs. À mi-chemin, Becky s'est demandé pourquoi nous n'avions pas poursuivi à moto. Après tout, la route était carrossable.

— J'aime marcher, lui a répondu Leif. J'en profite pour me souvenir.

Je crois que nous avons tous compris ce qu'il voulait dire.

En arrivant au bord, je me suis rendu compte que trois énormes blocs de béton avaient été ajoutés pour signaler le bout de la route.

— Alors ça s'est passé ici ? a demandé Becky.

— Oui.

Je balayais les environs du regard à la recherche de repères.

— Évidemment, ces blocs n'étaient pas là.

— Non, a répondu Leif. Ils les ont mis juste après. Je suis revenu l'été suivant, et ils étaient déjà là.

— Tu es revenu l'été d'après ? Tu n'avais pas peur de la police ?

— Bien sûr, a dit Leif. Mais j'avais surtout peur de ne jamais te revoir.

J'ai levé les yeux vers l'horizon et j'ai désigné une maison dans le lointain, agrippée comme par magie à flanc de rocher.

— C'est celle-là, ai-je dit. C'était la maison où je voulais vivre.

— C'est peut-être encore possible, a observé Leif. Si jamais elle est en vente.

À ces mots, j'ai failli éclater en sanglots. Mais j'ai réussi à me ressaisir. Il devait forcément plaisanter.

— Alors, montrez-moi comment ça s'est passé, a dit Becky en regardant autour d'elle. Si ce n'est pas trop dur pour vous, évidemment.

— Non. Non, ça va. De toute façon, tu connais déjà l'essentiel. C'était il y a si longtemps. Maintenant, j'ai l'impression que c'est un film que j'ai vu ou une histoire que quelqu'un m'a racontée.

— Je connais ce sentiment moi aussi, a dit Leif. Et pourtant, c'était vrai, n'est-ce pas ?

— Oui. Oui, c'est réellement arrivé.

Becky me regardait comme si elle attendait quelque chose et je me suis efforcée de continuer.

— Alors, on était ici. On admirait le coucher de soleil. On est restés jusqu'à la tombée de la nuit.

— On s'embrassait, a précisé Leif. Il s'est passé de belles choses aussi, à cet endroit.

— Je suis certaine que Becky n'a pas envie d'entendre parler de nos baisers.

— Bien sûr que si, a-t-elle rétorqué. Parce que je viens de là. Enfin, de ce qui arrive après les baisers.

— Non, tu viens de ce qui s'est passé *avant* les baisers, ai-je précisé. Avant qu'on arrive ici. Rien à voir avec cet endroit sinistre. Bref... donc on s'est embrassés. Puis Leif m'a annoncé que son bateau partait le lendemain. J'étais vraiment bouleversée.

— Ton vol était prévu pour le jour d'après, a souligné Leif.

— C'est vrai. Mon départ était dans deux jours. Comme maintenant, d'ailleurs.

— Tu pars après-demain ? a demandé Leif.

J'ai hoché la tête.

— J'en ai bien peur. De toute façon, on était convenus de rester en contact. Je devais lui rendre visite en Norvège.

— Je voulais lui montrer les fjords.

— Il voulait que je vive dans un fjord, mais j'ai dit que c'était trop froid et pluvieux. Je voulais vivre ici, au soleil.

— Les fjords de Santorin, a répondu Leif.

— Oui, je m'en souviens… ai-je dit avec mélancolie. Et moi, je voulais lui montrer Londres. Tu as dit que tu voulais visiter Londres, n'est-ce pas ? C'est à ce moment-là que Conor est arrivé, et tout a viré à la catastrophe.

— La route était très cahoteuse, a expliqué Leif. Et très sombre. On a eu peur qu'il ne s'arrête pas et qu'il fonce tout droit dans le vide. Mais il s'est arrêté juste là, au niveau des blocs de béton.

Becky les a dépassés pour jeter un œil vers la mer, en contrebas. J'avais peur qu'elle glisse et je lui ai demandé de revenir. Comme elle ne prêtait pas attention à moi, fidèle à son habitude, je l'ai rejointe pour lui prendre la main. Leif aussi nous a suivies et il a pris son autre main dans la sienne. Tandis que le vent sifflait à nos oreilles, faisant voleter mes cheveux, nous nous sommes penchés tous les trois vers la mer qui s'écrasait sur les rochers au pied de la falaise.

— Je me demande ce qui est arrivé à la voiture, a dit Becky. C'est vrai, comment ont-ils réussi à l'enlever ?

— Une grue, sans doute, a répondu Leif. Je ne vois aucun autre moyen.

— À moins qu'elle se soit désagrégée en rouillant.

Un autre frisson m'a traversée quand l'image de Conor, mort dans son véhicule, s'est imposée à moi.

— Non, a dit Leif. Non, l'été suivant, elle avait déjà disparu.

Nous sommes retournés jusqu'aux blocs de béton, où nous nous sommes assis sans dire un mot.

Leif a pris son portefeuille dans l'une des nombreuses poches de son pantalon de randonnée et il a sorti une photo aux couleurs défraîchies. C'était une photo de Leif et de moi à cet endroit précis, celle que j'avais imaginée sur le manteau de notre future cheminée. Dessus, on riait en attendant le retardateur et, derrière nous, le soleil se couchait dans un extraordinaire déploiement de couleurs.

— Mon Dieu, tu l'as gardée !

— Je les ai toutes gardées. Les autres sont chez moi. En Norvège.

— Vous avez l'air si jeunes, a observé Becky, impressionnée. Et tellement heureux.

J'étais incapable de parler. Ma gorge s'était nouée et les larmes me piquaient les yeux. Je me rappelais à quel point j'étais heureuse ce jour-là – combien, à l'époque, le monde me semblait plein de promesses. Et comment un moment sinistre, dans ce sinistre endroit, avait tout balayé.

En cet instant, Leif a passé un bras autour de moi et j'ai pleuré sans retenue, laissant des larmes salées couler sur mon visage. Je crois bien que Becky et Leif aussi avaient l'œil humide.

— J'aimerais… ai-je enfin réussi à articuler quand les larmes se sont calmées. J'aimerais que ça se soit passé autrement. Quel gâchis.

— Ça peut encore changer, a dit Leif en resserrant son bras autour de mes épaules. Il n'est jamais trop tard.

Un élan de colère m'a envahie devant le tour cruel que nous avait joué le destin.

— Sauf que c'est impossible, ai-je répondu avec amertume. Tout est fichu, n'est-ce pas ? Becky a grandi et tu n'étais pas là. Tu as tout raté. Et on ne pourra jamais retrouver ça, quoi qu'on fasse. Conor… il nous a volé notre avenir.

— Non, a insisté Leif. Nous avons encore un avenir.

— Quel avenir ? ai-je répété sur un ton dédaigneux.

Bien sûr, devant une telle méchanceté, Leif a réagi exactement comme on pouvait s'y attendre : il a paru vexé.

Je ne m'explique pas pourquoi je me suis montrée si hargneuse, mais j'étais en colère. Non pas contre Leif, mais contre la vie en général. C'est le pauvre Leif qui en a fait les frais, parce que c'était lui qui était là, à côté de moi, à ce moment-là.

Il a retiré son bras de mes épaules et il s'est éloigné vers un carré de fleurs sauvages. Un essaim d'abeilles bourdonnait tout autour.

— Ne les cueille pas, a dit Becky alors qu'il se penchait. Et les pauvres abeilles ?

— Je n'en prends qu'une, a dit Leif en s'approchant du bord de la falaise. Pour Conor. Les abeilles ont assez de fleurs.

Becky l'a suivi.

— Excuse-moi, a-t-elle dit. Je ne m'étais pas rendu compte…

J'ai fini par me lever pour les rejoindre.

— Pour Conor ? Tu te fiches de moi ?

— Sans Conor, a répliqué Leif, on ne se serait jamais rencontrés.

Soudain, j'ai compris que Leif avait raison. En effet, sans Conor, je n'aurais sans doute jamais visité Santorin. Et j'aurais encore moins rencontré Leif. Même Becky, ma fille chérie, était le résultat direct des rebondissements et des ricochets que mon séjour avec Conor avait entraînés. Ce moment-là, sur la falaise. Tous les trois. Même cela n'aurait jamais existé sans Conor.

— Parfois, le pire engendre le meilleur, a dit Leif.

— Oui, ai-je acquiescé. Oui, tu dois avoir raison. Ça arrive quelquefois.

Leif a lâché la fleur. Alors qu'elle tombait vers la mer, il a prononcé :

— À Conor.

— À Conor, ai-je répété.

Puis ensemble, comme un seul homme – comme une famille, j'imagine –, nous nous sommes retournés solennellement et nous avons rebroussé chemin en direction de la route principale.

Nous avons fait la moitié du trajet avant que quelqu'un reprenne la parole.

— Votre vol, c'est après-demain, n'est-ce pas ? a demandé Leif.

— Oui, je le regrette. Et le tien ?

— Je n'en ai pas.

— Tu n'en as pas ?

— Non, j'ai pris ma retraite. J'envisage de rester ici un moment. J'ai toujours voulu voir Santorin en hiver, tu sais ? Voir à quoi ça ressemble.

— Tu es à la retraite ? me suis-je exclamée. À cinquante ans ?

— C'est le secteur du pétrole, a expliqué Leif. C'est une profession très dure. Mais ça paie bien. Et comme je ne dépense jamais rien…

— Ça alors ! Eh bien, tant mieux pour toi. Ce doit être formidable.

— Ça pourrait l'être. Ça pourrait être formidable. Si tu restais.

Gênée, je me suis tournée vers Becky, mais elle s'était arrêtée pour prendre un papillon en photo sur son téléphone. Heureusement, elle ne pouvait pas nous entendre.

— Il faut vraiment que tu rentres si tôt ? a demandé Leif en me prenant la main.

— Je ne sais pas.

— Quand je venais ici, j'espérais toujours te voir. Chaque année, j'espérais. Et j'ai toujours rêvé qu'on reste ici, ensemble, tout simplement. Qu'on loue cette maison que tu voulais. Ou une autre, ça revient au même. Qu'on mène la vie dont on rêvait. Tu trouves ça *ding* ?

J'ai souri, parce qu'il avait prononcé *ding* au lieu de « dingue », exactement comme il le faisait vingt-quatre ans plus tôt.

Et ce souvenir a fait le lien entre le Leif que j'avais connu à l'époque, le Leif dont j'étais tombée follement amoureuse, et cet homme si tendre et plein d'espoir qui se tenait à côté de moi.

— Non, ai-je répondu péniblement, une boule dans la gorge. Non, je ne trouve pas ça *ding* du tout.

— Mais ta vie… Tu ne dois pas rentrer chez toi ?

— Non, ai-je dit après un moment de réflexion. Non, pas vraiment. Pas tout de suite, en tout cas. Je ne travaille pas en ce moment. En fait, je viens de perdre mon boulot. Bien sûr, j'ai des factures à payer, il faudra que je fasse pas mal de trucs administratifs. Mais la réponse est non. Je n'ai aucune raison de ne pas rester un peu.

— Un peu ? a dit Leif. Tu ne pourrais pas plutôt rester un bout de temps ?

— Si. Si, je pourrais.

— Tant mieux. Parce qu'un bout de temps, c'est plus long qu'un peu de temps, n'est-ce pas ?

— Oui, ai-je répondu, submergée par une impression de déjà-vu. Oui, je crois bien.

Quand nous sommes arrivés à Oia, Baruch s'est précipité vers Becky.

— C'est ton père ? a-t-il demandé.

Elle a hoché gravement la tête, et il lui a caressé le bras.

— Tu veux que je ferme le magasin pendant une heure ? a-t-il proposé. Tu veux que je prenne le temps pour qu'on en discute ?

— Oui, a dit Becky.

À sa voix, je voyais qu'elle était au bord des larmes.

— Oui, j'aimerais beaucoup.

— Quant à nous, tu veux qu'on aille manger un morceau ? m'a proposé Leif. Je meurs de faim.

— Moi aussi, ai-je avoué avant de me tourner vers Becky. On se retrouve chez nous tout à l'heure, d'accord ? Amuse-toi bien avec ton copain. Mais n'oublie pas ce qu'on a dit.

— Ne t'inquiète pas, maman. Motus et bouche cousue.

Sur ce, elle a disparu à l'intérieur de la supérette obscure en refermant la porte derrière elle. Une main a surgi pour retourner l'écriteau sur lequel on pouvait lire : *Fermé.*

Je me suis demandé si Becky et Baruch trouveraient un moyen de poursuivre leur relation. Je l'espérais, parce que Baruch avait compris les états d'âme de Becky, et sa préoccupation semblait sincère. Un avenir était possible s'ils lui accordaient l'espace nécessaire pour s'épanouir. Et si le destin décidait de leur donner une chance, naturellement.

— Là-haut ? a suggéré Leif en me prenant la main pour m'entraîner tout en douceur en direction du centre-ville.

— Non, ai-je répondu en tirant de l'autre côté. Non, allons manger en bas, sur la plage.

— Où ça ?

— Au petit port. Où tu as nagé quand on s'est rencontrés.

— Oh. Oui, bien sûr. D'accord.

Tandis que nous nous dirigions vers les marches, côte à côte, j'ai senti mes épaules se détendre. La tension qui les crispait depuis des années, d'aussi loin que je m'en souvienne, commençait lentement à fondre.

Ce qui s'était passé m'avait brisée. Je l'avais toujours su, même si j'avais feint de l'ignorer. Mes espoirs, et même ma confiance en l'espoir, avaient été anéantis et j'avais déployé des efforts considérables pour tenir le coup. Leif m'avait offert un bref répit, un îlot d'espoir au milieu d'une mer vaste et terrifiante. En perdant sa trace, j'avais perdu ma destination sans trouver aucun point à l'horizon vers lequel me tourner. Si je n'avais pas eu ma fille à éduquer, je crois que j'aurais pu mettre fin à mes jours à plus d'une occasion.

Mais soudain, je me sentais plus forte, comme si ma vie retrouvait ses rails, comme si l'on avait fermé la parenthèse de ces vingt-quatre dernières années, permettant à la phrase initiale de reprendre son cours. Était-ce vraiment aussi simple ? Était-ce possible que la joyeuse Laura, cette fille de vingt-six ans pleine d'espoir, soit restée cachée dans un coin pendant tout ce temps, à attendre que sa vraie vie recommence ?

Alors que nous passions près de la chambre 23, Leif s'est arrêté.

— On peut entrer quelques minutes ? a-t-il demandé.

— Dans ta chambre ? Pourquoi, tu as besoin de quelque chose ?

— Oui, j'ai besoin de quelque chose, a confirmé Leif. J'ai besoin de t'embrasser.

J'ai ri, un peu gênée, mais Leif a insisté.

— Alors ? Tu veux bien ? C'est ton anniversaire après tout. Pas d'anniversaire sans un baiser.

— D'accord, ai-je dit en riant. Pourquoi pas ? Mais rien qu'un baiser. Ensuite, nous irons manger parce que j'ai trop faim pour faire autre chose.

Je l'ai regardé insérer sa clé dans la serrure et, surgie de nulle part, une bouffée de bonheur inattendue m'a envahie. Tout me semblait pour le mieux dans le meilleur des mondes. Becky avait rencontré son père, et elle avait peut-être un petit ami. J'étais à Santorin, cernée d'un bleu pur entre ciel et mer. Le soleil brillait. Même la chaleur était supportable grâce à la brise marine. Et là, avec un grand sourire aux lèvres, il y avait Leif. Tout compte fait, j'avais peut-être un avenir. Un avenir en dehors de cette vieillesse froide, pleine de bruine et de solitude, que j'imaginais devoir affronter. Des années d'amour, de rire et de ciel bleu. J'éprouvais le même sentiment que des années plus tôt, un sentiment que j'avais presque oublié, sans doute parce que c'était trop douloureux de l'évoquer sans parvenir à le recréer. Pourtant, je l'avais retrouvée, cette impression d'appartenance. Contre toute attente, j'étais de nouveau au bon endroit, au bon moment, avec la bonne personne.

Leif avait ouvert la porte et il s'inclinait dans un geste théâtral en désignant l'intérieur.

— Votre palais, madame, a-t-il dit, le visage fendu par un immense sourire.

En entrant dans la chambre – exactement la même – je m'attendais presque à découvrir Olav en train de fumer un joint.

Mais il n'y avait que nous. Nous étions enfin seuls, tous les deux.

Épilogue

BECKY

Nous sommes rentrées, comme prévu, le 4 septembre.

Tenter d'effectuer un changement de vol s'était avéré non seulement cauchemardesque, mais aussi excessivement cher, trois fois le prix que nous avions initialement payé pour notre retour. Et puis, maman devait pointer au chômage dès notre arrivée, de peur de perdre ses indemnités. Mais avant de partir, j'ai eu la chance de passer deux nuits magiques avec Baruch et un jour entier en compagnie de mon père.

Le dernier jour, maman et moi avons rejoint son groupe pour une randonnée, une promenade facile entre Akrotiri et la Plage rouge. Ils avaient certainement modifié leur itinéraire pour s'adapter à notre manque d'expérience. Sur la route d'Akrotiri, nous formions une joyeuse équipée tous les six, avec nos scooters divers et variés. Les amis de Leif étaient très jeunes d'esprit et ils s'amusaient à se doubler les uns les autres.

C'était une journée ensoleillée avec un ciel bleu brumeux et un léger souffle de vent. Au début, maman, Leif et moi avons marché ensemble, en tête de groupe. Mais bientôt, j'ai entamé la conversation avec une femme et j'ai ralenti, tandis que maman et Leif continuaient à grandes enjambées. Elle s'appelait Anita et elle m'a posé toutes les questions habituelles – par exemple, pour combien de temps nous étions ici et ce que nous avions fait jusqu'à présent…

De but en blanc, comme ce jour-là j'avais du mal à me pencher sur des questions aussi triviales, je lui ai demandé comment il était.

— Qui ça ? Oh, tu parles de Leif ? Ton père ?

J'ai fait la grimace.

— Ça paraît bizarre, j'imagine, de demander à une parfaite inconnue comment est mon père.

— Ça pourrait l'être. Mais pas dans ton cas. Ton cas est plutôt spécial, n'est-ce pas ?

— Oui, je suis un cas très spécial. Alors… vous le connaissez bien ? Ou est-ce juste, vous savez, un copain de randonnée ?

Anita a éclaté de rire.

— Je connais Leif depuis que j'ai cinq ans. Mais je ne suis pas certaine de pouvoir être… comment dit-on… neutre ?

— Objective ? ai-je proposé.

— Oui, objective. Désolée, mon anglais n'est pas terrible.

— Votre anglais est excellent ! Et neutre convient aussi très bien.

— Oh, merci. Alors, non, je ne suis pas certaine d'être objective. Je crois que j'aime Leif plus que n'importe qui d'autre dans ma vie.

J'ai plissé les yeux.

— Vous n'êtes pas… ? ai-je demandé en les désignant du doigt, tous les deux.

— Oh, mon Dieu, pas du tout ! Non, je suis lesbienne. J'ai une femme. Elle est à Oslo. Mais elle travaille, alors elle n'a pas pu venir cette année.

— Ah, d'accord.

— Non, je connais Leif depuis l'école. C'est un homme formidable.

— Comment ? En quoi est-il formidable ?

Je crois qu'au fond de moi, j'espérais encore découvrir un costume de Superman caché sous sa tenue de randonnée.

— Il est tellement gentil, a répondu Anita. Ça peut paraître… ça n'a l'air de rien, j'imagine. Mais il est calme et généreux. Il est toujours serviable. C'est le genre de personne que je peux appeler à minuit, tu vois ? Parce que ma voiture est en panne, pour un problème de plomberie ou encore parce que ma copine m'a quittée et que j'ai besoin d'une tasse de chocolat chaud et d'une épaule pour pleurer. Tu sais, à ma connaissance, Leif n'a jamais refusé d'aider quelqu'un. Et je ne l'ai vu fâché qu'une seule fois. C'était contre une personne qui… maltraitait ? C'est ça ? Oui, qui maltraitait l'une de ses amies. C'est l'ami le meilleur et le plus fiable qu'on puisse avoir. On peut toujours compter sur Leif. Toujours.

— Je vois. Ce doit être agréable. D'avoir un ami comme ça.

— Oui, tout à fait. Avoir un ami comme lui, ça change la vie. Vraiment.

— Donc il est gentil. Il est super gentil.

— Je trouve qu'on sous-estime la gentillesse de nos jours. Tu vois ce que je veux dire ? On valorise la débrouillardise, l'intelligence et la force. L'argent aussi. Pourtant la gentillesse, c'est tout particulièrement spécial. Et ce n'est pas si facile d'être tout le temps gentil, tu sais ? Les gens sont très difficiles. Il faut faire de gros efforts pour les comprendre et rester gentil malgré tout.

— Oui, je comprends bien ce que vous voulez dire.

— Alors pour moi, Leif est très spécial. Je crois que tu l'aimeras beaucoup. J'espère que tu auras l'occasion d'apprendre à le connaître maintenant.

— Je vais essayer, c'est certain.

Un homme du groupe, Jens, nous a rejoints. Après quelques minutes, Anita et lui se sont mis à bavarder en norvégien et j'ai pressé le pas pour rattraper maman et Leif.

Nous marchions sur un chemin côtier creusé dans la paroi rocheuse. Sur notre gauche, la mer scintillait au soleil comme un million de minuscules joyaux. C'était magnifique. Maman et Leif discutaient avec légèreté. Souvent, il la faisait rire.

Grâce à Anita, j'ai commencé à réfléchir à la gentillesse de Leif. C'était vrai qu'il débordait de bonne humeur. Il y avait quelque chose d'incroyablement ouvert et honnête chez lui. Je m'en étais tout de suite rendu compte dès que je l'avais rencontré, quand j'avais eu le pressentiment qu'il ne me mentirait jamais. Et j'en suis venue à me demander si le superpouvoir de mon père, ce n'était pas sa capacité à être heureux, généreux et gentil. Quoi qu'il en soit, c'était une pensée qu'il me plaisait de nourrir à son égard…

Nous avons pique-niqué sur la Plage rouge. Elle était bien moins fréquentée que la dernière fois où nous étions venues, sans doute car nous étions au mois de septembre à présent.

Maman et Leif se sont baignés près du bord en s'éclaboussant comme des gamins. Je ne l'avais encore jamais vue aussi décontractée, et j'ai éprouvé une pointe de tristesse. Mon enfance aurait pu être très différente si seulement ils avaient réussi à rester ensemble.

***

Dans l'avion qui nous ramenait chez nous, le lendemain, maman a commencé à se refermer sur elle-même. J'ai senti le changement presque immédiatement après le décollage. Quand nous avons enfin débarqué à Gatwick sous la pluie, elle était redevenue la même mère que j'avais connue toute ma vie : polie et efficace, mais terriblement tendue.

Nous n'avons pas parlé de Leif. Sans doute parce que nous avions fait le tour de la question, mais aussi parce que nos émotions avaient été mises à rude épreuve. Je commençais à regretter de ne pas avoir discuté de l'avenir avec elle, quand elle était encore ouverte et détendue. Maintenant, ses barrières se dressaient à nouveau.

J'y ai pensé pendant tout le trajet du retour, puis dans l'appartement de maman à Margate, jusqu'aux petites heures du jour, avec en bruit de fond la pluie qui tambourinait sur le toit.

Enfin, pendant le petit déjeuner, j'ai compris que l'une de nous deux allait devoir faire un effort pour maintenir la communication. Et cette personne, ce serait moi.

— Maman, il faut qu'on parle.

Elle sirotait son thé.

— Ah oui ? À quel sujet ?

— Au sujet de Leif. Au sujet de Leif et de toi, et de ce qui va se passer ensuite.

— Bien sûr, ma puce, m'a-t-elle dit de sa voix faussement enjouée. Que veux-tu me dire ?

Il y avait quelque chose d'artificiel chez elle. On aurait dit une mauvaise comédienne dans une pièce de théâtre. Et pourtant, c'était avec cette version d'elle-même que j'étais la plus familière. Je me rendais compte qu'elle avait joué un jeu pendant la majeure partie de mon enfance. Elle jouait un rôle, le rôle d'une femme qui a perdu l'amour de sa vie, qui a abandonné tout espoir, mais qui s'accrochait malgré tout.

— Maman. Je veux te retrouver.

Devant sa mine désorientée, j'ai insisté :

— Ce n'est pas *toi*, maman. Ça sonne faux.

Ses lèvres ont bougé en silence pendant un moment, puis les masques sont tombés. Je voyais bien qu'elle savait de quoi je voulais parler. Ses yeux se sont embués et elle a plaqué un poing fermé contre sa bouche. Elle a détourné le regard et ses yeux brillants se sont détournés vers le plafond et ailleurs dans la pièce.

— Tu l'aimes. Il t'aime. Alors qu'est-ce que vous comptez faire ?

— Je ne sais pas, a-t-elle murmuré tout en évitant mon regard. Je ne sais pas quoi faire.

— Tu vas passer une semaine à régler toutes tes affaires, puis tu réserveras un vol pour y retourner. De toute façon, c'est ce qu'il attend.

— Mais c'est tellement loin maintenant, a dit maman, la voix tremblante. C'est comme un rêve irréalisable. Et ma vie ici ? Qu'est-ce que j'en fais ?

— Quelle vie ici ? Cet appartement ? L'agence pour l'emploi ? La grand-rue de Margate et ses commerces barricadés ?

— Il y a toi. Toi, tu es ici.

— Moi ? ai-je répondu en éclatant de rire. Ça va aller. Je suis une adulte, maman. Je dois trouver un boulot quelque part, puis ma vie reprendra son cours. Peu importe où tu es, tant que tu es heureuse. Tu étais tellement *heureuse* là-bas, maman. Je ne t'avais jamais vue aussi épanouie.

Cette fois, elle pleurait pour de bon. Je me suis approchée d'elle et je me suis accroupie pour la prendre dans mes bras.

— Je crois que j'ai peur, a-t-elle soufflé entre ses larmes. C'est bête, mais j'ai peur de redevenir cette personne.

— Quelle personne, maman ? Qui as-tu peur de devenir ?

Elle a haussé les épaules.

— Celle qui croit en tout ça, j'imagine, a-t-elle dit d'une voix transformée par les larmes. Celle qui ose espérer. Parce que l'espérance, ça fait tellement mal quand on te l'enlève. Je ne crois pas que je pourrais supporter de le perdre une deuxième fois.

***

J'ai un peu insisté de mon côté, Leif a beaucoup insisté du sien, et maman a fini par repartir à la fin du mois d'octobre.

Leif avait loué une maison pour tous les deux sur la côte, quelque part au nord d'Oia, et il envoyait des photos à maman, deux ou trois fois par jour. Elles étaient toujours accompagnées par la même phrase : *Viens !* écrivait-il chaque fois. *Je t'attends.*

Maintenant, le mois de novembre touche à sa fin et il pleut toujours à verse.

Je parle avec maman toutes les semaines au téléphone. Elle a retrouvé sa personnalité. Enfin, sa nouvelle personnalité. La personnalité détendue, amusante et franche qui m'avait manqué pendant une grande partie de mon enfance.

Elle a l'air follement amoureuse de Leif, et amoureuse de Santorin aussi. Elle essaie même de se mettre au grec – je vous laisse imaginer.

Quant à moi ? Eh bien, j'ai décroché un poste à temps partiel dans une boutique de cupcakes, dans le nouveau quartier hipster au centre-ville de Margate. Je ne gagne pas beaucoup et j'entame lentement l'argent que m'a laissé grand-mère, mais il faut croire que ça me convient pour l'instant.

J'ai retrouvé sur internet quelques anciens amis d'école et j'ai rencontré de nouvelles personnes. Je passe des soirées et des week-ends plutôt sympas.

Je n'ai pas encore trouvé ma place dans la vie, mais ça me va. Comme l'a prouvé maman, parfois ces choses-là prennent du temps.

L'été a été riche en émotions et je m'accorde un peu de temps, histoire de laisser retomber la poussière avant de prendre une décision. Ou du moins, c'est l'impression que ça me donne.

De temps en temps, j'échange des messages sur WhatsApp avec Baruch. Nous allons nous revoir en décembre à Athènes, où je ferai escale avant de rejoindre Santorin pour Noël. Alors, qui sait ? C'est peut-être lui, mon destin. C'est encore possible.

Et *papa* ? Ce mot me fait bizarre, mais je m'y habitue tout doucement. Progressivement, j'ai l'impression que le sol sous mes pieds devient moins instable, comme si, après avoir passé mon enfance à apprendre à tenir parfaitement en équilibre sur un seul pied, j'avais soudain le droit d'utiliser les deux – peut-être que désormais, je peux m'appuyer sur les épaules de mes *deux* parents.

C'est difficile à expliquer ; mais au fond, je me sens un peu plus solide, un poil plus affirmée quand je pense à qui je suis vraiment. Et mon avenir me semble ouvert à de nouvelles possibilités.

Je ne suis peut-être pas condamnée à devenir la mère nerveuse et tendue auprès de qui j'ai grandi, en fin de compte. Je peux être détendue et ouverte, comme maman aujourd'hui. Si j'y travaille, je découvrirai peut-être que j'ai hérité du superpouvoir de mon père ; que je peux être gentille, calme et utile aux autres. Je deviendrai alors cette présence qui embellit le quotidien de tous ceux qui croiseront ma route.

Ce serait un bel héritage, vous ne trouvez pas ?

Remerciements

Merci à Carole de m'avoir fait penser à une histoire d'amour quand j'étais à Santorin. Indirectement, ce roman est issu de la conversation que nous avons eue là-bas !

Merci à Rosemary – sans tes encouragements constants, je ne terminerais jamais rien, et sans ton amitié, cette planète serait bien plus sombre.

Merci à Lolo d'être ma pierre angulaire, et de discuter de ces histoires avec moi bien avant que je les couche sur le papier.

Merci à Apple de créer des outils de travail si fiables. Merci à tout le monde chez Amazon pour votre travail sur ce roman, et merci de me permettre à nouveau de vivre de mon écriture. Enfin, un grand merci à tous mes lecteurs. Merci pour votre fidélité et pour votre enthousiasme à chaque nouveau projet – grâce à vous, ça en vaut la peine.

Ce roman vous a plu ? Dites-le-nous !

Rejoignez la communauté Charleston et échangez sur vos lectures

Retrouvez-nous sur

editionscharleston.fr

et sur

Inscrivez-vous à notre newsletter et recevez des informations sur nos nouveautés, nos événements, nos jeux-concours... et des cadeaux !

Cet ouvrage est composé de matériaux issus de forêts gérées durablement certifiées PEFC™.

Le Programme de reconnaissance des certifications forestières (PEFC™) est le plus grand organisme mondial indépendant de contrôle pour une gestion durable des forêts.

Pour en savoir plus, consultez le site www.pefc-france.org

PEFC™ PEFC/14-38-00277

Achevé d'imprimer en avril 2024
par Novoprint
Dépôt légal : mai 2024
Imprimé en Slovaquie